나는 전쟁에 불복종한다

나는 전쟁에 불복종한다
어느 귀먹은 군인의 고백

최우현 지음

2025년 10월 20일 초판 1쇄 발행

펴낸이	한철희
펴낸곳	돌베개
등록	1979년 8월 25일 제406-2003-000018호
주소	(10881) 경기도 파주시 회동길 77-20 (문발동)
전화	(031) 955-5020
팩스	(031) 955-5050
홈페이지	www.dolbegae.co.kr
전자우편	book@dolbegae.co.kr
블로그	blog.naver.com/imdol79
인스타그램	@Dolbegae79
페이스북	/dolbegae
편집	김진구·오효순
표지디자인	김민해
본문디자인	이은정·이연경
마케팅	고은성·김영수·정지연
제작·관리	윤국중·이수민·한누리
인쇄·제본	한영문화사
ISBN	979-11-94442-53-0 (03300)

· 책값은 뒤표지에 있습니다.
· 이 책의 내용 일부라도 재사용하려면 출판사와 저자 양측의 동의를 받아야 합니다.

나는 전쟁에 불복종한다

어느 귀 먹은 군인의 고백

최우현 지음

돌베개

추천의 말

전쟁은 판타지였다. 그 판타지에 미혹된 소년이 있었다. 반공주의와 호전주의로 무장한 밀리터리 마니아로 성장한 그는 아프가니스탄 전장에서 전쟁 체험을 하려는 꿈도 꾸었다. 결국 포병 장교가 되었다.

범죄자가 되기 위해 군인의 길을 걷는 사람은 없다. 군복은 애국자의 유니폼이다. 하지만 전쟁에 몸을 담그는 순간 조직범죄 집단의 일원이 될 수 있음을, 애국과 범죄가 종이 한 장 차이임을 의식하기는 어렵다.

한국 현대사의 분수령이었던 한국전쟁은 국가범죄의 전성기였다. 전국 방방곡곡에서 국가가 국민을 죽였다. 총으로 쏴 죽이고, 찔러 죽이고, 때려죽였다. 찢어 죽이고, 굶겨 죽이고, 생매장해 죽였다. 그리고 유기했다. 유대인이 겪은 홀로코스트보다, 캄보디아에서 벌어진 킬링필드보다 더한 일이 벌어진 곳이 한반도였는데, 그게 정말이냐고 믿지 못하는 이들이 태반이다.

포병 장교 출신의 저자는 군대에서 청각의 70퍼센트를 잃었다. 무기는 귀를 찢고 들어왔다. '소리의 지옥' 속에서 비명의 투쟁을 이어나간다는 그가 전쟁을 사유한다. 군대를 사유한다. 군인들의 어둠을 응시한다.

12·3 내란에서 확인했다. 전쟁은 당장 내일 일어나도 이상하지 않다. 트럼프는 국방부를 전쟁부로 개명했다. 이 책은 직접 전쟁을 겪지 않고도 온몸으로 전쟁을 감각한 어느 전직 군인의 전쟁 자서전이다. 전쟁 인문학이다. 전쟁이 두려운 시대, 전쟁에 대한 교양이 필요하다면 이 책을 읽어보자.

— 고경태 (한겨레 기자, 『본 헌터』 『베트남전쟁 1968년 2월 12일』 저자)

전 세계적으로 평화 가치의 실현을 가장 절실히 필요로 하는 곳이 바로 한반도다. 하지만 한반도에서의 평화운동은 전쟁을 겪은 세계 그 어느 지역보다 취약하고, 평화의 가치는 저 먼 공중의 추상적 이념으로만 존재한다. 그 이유 중 하나는 지난 세기에서 지금까지 이어지는 전쟁, 군사주의의 가장 직접적인 피해자이기도 한 군인들이 그 비극과 비참함을 알고서도 침묵해왔거나 자신이 무슨 일을 했는지 모르고 있기 때문이다.

이 점에서 최우현의 『나는 전쟁에 불복종한다』는 매우 의미 있고 귀중한 책이다. 한국전쟁, 베트남전쟁, 광주 5·18, 그리고 이라크전쟁을 겪은 한국 군인들 수백만 명 중에서 적어도 몇 사람은 이런 고백과 성찰을 했어야 하나, 안타깝게도 한국에서 그런 사람은 거의 찾아볼 수 없었다. 조선 백성을 노예화하고 태평양전쟁을 경험한 일본 군인들보다 한국 군인들이 더 무지하고 성찰 능력이 없었다. 한국 군인들의 무지와 침묵만큼 한국 군대와 사회는 여전히 야만적이다. 독립군을 토벌한 일본군 출신이자 한국전쟁기에 자기 병사들을 출세 도구로 활용한 백선엽 같은 사람이 지금도 군의 대선배이자 전쟁영웅으로 추앙받고 있지 않은가?

자신의 군대 체험을 바탕으로 외국에서 발생한 여러 전쟁, 한국전쟁, 제주 4·3 등의 역사적 경험을 재해석하고, 12·3 계엄에 동원된 병사들 그리고 '수거' 계획을 수첩에 기록한 노상원과 국방부장관 김용현 등 오늘날 타락한 '엘리트' 군인들의 모습까지 추적한 저자의 성찰과 식견이 많은 군 출신과 군인들에게 널리 공유되기를 기대한다.

— 김동춘 (좋은세상연구소 대표·성공회대학교 명예교수, 『전쟁과 사회』 『이것은 기억과의 전쟁이다』 『대한민국은 왜?』 저자)

체험, 독서, 답사, 사색이 어우러진 역작이다! 장교 복무 중에 얻은 것으로 보이는 이명耳鳴은 저자의 표현처럼 '아이러니한 병'이다. 70퍼센트 상실된 청력은 전쟁의 참상과 화해의 필요를 알리는 데 그에게 더 큰 귀를 열어주었다. 눈으로는 '숫자'로 새겨지는 가자지구의 어린이부터, 눈으로는 '적'으로만 비치는 파주의 북한군 묘지에 이르기까지, 국내는 물론이고 지구촌 곳곳을 향해 그의 귀는 열려 있다. 그리고 육성으론 들리지 않는 전쟁과 폭력의 소리를 온몸으로 듣는다. 누군가의 '팔'arms에 안겨 자라나는 아기의 목숨을 끊은 '무기'arms의 소리를 듣는다. 피아의 구분을 넘어 "미움보다, 사랑보다도 더 너그러운 것", 죽음의 의미를 묻고 듣는다.

저자는 이명의 고통 속에서야 비로소 '평화로운 세계'를 바라게 되었다고 말한다. 또 그 고통으로 말미암아 한때 '파시스트 군인'에 가까웠던 자신을 반성할 수 있었다고 고백한다. 이제 그는 과거를 딛고 우리에게 평화의 연대를 제안한다. 아마도 이 책이 그가 청하는 "연대의 악수"이리라. 그의 손을 잡기 위해 전화기를 든다. 그의 고뇌에 찬 호소를 직접 들어보고 싶다.

— 정욱식 (평화네트워크 대표·한겨레평화연구소장, 『달라진 김정은, 돌아온 트럼프』 『한 번도 경험해보지 못한 새로운 북한이 온다』 저자)

차례

5 추천의 말
15 프롤로그 — 포성과 비명

25 1장. 탄환은 뇌를 파고들고

27 폭력의 셈법
수량화되는 죽음들 — 피와 저주 — 훼손과 망각 —
덧붙이는 글: 2025년 9월 '가자'의 숫자들

47 광전사, 불사신, 유령
사람을 '죽여본' 군인? — 강강剛한 군인이라는 파멸 모델

56 눈물 흘리는 군인들
정신력의 배신 — 전쟁신경증: 뇌를 잠식하는 죽음의 속삭임 —
'겁쟁이' 군인을 위한 변명

69 학살훈련법
매몰당한 존재들 — 포획당한 인간성

79 방아쇠에 걸리는 저항
전투 현장의 동화적 재구성 — 살인을 거부할 생존적 당위

91　2장. 야만의 대장관

93　찢어발겨짐에 대하여
강철제국의 신민들 — 환호와 울부짖음의 이중주 — 신의 무기 그리고 가짜 신화

106　무기의 정언명령
비밀병기의 '비밀' — 추악한 하늘의 꼽추

111　군인의 몸은 기념될 수 있는가
잘린 발, 잘린 손가락 — 그로테스크와 진실 사이

118　고통의 발견과 번역
상처와 통증은 언어가 될 수 있는가 — 고통에 감응하는 전쟁독법

129　3장. 폭력적 망상의 그늘

131　가학적 장렬함과 미의식
극우-어린이-파시스트의 꿈 — 육탄과 산화: '전쟁신학'의 음험한 부산물

142　한국군 '인간폭탄'에 관한 세 가지 질문
Q1. 한국군은 왜 인간폭탄을 '제작'했는가? — Q2. 특공대 지원이 강요되었을 가능성은 없는가? — Q3. 주로 어떤 군인들이 희생되었는가? — '자발적 죽음'이라는 레토릭

158　군인이 된 호전주의자
전범의 무사도 — 폭력적 망상의 귀결

171 **4장. 무덤과 연옥**

173 **영령, 죽음을 노래하다**
신화의 땅 ― 제1성역 ― 제2성역 ― 제3성역

184 **불멸의 귀신부대**
국군은 죽어서 말한다? ― 죽은 자의 침묵을 농단하는 말들

194 **영원히 끝나지 않을 어머니들의 절규**
어느 영결식 ― '보호'와 '관심'이라는 위선 ― 영현 냉동고에 갇힌 아들들

207 **5장. 최후방의 기생자**

209 **적, 증오의 탄생**
한국의 사이비 구루들 ― 적이라는 편집증

221 **총풍이 총상이 될 때**
전쟁의 어덕서니 ― 총화銃火에 기생하는 존재들

228 **프로파간다 중독증**
프로파간다의 프라임타임 ― 세뇌와 중독

236 **파멸 세대의 초상**
전쟁-게임의 플레이어 ― 젊은이들을 파멸시키고 살아남은 세대

247　6장. 악의 과거와 마주하기

249　삐라 줍던 아이
내면화된 레드콤플렉스 — 증오에 물들고 전쟁에 휘감기어

259　평화를 몰랐다
NO WAR! 평화운동의 오래된 미래 — 전쟁을 안다는 착각

271　1948 제주 4·3 — 2024 서울 12·3
'군의 지배'라는 역사적 고질병 — 악마의 군대는 어떻게 만들어지는가 — 계승된 광기의 역사 — '국군'의 원죄 앞에서

291　나의 적, 적의 적
위안받기 위한 위로 — 단절 너머의 연결

298　에필로그 — 나는 전쟁에 불복종한다
305　미주

사람을 먹어보지 않은 아이들이
혹시 아직 있을까?
아이들을 구하자….

― 루쉰, 「광인일기」

일러두기
— 본문의 고딕 서체는 저자가 내용을 강조하거나 구별하기 위해 한 것이다.

프롤로그
포성과 비명

의사에 따르면 나는 70퍼센트의 청력을 파괴당했다. 비교적 흔한 군 생활 후유증의 하나로, 넓게 보자면 '총소리 듣다가 가는귀먹은' 사례라고 할 수 있다. 다만 내 경우는 각종 검사와 임상을 거쳐 소음성 난청難聽이라는 병명까지 얻었으므로 여타에 비해 그 증빙은 확실한 편이다. 의사는 내 청력을 '3할 타자'에 비유했다. 3할 정도만 유지해도 의사소통은 가능하다는 다소 짓궂은 립서비스였지만 그다지 위로가 되진 않았다. 들리는 3할이 일종의 희망이라면 들리지 않는 7할의 절망도 마주해야 했기 때문이다. 이 절망의 이름은 이명耳鳴. 풀이하자면 '귀 울음'이라는 병증이 바로 그것이다.

이명은 여러모로 아이러니한 병이다. "파괴된 청각세포들이 비명을 지르고 있는 겁니다. 듣지 못하는 7할만큼의 소리를 뇌가 만들어내고 있는 거죠." 의사의 설명은 이렇다. 즉 듣지 못해서 듣게 된다. 침묵의 폐허를 비집고 찾아온 소리라는 말이다. 실체 또한 끔찍하기 짝이 없다. 가령 나에게 찾아온 이명은 지하철이 도착할 때 만들어내는 노선 마찰음을 능가할 정도로 크고 강력한데 그 종류 또한 다양해서 어떨 때는 매미 소리처럼 울리고, 어떨 때는 유리를 절단하는 그라인더 소음처럼 찢어지며, 또 어떨 때는 전선이 타들어가듯 지글거린다. 가장 최악인 것은 이 소리들이 잘 때를 제외하곤 24시간 내내 지속된다는 점이다.

치료 역시 불가능에 가깝다. 이론적으로나마 이명을 치료하려면 두 가지 조건이 충족되어야 한다. 파괴된 청각세포들이 드라마틱하게 '부활'하거나, 환자 자신이 이명 소리를 의식하지 않을 정도로 자극을 초탈한 인간이 되는 것이다. 그러나 한번 망가진 청각세포는 회복되지 않거니와, 이명 소리를 의식하지 말라는 의사의 조언은—코끼리를 생각하지 말라고 하면 오히려 더 필사적으로 코끼리를 생각하게 되는—조지 레이코프의 아이러니를 강화할 뿐이다.

물론 이명은 하나의 난치성 증상일 뿐 죽음에 이르는 병은 아니다. 귀 이외의 다른 신체기관에 가해지는 악영향도 미미하다. 다만 문제는 환자의 정신, 그러니까 '노이로제'다. 정확한 통계가 어떤지는 알 수 없으나 적어도 내가 아는 이명 환자들은 노이로제를 앓고 있었다. 내 경우에는 청각과민증과 불면증, 강박증이 찾아왔다. 이 증상들은 특히—내 귀를 먹게 만들어버린—총·포음에 노출되는 상황에서 민감하게 반응했다. 무기 관련 영상을 보는 것만으로도, 군사 장비가 맞물리고 뒤틀리며 발생하는 파열음을 떠올리는 것만으로도 심장이 요동치고 정신이 아득해지는 것이었다.

2019년, 전역 후 마지막으로 예비군 동원훈련에 참석했을 즈음에는 단 한 발의 소총 사격조차 할 수 없을 정도로 상태가 나빠져 있었다. 이때 나는 군복을 입은 뒤 처음으로 소총 사격을 거부했다. '거부'라고 표현하긴 했지만 실상은 비실비실 웃으며 담당 교관에게 선처를 구한 것에 지나지 않았다. 교관은 경멸 어린 표정으로 이죽거렸다. '툭하면 이명 핑계를 대는' '양심 없는 예비군'이 있다면서 말이다. 그는 내 이명이 어떤 과정을 거쳐 탄생하게 되었는지, 또 그 과정에서 얼마나 많은 청각세포가 죽어나갔는지에 대해 고민하고 배려할 의지가 전혀 없는 군인 같아 보였다.

그러나 솔직히 말하자면, 저렇듯 이죽거리는 얼굴은 내게도 익숙했다. 한국군에 몸담으며 인연을 맺었던 수많은 유형의 군인들—정책 특기의 엘리트 장교, 순수 야전 지휘관, 국방 연구자 및 교수 요원, 군 생활에 이골이 난 부사관, 그리고 이명이 없던 시절의 '나'—이 대체로 저런 얼굴을 하고 있었다. 타인의 고통에 무관심한, 아니 고통 자체에 무감각한 얼굴 말이다. 다른 점이 있다면 그러한 '얼굴들'을 지금은 정반대의 입장에서 맞대하고 있다는 사실이었다.

이쪽 편의 나는 더 이상 그런 '얼굴들'에 동참할 수 없었다. 나는 이미 고통에 일그러져 있었고, 따라서 무감각은커녕 매우 감각적인 존재로 변모해 있었다. 무엇보다 내 이명이 비양심의 증거라는 그의 비난에 반발심이 일었다. 내 청각세포들은 '투오왁' 하는 소총 소리에 놀라 경기를 일으켰을 따름이다. 그리고 내게는 그 청각세포들을 진정시켜야 할 '양심'의 의무가 있었다. 어쩔 수 없이 나는 교관의 이죽거림에 맞서 일어나기로 결심했다. 어렵게 살아남은 30퍼센트의 청각세포들과 함께 비명悲鳴의 투쟁을 시작하기로 마음먹었던 것이다. 그날 이후로 나는 군인으로서 폐기된 인간, 보청기와 약 없이는 생활할 수 없는 반半 장애인의 '얼굴'로 저쪽 편을 응시하고 있다.

미리 말해두건대 이 책은 자기계발서에나 나올 법한 어정쩡한 자기 극복 서사가 없다. 나는 여전히 고통스럽다. 10여 년이라는 시간이 흘렀음에도 이 통제 불가능한 감각은 조금도 무뎌지지 않았으며, 이 글을 쓰는 지금도 내 귀는 맹렬히 울어대고 있다. 그럼에도 나는 이 지독한 난치병이 아주 싫지만은 않다. 이 병은 내가 고요하고 평화로운 세계를 '꿈꿀 수밖에 없도록'(!) 엉덩이를 세게 걷어차준다. 그런 점에서 이 책은, 여전히 그렇게 엉덩이를 걷어차이고 있는, 부끄러움에 대한 기록이기도 하다.

전쟁을 견딜 만한 것인 양, 숭고하면서도 영웅적인 어떤 것인 양 이야기하는 사람들이 있다. 이를테면 저 북쪽의 적敵을 어떻게든 무릎 꿇리지 않고는 견디지 못하는 반공주의자라든가, 자신만의 폭력적 판타지를 전장에서 실현해보려는 모험주의자, 탁상에 앉아 체스게임 하듯 군사력의 승패우열을 저울질하는 냉소주의자를 꼽아볼 수 있을 듯하다. 그들은 대체로 압도적 힘의 우세에 근거한 평화만이 '진짜'이며 그외에는 불안정하고 위선적이며 무엇보다 굴종적인 '가짜' 평화라고 믿는 경향이 있다. 그러다 보니 군축, 화해, 데탕트를 외치는 평화주의자를 '순진하다'며 조롱하는 데 누구보다 큰 열정을 쏟아붓기도 한다. 하지만 반면 전쟁으로 초래될 숱한 비극과 범죄에 대해서는 기이할 정도로 무관심한 태도를 보여준다. 간혹 누군가 거기에 대한 답변을 추궁하면 이런 식으로 얼버무리고 만다. "전쟁이란 원래 그런 거야." 별다른 검증이 요구되지 않는 이 관용구는 전쟁의 비정상적 폭력들을 '정상'처럼 희석하는 과정에서 자주 인용된다.

그런데 과연 '그들'이라고 전쟁을 알까? 마치 전쟁에

통달한 현자인 양 행세하지만, 사실은 전쟁사에서 얼기설기 주워들은 지식을 자랑하고 싶은 게 아닐까. 그렇지 않다면 전쟁이라는, 인간 존재의 압도적 위기를 어찌 이토록 건조한 언어로 규정할 수 있는 걸까. 실제로 내 주변의 '그들'은 그저 전쟁이 "끔찍하다"고만 말했다. 이럴 때마다 나는 되물었다. "뭐가?" "…." 답은 돌아오지 않았다.

나 역시 전쟁을 모른다. 어쨌든 전쟁을 직접 겪어보진 않았기 때문이다. 다만 전쟁을 두려워할 만큼 충분히 '약해져 있다'는 점에서 나는 '그들'과 다르다. 나는 불가역적으로 망가져버린 내 신체기관을 더는 학대하지 않기 위해 전쟁에 반대한다. 그저 남은 청각세포들의 안녕을 도모할 수만 있다면 다소의 굴종—'그들'이 질색해 마지않는—이라도 받아들일 준비가 되어 있는 것이다. 맞다. 나는 지극히 개인적이고 세속적인 이유로 평화를 '욕망'하고 있다. 그렇다면 내가 바라는 평화는 '가짜'인가?

아니, 나는 고통을 두려워할 줄 아는 마음이야말로 전쟁을 억제할 수 있는 최고의 심리적 방어기제라고 믿기에 이 책을 쓰는 것이다. 한 가지, 여기서 내가 규정해두고자 하는 '고통', '두려움'이란 정치적으로 유도·소비·조장되는 적개심의 결과물(예컨대 레드콤플렉스)과는 관계가 없다. 말 그대로 피부에 와닿는, 신체적이면서도 특히 신경계적인 감각과 반응을 의미한다. 내게는 예의 이명이 거기에 해당한다. 이명, 즉 '무기에 의해 학살당한 청각세포들의 비명'은 오늘도 내 영혼을 어김없이 전쟁의 초입으로 끌고 가 내동댕이친다. 그러고는 무자비하게 가슴을 짓밟으며 그속에 남아 있던 전쟁에 대한 모험심, 미美의식, 무의식 깊숙한 곳에 가라앉아 있던 유아적 호전성을 토해내게 한다. 이 토사물 위에는 전쟁의 그 어떤 숭고한 명분이나 대의도 존재할 수 없다. 내 머릿속 전쟁의 축도縮圖는 이런 과정을 거쳐 만들어진다.

그럼에도 불구하고 가끔씩, 또 순간적으로나마 전쟁이 '견딜 만하게' 느껴질 때가 아예 없지는 않았다. 근원을 찾아가다보면 그 끝에는 아니나 다를까, '그들'의 소란스러운 입(口)이 똬리를 틀고 있었다. 적에 대한 증오와 승리에 대한 희열적 충동만을 끝없이 발화하는 그 '입' 말이다. '그들'은 예컨대 이런 주문呪文들을 암송하고 있었다. "미친개한테는 몽둥이가 약이다." "딱 한 번의 전쟁만 더하면 평화가 달성되리라."[1] "초가삼간을 다 태워도 빈대 죽는 꼴은 통쾌하다."[2] '그들'이 부르짖는 '진짜' 평화란 결국 전쟁을 불러들임으로써 완성되는 것일지도 모른다.

최근 몇 년간 한국 사회의 '그들'은 민주화 이래 가장 호전적인 정치세력의 후원을 등에 업고 발호했다. 놀랍게도 그 선두에는 한국의 제20대 대통령 '윤석열'이 있었다.

2022년 취임 직후부터 한결같이 선제타격, 응징 보복, 압도적 전쟁 준비와 같은 전쟁언어들을 입버릇처럼 외쳐오던 그였다. '힘에 의한 평화'라는 남성미 가득한 주술에 취해—정작 그 자신은 애매한 사유로 군 복무를 면제받았지만—9·19 군사합의(2018) 등 이성적 검토가 필요한 수많은 안보 사안들을 일거에 폐기해버렸다. 국방백서에는 이념의 주적主敵이 다시 새겨졌다.

급기야 2024년 12월 3일 밤에는 국민을 상대로 '전쟁'을 선포했다.[3] 다행히 6시간 만에 (시민들에 의해) 진압될 수 있었으나 그 과정에서 윤석열이 고의로 전쟁을 유도하려 했다는—이른바 북풍공작이라고 일컬어지는—유력한 증거들이 언론과 수사기관에 의해 드러났다. 이 한 명의 전쟁광과 그를 추종한 파시스트 군인들로 말미암아 우리는 전쟁의 문턱까지 끌려와 있었던 것이다.

윤석열은 "모든 책임은 내가 진다"The buck stops here라는 해리 트루먼 미국 대통령의 격언을 좋아했다고 알려져 있다(실제로 집무실 책상에 이 문구를 새긴 명패를 비치해두었다). 그 자체를 문제 삼을 이유는 없다. 그러나 이 격언이 '그들' 특유의 군사적 모험주의와 결합하는 경우 그야말로 지옥이 우리 눈앞에서 펼쳐질 수 있다는 사실을 알아야만 한다. 만에 하나 정말로 전쟁이 일어난다면 '그들'이 우리의 대체 무엇을 어떻게 '책임'져줄 수 있겠는가. 전쟁으로 인한 의식주의 붕괴를? 문명의 파괴를? 반인권적 탄압을? 가족과의 이별을? 폭력을? 성적 착취를? 부상을? 장애를? 트라우마를? 죽음을? 대체 무엇을? 그러나 아마도 '그들'은 이렇게 대답할 것이다. "전쟁이란 원래 그런 거야."

물론 '그들'은 한국 바깥에도 존재한다. 이른바 신新냉전이라 불리는 국제정세의 불안을 동력 삼아 연대하는 무리들이 있다. 러시아-우크라이나 전쟁(2022)과 가자-이스라엘 전쟁(2023)만 하더라도 어떤가. 평화에 대한 '힘'의 우위를 과시하는 전쟁이었다. 그 증거로 이 전쟁의 당사국들은 하나같이 자위권自衛權—스스로를 지키기 위한 무력의 합법적 행사(유엔헌장 제51조)—을 자기 입맛에 맞게 확대 해석해 전쟁의 대의로 삼았다. 무고한 사람이 아무리 많이 죽어나가도 '지키기 위한 정당한' 전쟁이기에 아무런 문제가 없다는 논리다. 그러나 제2차 세계대전 당시 나치 독일과 일본제국이 내세웠던 침략 명분도 바로 그 자위, 즉 생존공간Lebensraum의 확보였다는 사실을 기억할 필요가 있다. 이런 논리를 무비판적으로 받아들일 경우 전쟁이라는 '최악의 공포'는 '최대의 선'으로 둔갑할 기회를 얻게 된다.[4]

'그들'에게 맞서기 위한 좀 더 강력한 평화의 캠페인이 필요한 시점인지도 모른다. 나는 고통받지 않으려는 자기방어와, 죽지 않으려는 생존본능으로 똘똘 뭉친 그런 평화의 연대를 제안한다. 낙타가 바늘구멍으로 들어가는 일만큼 힘든 여정이겠지만 그것만이 전쟁을 막을 답이라고 생각한다. 개인적으로는 아름다운 평화의 노래가 아닌, 지옥에 떨어진 수형자의 비명에 가까운 음성으로 평화를 부르짖을 '민병대'를 사귀고 싶다. 이 책을 통해 당신께도 그 연대의 악수를 청해본다. 어디선가 전쟁의 두려움에 떨고 있을지도 모를 당신에게, 내가 던질 첫마디는 다음과 같으리라. "당신의 청각세포는 안녕하신가요?" 만약 고개를 끄덕여준다면 용기를 얻을 수 있을 것 같다. 그리고 감사하게도 손잡아준다면, 한층 더 반항적으로 '그들'에게 대들어 볼 작정이다.

탄환은 뇌를 파고들고

1장

> 그들은 훈련을 받으며 적을 비인간화하는 데 가담했고 그들 가운데 대다수는 실제로 총을 쏘았거나 마음속으로 쏠 준비가 되어 있었다는 걸 알았다. (…) 사람을 죽인 것은 아니었지만, 그들은 생각조차 할 수 없는 것을 생각하라는 가르침을 받았고 따라서 보통 일반적인 상황에서는 오직 살인자만이 아는 자기 안의 또 다른 자아를 소개받기에 이르렀다.
>
> — 데이브 그로스먼, 『살인의 심리학』[1]

폭력의 셈법

수량화되는 죽음들

무함마드 하니 알 자하르Muhammad Hani Al-Zahar는 2023년 12월 1일 팔레스타인 가자 중부 알무그라카 마을에서 죽었다. 나이는 0세(5개월), 바로 이웃 집에 떨어진 이스라엘군의 포탄에 충격을 입은 것으로 추정된다. 당시 자하르는 어머니의 품으로부터 보호받지 못하고 있었다. 어머니는 피난을 준비해야 했고, 그래서 식구들이 입을 옷가지를 하나라도 더 챙기느라 정신이 없었다. 어쩔 수 없이 자하르는 '큰 비명을 지름'screamed loudly으로써 자신의 유언을 대신했다. 급히 달려온 어머니가 아기를 품에 안았지만 꺼져가는 생명을 붙잡을 순 없었다. 식구들이 포연을 뚫고 근처 병원으로 자하르를 이송했을 시점에는 이미 생존반응은 끊어져 있었다. 자하르의 시신은 알아크사 순교자 병원으로 옮

겨졌다.[1]

　C가 말했다. "전쟁은 아기를 사랑하지." 애석하게도 그의 말은 전적으로 옳다. 2024년 9월, 팔레스타인 가자지구 보건부는 전쟁 발발 후 1년간 이스라엘군의 공격으로 숨진 3만 4,344명의 명부를 공개했다. 총 649쪽에 달하는 이 사망자 명단은 나이 순으로 기재되었는데 214쪽까지가 유아·어린이였다. 전체 사망자의 3분의 1에 해당하는 1만 1,355명이다. 그중 5세 이하가 3,100여 명, 자하르와 같은 '0세'는 710명에 달한다.[2] 팔레스타인 측의 자료라서 믿기 어렵다면 유엔 인권최고대표사무소OHCHR가 2024년 11월에 공개한 보고서를 살펴보면 된다. 이 보고서는 전쟁 반 년 동안 가자지구 전체 사망자의 44퍼센트가 어린이라고 적시했다.[3] 이쯤 되면 전쟁이 '아기만을 골라 죽인다'고 주장해도 아예 틀린 말은 아니다.

　"그렇다고 한들 어쩌겠어." C가 시니컬하게 내뱉는다. C의 말은 전적으로 옳다. 아기들의 시체로는 전쟁을 막지 못한다. 저 하늘 높이 쌓아올려진 아기들의 시체 앞에서 우리는 잠시 멈칫거릴 뿐이다. 눈길을 끄는 제목의 인터넷 기사 정도나 훑으면서 얼마나 많은 아기가, 노인이, 여성이 죽었는지 그 '숫자'를 확인해보는 것이다. 반드시 슬퍼해야 할 의무는 없다. 그 숫자들에 의미를 부여하는 건 각자의 몫이니까. 물론 경우에 따라서는 이 '멈칫거림'의 시간이 아주 약간 늘어날 가능성도 있다. 이를테면 자하르의 영상이나 사진 따위를 SNS에 올려두고 "#Pray for" 태그를 달, 마음씨 고운 누군가가 있을 수도 있겠다. 하지만 글쎄, 그조차도 몇이나 될까. 우리 대다수는 곧 다시 나아갈 것이다. 저런 '숫자들'을 등 뒤에 남겨둔 채로.

"냉정하게 말하면 운이 나빴던 거지. 자하르는." 이번에도 C의 말은 전적으로 옳다. 엄밀히 말해 전쟁은 인격체가 아닌 현상에 불과하다. '아기만을 골라 죽이겠다'는 악마적 의지가 실존한다고 말할 과학적 근거는 없다. 그렇다면 사람이 문제일까? 아니, 제아무리 사악한 정치 지도자라 할지라도 혹은 그 어떤 포악한 군인이라 할지라도, '아기만을 딱 골라 죽이기 위해' 계산기를 두드리진 않는다(설령 그런 악마적 전략이 존재한다고 해도 군사적 측면에서 대단히 '비효율적'일 것이다). 오히려 대부분의 전쟁 당사국들은 선도 악도 아닌 중립적인 존재인 아기들을 되도록 죽이지 않기 위해 '나름대로' 노력한다. 이스라엘이라고 예상했을까? 자신들이 자랑하는 최첨단 무기와 외과 수술처럼 '정밀한' 타격 체계가 1만 1,355명의 아기를 골라 죽이는 결과를 낳을 줄을(물론 그들이 고의적으로 병원 시설 등 민간인 밀집지역을 타격한 정황도 수두룩하지만).

아마도 그래서 C가 이런 말을 했었지 싶다. 이런 '나름대로 선한' 의도에도 불구하고 자하르가 죽고 말았다면, 그건 단지 운이 나빴을 따름이라고. C에 따르면 자하르도 '숫자'가 될 수 있다. 실제로 그는 1과 0.5라는 숫자를 제안했다. 이스라엘이 학살한 수만 명의 팔레스타인 민간인 가운데 1. 전쟁에 아무런 영향을 미치지 못하는 생후 5개월 짜리 인간으로서의 0.5. 어쩌다 이런 박정한 생각이 C의 머릿속에 떠올랐는지 정확한 이유는 알 수 없다. 다만 C가 자신이 아기가 '아니'라는 사실에 크게 안도하고 있다는 점만은 분명하다. C는 잘 알고 있다. 설령 이 땅에서 전쟁이 나더라도 자신이 자하르처럼 허무하게 죽는 일은 없을 거란 사실을. 죽일지언정 죽임을 당하는 위치에 있지는 않으리라는 것을.

피와 저주

엘리란 미즈라히Eliran Mizrahi는 2024년 6월 7일 이스라엘 서안지구의 유대인 정착촌 마알레 아두밈에서 죽었다. 나이는 40세, 슬하에 4명의 자녀가 있었다. 사인은 '자살'로 밝혀졌다. 사망 시점으로부터 약 8개월 전인 2023년 10월 8일, 미즈라히는 이스라엘 예비군 신분으로 징집되어 가자 전쟁에 참전했다. 그의 임무는 군용 불도저인 'D-9'을 운전하는 것이었다. 중량만 해도 62톤에 달하는 이 불도저는 원래 지뢰나 폭발물을 제거하는 일에 특화된 전투 지원 장비였지만, 가자에서의 용도는 조금 달랐다. D-9은 전쟁으로 사망한 팔레스타인 사람들의 시신을 '처리'하는 일에 주로 투입됐다. 경우에 따라서는 희미하게 숨이 붙어 있는 부상자, 병자 등을 '산 채로' 깔아뭉개고 지나가기도 했다. 미즈라히가 조종했던 D-9 또한 유사한 임무를 수행했던 것으로 추정된다. 이후 미즈라히에게는 분노조절장애, 불면증, 발작적 발한, 대인기피 증세 등을 동반한 PTSD(외상후스트레스장애)가 찾아왔다. 고향으로 돌아와 정신과 치료까지 받았으나 차도는 없었다. 미즈라히는 가족에게 호소했다. "내 몸에서 어떤 보이지 않는 피invisible blood가 흘러나오고 있어." "내가 본 것을 아무도 이해하지 못할 거야." 결국 미즈라히는 전선 복귀를 불과 이틀 앞두고 자신의 머리에 총구를 들이댔다. 그리고 방아쇠를 당겼다.[4]

"그런데 미즈라히는 아기가 아니잖아." 이 물음에 C는 대답하지 못하고 침묵했다. 어딘가 충격을 받은 듯 보였다. 사실 C는 전직 군인 출신이다. 미즈라히와 마찬가지로 전쟁이 나면 예외 없이 징집될 예비군이라는 거다. 그런 C에게 '군인' 미즈라히의 죽음이 '아기' 자하르의 죽음과 비교할 수 없을 만큼 공포스러운 사건으로 인식된다는 건 딱히 이상한 일이 아니다. 2024년 8월 이스라엘 국방부는 부상 치료를 위해 후방으로 철수하는 참전군인의 27퍼센트가 PTSD 등 치료가 필요한 정신과적 증상으로 고통받고 있다고 밝혔다. 또한 이런 추세가 갈수록 심화될 것이며, 2024년 말이면 부상 군인의 40퍼센트(5,600여 명)가 정신건강 문제에 직면할 것이라고 경고했다. 한 이스라엘 언론은 가자 전쟁 이후 반년 동안 자살한 이스라엘 군인이 최소 10명에 달한다는 폭로 기사를 내기도 했다.

"결국 미즈라히도 '아기'에 불과했던 걸까?" C의 태도가 조금 바뀐 게 느껴진다. 이제는 제 입으로 이런 '순진한' 말을 꾸며낸다. 하지만 이 같은 C의 순진함 또한 전적으로 옳다. 공교롭게도 미즈라히가 조종했던 불도저 D-9의 별명은 '테디베어'Teddy Bear[5]였다. 아마도 C는 이 독특한 별명으로부터 '테디베어(D-9)에 안긴 아기'의 모습을 유추해낸 것으로 보인다. 사실 제법 그럴듯해 보이기도 한다. '아기' 미즈라히가 이 육중한 곰 인형의 손을 빌려 (인간과 건물 형태의) 레고 블럭을 조립 혹은 해체하는 광경 말이다. 그러나저러나 사람 손을 많이 탄 인형에는 영혼이 깃든다는 미신이 있다고 하던데, 혹시 이 '테디베어'에도 어떤 악마적 영혼 같은 게 깃들어 있었던 건 아닐까? 그리고 그 악마적 영혼이 '아기' 미즈라히의 정신을 흔들어놓았다고 말하면, 비약일까?

그건 '비약'이라 말하다 말고 C는 다시 침묵한다. C의 침묵은 전적으로 옳다. 무기란 근본적으로 '사람을 죽이기 위한 도구', 다시 말해 살인을 정언명령으로 삼는 주물呪物(악귀를 물리치고 행운을 가져다주는 신비한 힘을 가졌다고 하여 신성시하는 물건)이다. 반대로 말하자면 이 주물은 아주 작은 노력으로도 강력한 상대방을 죽일 수 있는 신비한 힘을 내재하고 있다. '테디베어'가 그러한 주물(무기)의 하나였다는 사실도 분명하다.[6] 이런 점에서 보면 미즈라히는 '아기'인 동시에 이 거대한 주물을 다루는 '술자'였던 셈이다. 이 주물의 신비한 힘은 누군가를 저주하거나 피해를 입히려는 의도에 적극적으로 감응할 테지만, 그 반작용으로 주물을 다루는 술자의 정신도 타락시킨다.

> 우리는 너희를 끌어안았고 타락시켰으며 우리와 함께 바닥으로 끌고 내려갔다. 자부심 가득한 너희는 이제 우리와 같다. 우리처럼 너희는 너희 자신을 피로 물들였다.[7]

"내가 미즈라히였다면", "'미쳐버리든가 아니면 익숙해지든가' 둘 중 하나였겠지." C가 조용히 주억거렸다. 전적으로 옳다. 사실 이 말―미쳐버리든가 아니면 익숙해지든가―은 나치의 유대인 절멸수용소에서 일했던 특수부대, 일명 '화장터의 까마귀들' 사이에서 떠돌던 말이라 전해진다. 구성원 대다수가 유대인으로 구성된 이 '까마귀들'의 특수 임무란 다름 아닌 시신 수습, 즉 학살당한 동료 유대인의 시체를 화장터에서 처리하는 것이었다. 이는 같은 처지의 유대인으로 하여금 유대인을 가해하게 하는—가스실로 인도하고 꺼내고, 그 시신을 화로 안에 넣어 불태우는—나치의 "가장 악마적인 범죄" 시스템 가운데 하나였다.[8] 저명한 유대인 작가이자 아우슈비츠 절멸수용소의 생존자인 프리모 레비는 이러한 '까마귀들'의 정신상태가 마치 야수와도 같았다고 증언한다. 미즈라히의 정신상태라고 딱히 달랐을까.

물론 미즈라히는 '까마귀'가 아니며 그가 죽이거나 '처리'한 사람들 또한 같은 유대인이 아니다. 그러나 그는 D-9이라는 주물을 다루는 과정에서, 다시 말해 "미쳐버리든가 아니면 익숙해지든가"의 갈림길에서 결과적으로 미쳐버리고 말았다. 인류 역사상 최악의 탄압을 받았던 유대인들이, 또 그들이 세운 유대국가 이스라엘이, 이제는 정반대의 입장에서 팔레스타인 사람들을 '처리'하고 있다는 사실은, 그리고 그 과정에서 미즈라히라는 이스라엘의 젊은이가 '화장터의 까마귀들'처럼 미쳐버리고 말았다는 사실은 단지 역사적 우연일까? C는 뭐가 뭔지 모르겠다며 짜증을 내고 만다. C의 혼란은 전적으로 옳다.

훼손과 망각

지금 C는 자하르와 마주하고 있다. 아니, 정확히는 자하르의 영상을 마주하고 있다. 영상 속 자하르는 언뜻 살아 있는 것처럼 보인다. 두 눈은 반쯤 뜨여 있고, 입도 살짝 벌어져 있으며 특별히 눈에 띄는 상처도 보이지 않는다. 또한 얼굴을 제외한 전신이 깨끗한 흰 천으로 감싸여 있다. 죽음은, 가족의 격정으로부터 감각된다. 어머니와 할아버지가 그의 작은 몸을 껴안아 뺨을 비비고 입을 맞추지만 마치 '인형'처럼 자하르는 아무런 반응이 없다. 동공 반사가 사라져버린 눈. 오른쪽으로 50도가량 꺾인 목. 흔들림에 저항하는 나무토막 같은 어깨. 가죽 부대처럼 마른 피부. 피가 굳고 탁해져 잿빛으로 변해버린 안색…. C는 영상을 중단시키고 화면 상단의 종료 버튼을 누른다. C를 전적으로 이해할 수 있다. 그래, 꺼버리자.

> 그를 덮어라, 그를 재빨리 덮어라!
> 그리고 추억이 어린
> 무성한 수많은 꽃으로
> 여하간 내가 잊어야만 할
> 저 붉게 젖은 것을 덮어 가려라.
> — 아이버 거니, 「그의 사랑에게」에서[9]

그 눈을 어떻게 버틸 수 있을까. 빛을 잃은 아이의 눈을, 인간이 느낄 수 있는 최악의 공포를 여실히 드러내고 있는 그 눈을. C는 영상을 튼 자신의 손가락을 원망했다. 그 눈을 보지 않았더라면 남은 하루를 '기분 좋게' 마무리할 수 있었을 텐데. 그러나 C와는 전혀 다른 의미로 자하르의 '눈'을 마주할 수 없었던 사람들도 있었다. 이 영상이 공개된 직후 이스라엘 극우파들의 SNS에는 영상 속 자하르가 '진짜 인간'이 아닌 "플라스틱 인형"이라는 음모론적 주장이 올라오기 시작했다. 급기야 이스라엘 언론 『예루살렘 포스트』는 이 같은 음모론을 기정사실화하는 기사까지 작성해 배포했다.[10] 이들 또한 C와 마찬가지로 영상을 꺼버렸다. 그러나 이들은 C와 다르다. 전적으로 이해할 수 '없다.'

『예루살렘 포스트』의 음모론은 곧장 거짓으로 판명 났다. 기사 내용을 반박하는 현장 기자들의 증언과 사진이 속속 등장했고, BBC와 ABC News 등 권위 있는 언론들은 자체 팩트체크에 나서 자하르가 '진짜 아기'였음을 세상에 확인시켜주었다. 이후 『예루살렘 포스트』는 문제의 기사를 슬그머니 삭제했다. 그러나 자하르와 그의 가족에 대한 사과는 없었다.[11] "잘못된 자료에 근거해" 기사를 썼다는 짧은 변명문을 스치듯 게시했을 따름이다.

물론 이스라엘 정부 입장에서 보면 『예루살렘 포스트』

는 '애국적인' 언론이다. 이들은 자신의 조국이 "아기 학살자"라는 오명을 뒤집어쓰는 사태를 방지하기 위해 분연히 펜을 휘갈겼다. 아마 그들은 앞으로도 '자기 편' 아기의 죽음은 부각하고 '적'의 아기의 죽음은 은폐하고 왜곡할 것이다. 그렇게 편향된 정보를 제공함으로써 성난 국민을 "도덕적 전사"moral warriors [12]로 변모시킬 것이다('유대인' 아기가 죽었다고! 당신, '하일 히틀러'를 외칠 작정이야?!).

C가 겸연쩍은 표정으로 담배를 집어 문다. 그의 부끄러움은 전적으로 옳다. 하지만 전적으로 무력하다. 전쟁은 C의 부끄러움에 반응하기는커녕, 이 추악한 해프닝들을 아주 만족스러운 표정으로 관람하고 있을 것이 분명하기 때문이다. 죽은 자하르의 피부가 사후경직된 무엇이냐, 플라스틱 재질의 무엇이냐를 우리가 따지는 순간에도 전쟁은 성큼성큼 아이들 곁으로 걸어가고 있다. 그리고 끝내는 우리의 팔arm/arms[13]을 비틀어 '아이'들의 숨통을 끊도록 종용할 것이다. 그 종용을 우리가 과연 뿌리칠 수 있을까? 전쟁에 팔을 비틀릴 한 명의 인간으로서, 내 '팔'arm/arms이 더 많은 아이의 목을 꺾기 전에, 미즈라히가 그러했듯이, 저항할 수 있을까?(미쳐버리든가) 아니면 역시, 굴종하게 될까?(익숙해지든가)

C는 말이 없다. 그는 조금 전보다 한층 더 우울해져 있

다. 아이들의 시체 앞에서 가슴을 부여잡고 미쳐가는 또 다른 '아이들'의 존재를 어렴풋이나마 알아버렸기 때문이다. C는 적어도 이전보단 오래 '멈칫거리며' 기사를 찾아보고 영상을 응시할 것이다. "아니, 그건 진짜 아기가 아니야. 플라스틱 아기 인형일 뿐이야!" 따위의 허튼소리에 휘둘리지도 않을 것이다. 그러므로 C의 우울 또한 전적으로 옳은 것이라고 자신 있게 말할 수 있다(이상 C는 전직 군인 최우현Choi WooHyun이다).

덧붙이는 글: 2025년 9월 '가자'의 숫자들

"63,025−159,490−322−121."[14]

2025년 8월 29일 기준 팔레스타인 가자의 "사망자−부상자−굶어 죽은 사람−굶어 죽은 어린이"의 숫자다.

나는 앞에서 가자 전쟁(2023년 10월 이후)으로 사망한 팔레스타인 사람들의 '숫자'를 3만 4,344명(신원이 확인된 경우)이라고 썼다. 그러나 그것은 2024년 9월을 기준으로 한 숫자이고, 그로부터 1년 남짓 지난 시점의 숫자는 위에 제시한 대로다. 그사이 얼마나 더 많은 사람이 죽었는지, 구태여 셈하진 하겠다.

2025년 8월 영국 일간지 『가디언』이 이스라엘방위군 IDF의 기밀 자료를 입수해 분석한 결과에 따르면, 이번 전쟁에서 사망한 팔레스타인 사람들의 83퍼센트가 민간인이다. 이는 무차별 학살이 빈번하게 자행된 시리아, 수단 내전 등의 사례와 비교해도 월등히 높은 수치다.[15] 당연히 어린이의 사망률도 높을 것으로 추정된다. 팔레스타인 가자 인구의 47.3퍼센트가 '어린이'(18세 미만)이므로 그렇다. 가자에는 왜 이렇게 어린이 인구가 많을까? 이 분야 전문가인 미국 센트럴플로리다대학의 야라 아시Yara M. Asi 교수는 팔레스타인 사람들이 위협에 '저항'하기 위해 높은 출생률을 유지하고 있다는 연구 결과에 주목한다. 1948년 이스라엘 군대가 일으킨 '대재앙'(나크바Nakbah) 이후 77년 동안 이어져온 추방, 58년 동안의 군사점령, 18년간 지속된 봉쇄로 인해 팔레스타인 사람들은 '늙을 기회'를 갖지 못하고 혈통이 단절될 위기에 처한 것이다.[16] 낳으면 죽이고, 죽이면 낳는다. 이 무한의 굴레에서 가자 어린이 인구 비율이 비정상적으로 증가했다.

2023년 말, 가자에서 막 전쟁이 시작되었을 즈음, 식당에서 밥을 먹다가 이런 이야기를 들은 적이 있다. 화자는 두 명의 노인이었고, TV에서는 이스라엘군의 '공격'에 대한 『연합뉴스』 속보가 나오고 있었다. 뉴스를 지켜보던 한 노인이 말했다. "거 역시, 이스라엘은 한다면 하는 놈들이야. 팔레스타인이든 뭐든 조금이라도 개기면 말이지, 그냥 아예 정신도 못 차리게 제껴버린다니까." 그러자 다른 노인이 대답했다. "그런데 팔레스타인도 말이지, 좀 참으면 되는데 말이야. 그걸 못 참고 긁어 부스럼을 만들어." 그들의 논리에 따르면 2023년 10월 7일, 팔레스타인은 이스라엘에 '개겼다.' 그래서 이스라엘은 6만 3,025명의 팔레스타인 사람들을 '제껴버린' 것이고 말이다. 100여 년에 걸쳐 이루어진 이스라엘의 팔레스타인 식민화 과정을 고려하지 않은 대화인 게 분명해 보였지만, 그렇다고 노인들을 비난하고 싶지는 않았다. 오히려 한국에서 주류적으로 통용되고 있는 관점이라고 생각했다. 이스라엘 국기가 보수집회에 등장할 정도로 한국은 친親이스라엘 국가 아니던가. 그렇기 때문에 이스라엘이 역사적 맥락을 소거한 채 떠드는 '정의'正義도 한국에서는 큰 비판 없이 받아들여진다. 이스라엘이 팔레스타인 식민화를 정당화하는 데 자그마치 『성서』를 들이밀어도, 그리고 그 식민화를 '계몽적 점령'[17]이라고 주장해도 말이다. 그래서 나도 이스라엘이 팔레스타인을 어떻게 '제껴'왔는지에 대해 내가 아는 '숫자'들을 '맥락 없이' 열거해보고자 한다.

이스라엘은 1948년 데이르 야신 학살 사건(팔레스타인 민간인 250명 사망)을 시작―물론 이 역시 역사적 맥락을 고려하면 20세기 초반 시온주의자들이 팔레스타인 땅에 약탈적으로 정착하던 시기부터 언급해야 한다―으로 당시 팔레스타인 인구 절반에 해당하는 75만 명을 추방하고 마을 531곳과 도시 11곳을 소개시켰다. 1956년 수에즈 위기 때는 카프르 카심에서 49명, 칸유니스와 라파의 난민촌에서 팔레스타인 민간인 400여 명을 학살했다.[18] 1967년 제3차 중동전쟁 직후에는 팔레스타인 서안, 예루살렘, 가자지구를 불법 점령하고 팔레스타인 주민 30만 명 이상을 강제이주시켰다.[19] 1982년 레바논에 침공하여 사브라-샤틸라 난민촌을 봉쇄했고, 레바논 극우 기독교 민병대를 군사적으로 지원하여 팔레스타인 난민 수천 명(최대 3,500여 명 추산)을 학살하게끔 했다. 1987년 가자에서도 팔레스타인 청년 4명을 이스라엘 군용 트럭으로 압살했다. 그리고 이로 인해 팔레스타인 민중봉기(제1차 인티파다)가 일어나자 '무력, 위력, 폭력을 사용한 철권 진압'을 개시했다. 이 시기 이스라엘군은 팔레스타인 사람들의 "뼈를 부러뜨리라"는 국방장관 아리엘 샤론—샤론은 2001년 이스라엘 총리가 되었다—의 지휘[20] 아래 1,376명(어린이 281명)을 죽였다.[21] 점입가경으로, 2000년 이후 팔레스타인 민중봉기(제2차 인티파다) 기간 6년 동안 죽은 팔레스타인인은 3,733명(어린이 767명)에 달했다.[22] 2005년 가자지구를 완전 봉쇄했고, 2008년, 2012년, 2014년, 2021년에 군사작전을 벌여 각각 1,398명(어린이 345명),[23] 167명(어린이 33명),[24] 2,131명(어린이 501명),[25] 256명(어린이 66명)[26]의 팔레스타인인을 죽였다. 물론 이스라엘군 사망자 숫자는 네

번의 군사작전을 모두 합쳐 80명을 넘지 않았고, 이스라엘 민간인 사망자 역시 20명을 넘지 않았다.[27] 평화적인 시위라 할지라도 예외를 두지 않았다. 이스라엘은 2018년부터 2년 가까이 전개된 팔레스타인 난민들의 '위대한 귀환 행진'Great March of Return을 탄압하는 과정에서도 223명을 죽였다.[28] 2023년 10월 7일, 팔레스타인 가자에서 강력한 '개김'(저 노인들의 화법을 빌리자면)이 발생하기 직전에는 1주일에 최소 1명의 팔레스타인 어린이를 죽이고 있었다. 2023년 9월 기준 팔레스타인 서안의 어린이 연간 사망자 수 또한 유엔이 사상자 집계를 시작한 이래 최악을 경신한 상태였다.[29]

이스라엘의 '제낌'은 어떤 면에서 대단히 집요하기도 했다. 이스라엘이 이번 전쟁 이전부터, 무려 18년 동안이나 가자지구를 포위 공격해왔다는 사실만 봐도 알 수 있다. 이스라엘은 가자지구 전체를 펜스와 장벽으로 둘러쳤고, 그 주변으로 나할 오즈Nahal Oz, 레임Re'im과 같은 군사 키부츠와 자체 무장이 가능한 정착촌을 다수 건설해두었다.[30] 즉 언제든 감시와 학살이 가능하도록 기지화된 포위망을 구축해놓은 것이다. 그리고 이러한 정착촌 중에는 "1948년에 팔레스타인인을 강제로 가자지구로 추방하고 폐허가 된 마을 자리에 건설한 곳"도 있었다.[31]

2024년 이후 점령을 본격화하면서부터는 가자지구 내

부를 촘촘하게 분리하는 회랑corridor(가자지구 내에서는 사실상 차단선)[32]에 군대를 주둔시켰다. 이러한 회랑들은 가자지구 내의 인도적 지원 흐름을 차단하고, 회랑과 회랑 사이로 주민들을 몰아넣어 강제 수용한다는 구상을 강력하게 지원했다. 실제로 가자시티 남쪽 넷자림 회랑을 담당한 이스라엘방위군 제252사단장 예후 바흐는 "가자지구에 무고한 사람은 없다"고 선언했고, 부하 군인들은 그에 따라 선線 즉 회랑을 넘는 누구라도 "테러리스트로 간주"하고 총을 쏴 갈겼다. 한 이스라엘 군인은 넷자림 회랑이 '킬-존'이자 '시체 라인'이었으며, 죽은 팔레스타인 사람들의 시체를 뜯어먹으려는 들개들로 북적였다고 증언했다.[33]

이스라엘은 자신들이 만들어낸 팔레스타인 게토[34] 안에서 일란 파페가 "집단처벌"이라고 정의한 폭력,[35] 즉 이동 금지와 주택 철거, 재판 없는 체포, 고문 등을 서슴없이 자행했다. 2024년 8월, 이스라엘 인권단체 베첼렘은 2023년 10월 7일 이후 이스라엘군과 민간에서 운영하는 12개 이상의 구금시설이 "팔레스타인인을 대상으로 한 고문 수용소 네트워크"[36]로 바뀌었음을 폭로하는 보고서를 발간했다. 여기에 따르면 이스라엘 군인과 교도관들은 (구타나 기아 학대는 말할 것도 없고) 팔레스타인 수감자들의 성기를 때리거나 나체 촬영을 하거나, 항문에 금속 막대기를 찔러 넣어 직장을 파열시키는 등의 성폭력까지 저질렀다.[37] 이스라엘은 이러한 고문과 학대의 시스템을 수용소 바깥 가자지구 전체에 적용할 작정인 듯하다. 그 증거로 지금 팔레스타인 가자 어린이의 96퍼센트가 죽음이 임박했다고 느끼고 있다. 그리고 그중 55퍼센트가 '죽고 싶다'고 말하고 있다.[38] (앞에서 사례로 든 '숫자'와 사건들은 유엔 인도주의업무조정국OCHA과 이스라엘 인권단체 베첼렘이 공개한 자료, 이스라엘 역사학자 일란 파페의 연구와 서방의 외신 등에 근거하여 작성했다. 따라서 팔레스타인 사람들 입장에서는 자신들이 받은 피해가 과소평가되었다고 느낄 만한 여지가 있으리라 본다. 아마도 대부분의 팔레스타인 사람들은 이 글이 이스라엘이 자행한 학살의 100분의 1도 반영하지 못하고 있다고 개탄할 것이다.)

세계 사람들은 이 전쟁을, 전쟁이 아닌 대량학살, 즉 제노사이드genocide라고 부른다. '인종청소'라고도 부른다. 둘 다 맞다. 거칠게 분류해보자면 제노사이드는 특정 인종 및 종교집단의 물리적 절멸에 초점을 맞춘 개념이고, '인종청소'는 특정 집단의 추방(강제 이주)과 배제에 초점을 맞춘 개념이다. 팔레스타인 가자에서는 이 두 가지 범죄가 동시에 자행되고 있고, 자행되어왔다. 이미 많은 사람들이 여기에 동의하고 있다. 2024년 3월, 프란체스카 알바네세 유엔 팔레스타인 인권 상황 특별보고관은 이스라엘의 행위가 제노사이드에 해당한다고 명시한 보고서를 유엔 인권이사회에 제출했다. 그리고 그 뒤를 이어 유엔 인권최고대표사무소 직원 500여 명이 이스라엘의 제노사이드를 규탄하는 서한을 지도부에 전달했다. 2025년 9월에는 세계 최대 규모의 제노사이드학자협회IAGS가 이스라엘의 행위를 집단학살로 규정하는 결의문을 채택했다. 이와 별개로 일란 파페, 오메르 바르토프, 라즈 시걸 등 유대인 학자들도 이스라엘의 학살과 식민주의를 강하게 비판하고 나섰다. 특히 시온주의 가정에서 자라난 이스라엘방위군 장교 출신의 역사학자 오메르 바르토프는 이스라엘이 제노사이드를 저지르고 있다는 진실을 "어떻게든 부정"해보려 했으나 도저히 인정하지 않을 수 없는 "고통스러운 결론"에 도달했다고 고백했다. 좀 더 먼 과거로 가보면 홀로코스트 유대인 생존자들의 일갈도 들려온다. 프리모 레비는 1982년 이스라엘이 레바논을 침공해 팔레스타인 난민들을 학살하자 이런 말을 했다. "모든 사람은 누군가의 유대인이다. 그리고 오늘날 팔레스타인 사람들은 이스라엘인들의 유대인이다."[39] 마찬가지의 홀로코스트 생존자 가보 마테―캐나다 의사인 그는 트라우마 분야의 세계적 권위자다―도 이스라엘이 "20세기와 21세기에 걸친 최장 기간의 인종청소"를 자행하고 있다고 비판한 바 있다.[40]

이 밖에 또 누구를 거론하면 좋을까. 중동 출신 학자들과 세계 주요 인권단체들이 내놓은 말들은 너무 많아서,

또 간단한 인터넷 검색으로도 찾을 수 있는 정보이기에 생략하기로 하자. 아 참, 이스라엘은 학살이니 인종청소니 하는 불편한 용어 대신 "잔디를 깎는다"라는 신사적인 말을 더 선호한다. 그런데 이번에는 '뿌리'도 뽑아버릴 기세다. 우리는 바로 그것을 제노사이드라고 부른다.

> 자신의 절대 권력에 사로잡혀 그것을 잃을까 봐 두려워하는 그 절박한 존재는 한때 자신이 인간이었다는 사실을 명확하게 기억하지 못하는 것이다. 그는 자신을 채찍이나 총으로 여긴다. 그리하여 '열등한 종족'을 길들이는 일이 조건반사적으로 진행된다고 믿게 된다. (장폴 사르트르)[41]

광전사, 불사신, 유령

사람을 '죽여본' 군인?

이라크 전쟁 발발 이듬해인 2004년 봄, 한국은 시끄러웠다. 정부는 2003년에 이어 한국군의 제2차 이라크 파병(자이툰 부대)을 강력히 추진했다. 여론은 양분됐다. 찬성론자는 대체로 국익을, 반대론자는 인도적 명분 등을 앞세워 서로 치열하게 논쟁했다. 당시 대학교 2학년생이었던 나도 이 주제에 대해서 꽤 관심이 있었다. 그래서 어쭙잖은 의견을 펼쳐본답시고 학과 내 시사동아리에서 주최하는 관련 토론에 몇 차례 참여한 적도 있었다(그래봤자 현란한 말솜씨를 가진 선배들에게 반박당하기 일쑤였지만). 내 기억에, 우리 동아리의 대체적인 입장은 파병 '반대'였다.

이와는 반대로 우리 학과의 전공 교수였던 L씨는 꽤 적극적인 파병 '찬성' 입장이었던 것으로 기억한다. 그는 한국행정사라는 과목을 주로 가르쳤는데, 마침 이 논쟁의 시기에 내 시간표에는 그의 강의가 있었다. L교수가 이라크 파병에 관해 자신의 의견을 밝혔던 건 학교 축제가 한창이던 어느 봄날이었다. 그는 대뜸 베트남전쟁에 대한 이야기부터 꺼내들며 운을 띄웠다. 베트남전쟁 파병 당시 한국군이 그러했듯이 열악한 전장 환경에서 '실전'을 경험해볼 필요가 있다는 취지의 주장인 듯했다. 특히 L교수는 그즈음 거론되던 파병의 대표적인 논란들―전투부대 파병 여부, 주둔지역 분쟁 위협, 현지인 및 군인들의 안전 보장―을 꼽아가며 '요즘' 군인들의 허약한 정신력과 전투의지를 비판하는 데 열을 올렸다. 그는 말했다. "베트남전쟁 이후로 우리나라에 사람을 죽여본 군인이 없다."

말인즉 사람을 '죽여볼' 가능성이 높은 파병을 기회로 삼아 군인들이 강해져야 한다는 것. 곧바로 강의실이 눈에 띄게 술렁였지만 L교수는 아랑곳하지 않았다. "사람을 죽여본 군인은 뭔가 달라도 다르지." 하지만 그는 그 '뭔가'가 구체적으로 어떤 것인지에 대해서는 별다른 사례나 증거를 제시하지 않았다. 이미 자기 확신의 열기에 취해 있던 그에게 그런 사회과학적 엄밀함은 중요하지 않아 보였다. 결국 이날의 강의는 나를 포함한 강의실의 학생들에게 찝찝한 뒷맛만을 남긴 채로 어설피 마무리되었다.

지금 생각해보면 L교수의 발상은 학자적 통찰의 산물

이라기보다 '판타지'에 가까웠던 것 같다. 그것도 상당히 매혹적이며 나름의 세계관까지 갖춘 판타지. 나는 군에서 L교수와 비슷한 맥락의 판타지를 설파하는 사람을 제법 많이 마주쳤다. 살인 등의 극단적인 체험이 군인들을 강하게 만들어줄 거라는 믿음에 취한 몽상가들 말이다. 그들의 머릿속에서 군인의 살인은, 그것이 설령 전쟁범죄에 가까운 폭력행위라 할지라도, 찬사받아 마땅한 공적이었다. 아니 그들은 그것을 살인이라고도 부르지 않았다. 그것은 전투의 열매, 다시 말해 전과戰果일 따름이었다.

L교수, 그리고 그들은 어째서 살인과 강함이 서로 연결될 수 있다고 생각하는 걸까? 이러한 믿음의 근거가 무엇인지 군 생활 내내 궁금했다.

강깨한 군인이라는 파멸 모델

넓은 맥락에서 '강함'은 곧 두 가지 의미로 해석할 수 있을 것 같다. 물리적 힘의 수준과 정도를 뜻하는 강강과, 대상의 굳고 단단함을 의미하는 강깨으로 말이다. L교수가 추구하는 군인의 강함은 후자일 것이다. 적을 살해하는 행위가 물리적 힘의 증가, 즉 강強해짐으로 이어진다고 보기는 어렵기 때문이다. 군인이 육체 단련을 위해 적을 살해한다고 말할 순 없지 않나.

반면 비물리적인, 무형의, 정신적인 영역에서는 살인-강해짐이 인과적으로 연결될 수 있는 여지가 있어 보인다. 인간의 정신이 굳고 단단하게剛 단련될 수 있다고 말해도 딱히 어폐는 없다는 의미다. 단적인 예로 우리는 "강철 같은 정신력"이라는 관용어를 활용해 군인의 '정신무장'을 촉구하기도 한다. 이 역시도 물리적 강強함과는 무관한 말이다. 아마도 이런 의미에 가까울 것이다.

> 야생마를 길들일 때 쓰는 말처럼 군인이 되려는 사람은 일단 "부러져야 한다." 인간을 박살내고 녹여버린 뒤 군대가 원하는 새로운 인간 형태로 구워내야 한다는 말이다.[1]

이처럼 '인간'을 부러뜨리고 박살내고 녹여서 다시 '군인'으로 구워내는 과정이 다름 아닌 훈련이다. 훈련이 성공적인 경우 군인들의 무의식은 적을 죽이는 상상력으로 충만해진다. 동시에 거리낌없이 적을 비인간화할 수 있을 만큼 증오의 각인이 강화된다.[2] 그런데 L교수 등의 판타지는 여기서도 한발 더 나아간 것이다. 왜냐하면 그들의 주장은 '일부러라도' 군인을 극단적 체험(살인)으로 밀어 넣어야 한다는 데 그 핵심이 있기 때문이다. 그리고 그렇게 함으로써 그 정신마저 극단적으로 굳고 단단해진—아무래도 나는 강철鐵의 이미지를 떠올릴 수밖에 없는데—인간병기를 주조해낼 수 있다고 믿는다. 놀랍게도 아예 근거가 없는 주장은 아니다. 그런 강剛-철의 군인은 전쟁의 역사에 실제로 존재했다.

가히 광전사berserker라 부르기에도 부족함이 없는 군인들이 있었다. 크리스 헤지스를 비롯한 여러 군사전문가들은 전투중독combat high에 빠져버린 군인과 '공격적 사이코패스' 성향을 띤 군인을 이 범주에 포함시킨다. 분석에 따르면 이들은 전체 군인의 2퍼센트에 불과한 소수 그룹이며 특별히 육체적으로 뛰어난 것도 아니지만, 실전에서는 적의 50퍼센트 이상을 살해하는 가공할 만한 전투력을 발휘한다. 살인에 대한 저항감이 없기 때문에 적의 머리를 향해 방아쇠를 당기는 데도 주저함이 없고 엉뚱한 곳을 사격하며 총알을 낭비하지도 않는다. 모르핀 주사를 맞은 것처럼 도취적으로 전투를 즐기며 그중 일부는 자극을 갈망해 다른 전투를 찾아 헤매는 경향까지 보였다.[3]

노먼 메일러의 소설 『벌거벗은 자와 죽은 자』에 등장하는 크로프트 하사가 딱 그런 인물이다. 크로프트는 사람을 죽일 때 솟구치는 아드레날린에 중독된 군인이다. 전투 중에는 적의 살이 찢어지고 뼈가 박살나는 광경을 떠올리며 환희에 젖고, 전투가 끝난 후에는 적의 시체를 찾아 총알을 박아 넣으며 아쉬움을 달랜다. 본인과 달리 겁이 많은 동료들은 사람 취급도 하지 않았다. 그랬음에도 상부로부터 별다른 제지를 받지 않았던 건 크로프트가 여러 전투에서 보여준 '강함' 덕분이었다. 하지만 이 광전사는 끝내 수많은 전우를 죽음으로 내몬다. 이전보다 더 강렬하고 그로테스크한 전투를 맛보기 위해 자신의 소대를 일부러 위기 상황에 빠뜨렸던 것이다.

그런가 하면 일본에서는 정신과 의사 노다 마사아키가 이와는 조금 다른 유형의 정신적 강剛함을 가진 군인들을 찾아냈다. 노다 마사아키는 이들을 "불사신"이라고 정의했다. 자신이 죽인 사람들의 시체를 치우면서도 그날의 저녁 반찬을 떠올릴 수 있고, 단말마의 비명을 들으면서도 주변 자연의 아름다운 풍광에 감탄할 수 있는 괴랄한 인성의 소유자들. 따라서 이들은 전쟁 중인 군인에게 흔히 찾아오는 불안, 회피, 슬픔 등의 부정적 감정이나 불면, 악몽, 강박 등의 정신장애에도 거의 시달리지 않았다. "신체는 상처 입어도 마음은 상처 입지 않는 불사, 즉 감정마비의 강함"을 지녔기에 불사신不死身인 것이다. 노다 마사아키의 분석에 따르면 '불사신'은 특히 잔혹한 전쟁범죄를 자행한 (혹은 자행할 만큼 폭력적으로 훈련된) 군인 집단에서 자주 발견된다. 어떤 의미에서는 광전사보다 이쪽의 정신상태가 훨씬 더 위험하다. 이 군인들은 자신의 존재 자체를 폭력에 종속시키고 말았다.

불사신의 존재를 인정할 수 있다면 자연히 '유령' 같은 존재도 있을 법하다고 여겨진다. '유령'은 독일의 소설가 에른스트 윙거가 자전적 소설 『강철폭풍 속에서』에서 거명했던 바 있다. 일반적으로는 시신이 수습되지 못한 전사자들을 일컬어 '전장의 유령들'이라고 부르기도 한다.

'유령'은 앞의 불사신과 대체로 비슷해 보이지만 정신적으로 좀 더 소진되어버린burn-out 이미지로 설명된다. "흥분이라곤 이미 불에 다 타버려 전혀 남아 있지 않은" 존재들인 것이다. 따라서 이 군인들은 아무리 어려운 상황에서도 끝까지 묵묵하고 착실하게 임무를 수행한다. 누가 말리지 않는 한, 그 몸이 완전히 부서져 내릴 때까지 자신을 소모시키며 좀비처럼 전장을 지키는 것이다(특정 공간을 '떠나지 못한다'는 측면에서 우리가 알고 있는 유령의 이미지와도 비슷하다). 그래서 윙거도 이런 '유령'들과는 함께 전투에 나설 만하다고 그 강剛함을 칭찬했다. 또 '뭔가' 다르다면서 이렇게 감탄했다. "우리를 불의 나라로 데려다줄 이 전령에게는 우리와는 다른, 뭐라고 구체적으로 형용할 수 없는 성격이 각인되어 있었다."[4]

광전사, 불사신, 유령. 이들 모두는 분명 강剛했다. 그렇다면 L교수의 말이 옳았던 걸까. 당시 강의실에서 나는 '그런가?' 하면서 입을 앙다물고 있었다. 그러나 나름의 경험칙이 쌓인 지금은 아니다. 나는 감히 단언할 수 있다. 광전사, 불사신, 유령이 되기 위해 일부러 전쟁에 나갈 군인은 단 한 명도 없을 거라고. 세계적인 정치철학자이자 『예루살렘의 아이히만』으로 특히 잘 알려진 한나 아렌트도 비슷한 맥락의 주장을 펼친 바 있다.

> 누군가는 계속해서 그렇다고 주장하고 싶을지도 모르겠지만, 군인은 살인자가 아니다. 살인자들—'개인적 공격성'을 갖고 있는 자들—은 아마 훌륭한 군인조차 될 수 없을 것이다.[5]

아렌트는 살인자의 공격성 그 징후를, 단순히 감정적으로 사나워진 인간의 심성으로부터 포착하려 들지 않았다. 오히려 그가 공격성 그 자체라고 꼬집었던 징후는 다름 아닌 '감정의 부재'다. 살인자에게 '참을 수 없는 비극'이란 있을 수 없다. 그저 초연할 뿐이기 때문에 감내하고 참아내야 할 고충도 싹트지 않는다는 것이다. 말하자면 감동-감성-이해로 연결되는 감정 반응을 상실한 상태. 맞다. 아렌트가 거론한 이 결핍된 존재의 정신적 병리는 광전사, 불사신, 유령의 그것과 거의 정확하게 맞물린다.

결국 L교수가 만들어내고자 했던 건 '살인자'였을까. 그랬을 거라고 강하게 의심할 수밖에 없는 대목이다. 어쩌면 그는 자신의 공격성을 대리 표출해줄, 그러니까 "사람답지 아니하거나 사람으로서는 차마 할 수 없는" 일들을 대리하여 실행해줄 '행형쇄장'行刑鎖匠(즉 망나니)을 구하려 했을지도 모른다. 그러나 당시 L교수는 알지 못했던 듯하다. 그날 강의실에서 정작 '살인자'에 가장 가까워 보였던 존재는 L교수 자신이었다는 걸.

이 글을 쓰던 중 L교수에게 좋은 참고가 될 것 같은 기사를 하나 발견했다. 1966년 해병 청룡부대 출신으로 베트남전쟁에 참전했던 김영만 씨에 대한 인터뷰 기사인데, 마침 기사가 등록된 시점도 L교수의 강의가 있던 바로 그 무렵이어서 흥미로웠다. 그 일부를 발췌해둔다.

> 참전용사 중에 파병하자는 사람들은 진짜 전투를 경험하지 못한 사람일 것입니다. (…) 보통 사람들이 말하는 나쁜 군인과 좋은 군인은 없습니다. 당신 같은 젊은이 누구라도 가게 되면 지옥에 있게 되는 거예요. 나는 요새 생각하는 게 있어요. 누가 우리에게 악마의 주술을 걸었을까?[6]

그러게, 과연 누가 악마의 주술을 걸었을까?

눈물 흘리는 군인들

정신력의 배신

첫 발작이 일어났던 건 2005년 여름, 1년차 장교후보생 신분으로 하계 군사훈련을 받을 때였다. 집합시간이 얼마 남지 않아 허겁지겁 점심밥을 삼키고 있던 내 등 뒤로 누군가가 식당 문을 거칠게 박차며 들어왔다. 악랄한 폭언을 구사하는 것으로 유명한 중대 제2훈육관이었다. 그는 우리 훈련생들을 향해 다짜고짜 욕설을 쏟아냈다. 여태껏 밥을 '거지같이' '처먹고' '앉았느냐'는 이유에서였다. "당장 튀어나가!"라는 호령에 나는 들고 있던 마지막 한 술을 억지로 욱여넣으며 막사로 달려갔다. 그러고선 떨리는 손으로 총이며 군장이며 하는 것들을 챙기는데 난데없는—그러나 한 번도 느껴본 적이 없는—헛숨들이 목구멍을 차고 올라왔다. 그게 시작이었다.

예고 없이 발생하므로 '발작'이라 하고 이성의 통제를 벗어나므로 '공황'이라 부른다. 어쩌면 질식 비슷한 느낌일지도 모르겠다. 처음에는 목덜미, 항문, 오금 부분에 오한이 느껴지면서 호흡이나 심장 박동 같은 '불수의'不隨意 기능이 마비되는 듯한 위기감이 찾아온다. 물론 이러한 위기감 내지 불쾌감은, 당사자의 정신이 건강한 상태라면 빠르게 통제할 수도 진정시킬 수도 있다. 그러나 이미 병리적 발작상태에 돌입해버렸다면 '정신력' 따위로 신경계를 제어하는 일은 생각만큼 쉽지 않다(솔직히 말해서, 자력 통제가 어렵다고 본다).

영문을 알 수 없는 위기감이 공포로 진화해가면서 뇌는 극도로 흥분한다. 온몸에 추적추적하고 서늘한 땀이 쏟아지고 숨은 턱 끝까지 차오른다. 심할 경우 과호흡으로 체내 이산화탄소 농도가 떨어져 의식저하가 발생하기도 한다. 머리 바깥으로 정신이 쏙 증발해버리는 감각이라고나 할까. '내가 죽는구나' 하는 절망감이 드는 순간도 바로 이 지점이다.

이는 과장이 아니다. 실제로 의사들은 공황장애 환자들이 죽을 것 같은 공포에 직면하게 된다고 말한다. 그나마의 위안은 발작의 지속 시간이 그리 길지는 않다는 점에 있다. 대개 5~10분 이내로 진정되는 듯하다. 다만 정신상태의 혼미함―며칠 밤을 새운 듯한―은 길게 이어진다.

그 짧은 시간에 막대한 육체적·정신적 에너지를 소모해버리는 탓이다.

어쨌든 이런 상태에서 제대로 된 훈련을 받을 수 있을 리가 없었다. 발작의 후유증으로 기진맥진해 오후 내내 훈련장을 기어 다니다시피 했고, 훈련이 끝난 뒤에는 땀이 멈추지 않는 기이한 탈수 증세까지 찾아왔다. 내 신경계는 그만큼이나 잔뜩 예민해져 있었던 것이다. 결국 다음날 아침 의무대로 실려 갔다. 그날 이후의 훈련은 내게 사실상 무의미했다. 발작의 여파인지 식당에서의 기억 때문인지 음식을 잘 삼키지 못했다. 체력은 형편없이 떨어졌고, 신경쇠약으로 불면증이 겹쳤다. 살이 빠졌다는 게 유일한 장점이었다. 나는 전투복 바지가 스르르 흘러내릴 만큼 헐렁해진 다음에야 간신히 집으로 돌아올 수 있었다.

완전한 회복까지는 꽤 오랜 시간이 걸렸다. 이제 괜찮을 거라는 의사의 소견과는 무관하게 공황의 기억은 내 의식 수면에 아스라이 걸쳐져 있었고, 군 생활이 파도처럼 출렁일 때마다 그 실체를 드러내며 정신을 압박해 들어왔다. 그래서 언젠가부터는 이런 확신을 갖게 됐다. 전쟁 혹은 그에 준하는 위급 상황이 닥치면, 이 병이 그때보다 훨씬 더 끔찍한 정신적 폭력수단을 동원해 내 머리를 지배하려 들리라는 확신 말이다. 누가 뭐래도 이 병은 '군내산'軍內産 아니었던가. 그러니 나의 박약한 신경줄이 전쟁의 공포에 감응하는 것도 그리 이상하게만 볼 일은 아니었다.

다만 그때를 대비해 '동지'를 모집해두기로 했다. 나는 조금씩 그리고 천천히, 전쟁의 이면을 훑어가며 나와 비슷한 신경줄을 가졌던 '겁쟁이 군인'들을 찾아다니기 시작했다. 그들이 겪은 정신적 고통 속에 나의 불안과 공황을 의탁하고 때로는 서로의 혼미를 공유해보기도 하며 위로받고 싶었던 거다.

전쟁신경증: 뇌를 잠식하는 죽음의 속삭임

전쟁신경증war neurosis이라는 병증이 있다. 비슷한 개념으로는 탄환 충격shell shock, 전투피로battle fatigue, 전장공포증 등이 있으나 크게는 전시 군인에게 발생하는 정신장애의 범주로 분류해볼 수 있을 것이다(다만 혼선을 막기 위해 이 책에서는 '전쟁신경증'이라는 용어를 사용한다). 증상은 어떨까? 경련발작, 호흡곤란, 의식장애, 보행불능, 감각마비, 불면, 실어증, 자살 기도 등이 있지만 이 역시 정형화하긴 어렵다. 분명히 말할 수 있는 건 이런 증상들이 전쟁신경증 환자 각자가 직면한 최악의 공포를 대변해주고 있다는 사실이다. 노먼 메일러의 소설 『벌거벗은 자와 죽은 자』에 묘사된 전시 정신병동의 실상은 바로 그런 점에서 인상적이다. 그 장면에 등장하는 병사의 절규를 들어보자.

"피우우웅, 피우우우우우웅" 환자가 박격포 소리를 흉내 내며 울부짖다가 다시 악을 썼다. "하느님, 절 좀 구해주세요, 절 좀 구해주세요!"[1]

저런 섬망과 울음, 혼돈에 찬 넋두리가 횡행하는 공간에서는 정신이 멀쩡한 사람이라도 평정심을 유지하기가 어려울 것이다. 이 정신병동의 입원 환자였던 병사 미네타도 그랬다. 사실 그는 전쟁신경증을 앓고 있는 것처럼 '미친 척'을 해서 병동에 들어온 꾀병 환자였다. 즉 적당히 헛소리만 해대면 하루 종일 침대에 누워 있는 호사를 누릴 수 있겠거니 기대했던 것인데, 그 판단이 틀렸다는 사실을 미네타는 불과 며칠 만에 깨닫게 된다. 시시때때로 몰려드는 '진짜' 전쟁신경증 환자들의 면면을 마주하면서 이 병동의 진정한 지옥도를 간접 체험하게 된 것이다. 차라리 피와 살이 튀는 전선으로 돌아가는 편이 낫겠다고 생각한 미네타는 결국 군의관을 찾아가 자신의 꾀병을 고백한다. "제기랄, 그냥 날 좀 내보내줘."

미네타는 듣기 싫어했지만 애타게 '하느님'을 찾는 저 병사의 기도야말로 전쟁신경증의 본질이라 할 수 있다. 죽음을 실감한 인간이 마지막 생존본능을 발동해 부르짖는 비명. 1918년에 열린 제5차 부다페스트 국제심리분석학회의 규정에 따르면 전쟁신경증은 "생명의 위기에서 트라우

마적 신경증으로의 도주"다.[2]

이 밖에도 전쟁신경증과, 그 아류의 정신장애들을 규정해보려는 학술적 시도는 많다. 다만 나는 이 병증—아무래도 정신적인 영역이 문제시되는 만큼—이 좀 더 감각적인 비유와 수사를 통해 홍보되길 원한다. 예컨대 미국의 원형심리학자 제임스 힐먼은 저서 『전쟁에 대한 끔찍한 사랑』에서 전쟁신경증(탄환충격)을 이런 식으로 설명한다. "육체가 내면의 영혼으로 녹아드는 연민과 슬픔", "영혼이 너무나 지친 탓에 신경계도 반응할 수 없는 흐느낌", "엄습하는 공포와 떨림, 말로 표현할 수 없는 것을 흉내 내는 일시적인 벙어리 상태…".[3]

힐먼의 사유는 전장의 군인들이 흘리는 '눈물'로 가닿는다. 전장의 군인들이 흘리는 눈물은 전쟁신경증의 또 다른 현현으로 이해해볼 수 있다. 폭력과 죽음에 대한 두려움 때문에 자기도 모르게 쏟아내고 마는 '구토'에 가까운 눈물로서 말이다.

그렇다면 군에서 강조하는 이른바 '정신력力 강화', '불굴의 정신무장' 조치들은 이 같은 전쟁신경증의 무시무시한 강림을 저지해낼 수 있을까? 앞서 내가 공황발작에 속수무책으로 당했던 것처럼, 저지하지 못할 가능성이 크다고 본다. 그 증거로 전쟁신경증은 인류 역사에서 유례를 찾기 힘들 만큼 극단적으로 정신력(정신주의)을 강조했던 일본 제국주의 황군에게도 짙은 마수를 드리웠다. 일본의 전쟁사학자 요시다 유타카에 따르면, 태평양전쟁 당시 일본군 후송 환자 가운데 22.3퍼센트(1944년 통계)가 정신질환자였다. 그리고 이들 중에는 알 수 없는 이유로 '미라'처럼 야위어 죽어가는 병사들이 있었다.[4]

> 결국 몸은 미라상이 되어 맥박이 느려지고 정상체온 이하가 되고, 사지가 차가워지고 얼굴이 무표정해져 활기를 잃고, 기면성이 되고 게으름을 부리며 어떤 말도 하지 않는 '살아 있는 시체'와 같아진다. 결국 완전히 타버린 양초의 불이 꺼지는 것과 같이 귀적鬼籍[5]에 오른다.[6]

당시 일본의 군의관들은 이들이 전쟁신경증 환자라는 사실을 인지하지 못했다. 그들이 내린 최초 진단은 '영양실조증'(전쟁부종)이었고, 따라서 치료도 환자들의 영양상태를 개선하는 데 중점을 두었다. 그러나 살아 있는 인간의 '미라화'는 영양실조라는 신체적 요인과 전쟁신경증이라는 정신적 손상이 합쳐진 결과였다. 실제로 군인들은 충분한 영양을 섭취했음에도 불구하고 계속 죽어나갔다.

노다 마사아키의 『전쟁과 죄책』에는 전쟁신경증으로 몸무게가 30킬로그램을 밑돌 정도로 쇠약해진 일본군 병사의 사례가 등장한다. 병사는 절망적인 상태에서도 어떻게든 살아서 고향으로 돌아가고 싶어 한다. 하지만 이런 삶의 의지와는 정반대로 신경증에 완전히 지배당한 병사의 육신은 음식과 수액주사에도 거부반응을 보인다. 정신적 손상이 육체의 안전을 위협하는 지경에까지 이른 것이다. 끝내 병사의 육신은 "살아가는 것을 거부"했다.[7]

한국의 경우, 그러니까 한국전쟁 당시에도 이와 비슷한 증상을 호소하는 한국군이 적지 않았을 것이라 예상되지만 일본만큼 자료가 풍부하진 않다. 1940~1950년대 한국에서 전문적인 정신과 치료를 하는 의사는 극히 드물었다. 정신과 군의관은 전쟁 발발 이후에야 미군에 의해 속성으로 양성되기 시작했으며 그 인원 또한 초기에는 45명에 지나지 않았다.[8] 이 때문에 많은 한국군이 정신장애를 앓고 있었음에도 제대로 된 치료를 받지 못했다. 역사학자 전우용은 전쟁 중 국군병원 정신과 입원 환자 수가 1950년 250명, 1951년 700명, 1952년 1,400명, 1953년 1천 명 수준이었다고 분석하면서도, 전체 병력의 3분의 1정도가 정신질환을 앓고 있을 거라는 미군 정신과 전문의들의 진단에 비하면 턱없이 적은 수라고 지적했다.[9] 전선의 군인들이 심각한 정신장애를 앓고 있었음을 추정해볼 수 있는 또 다른 사례가 있다. 1952년 10월 3일 부산 동래의 '상이군인정양원'에서 수십 명의 군인이 집단으로 음독자살을 시도하는 사건이 발생했다. 국방부는 '그날따라 잠이 오지 않았던' 일부 군인들이 수면제를 과다 복용해 일어난 해프닝이라고 변명했지만, 해당 병원장은 처지를 비관한 군인들의 "집단적인 자살 기도"였다며 재발 방지를 약속했다.[10] 전쟁 직후인 1954년 12월에는 『동아일보』가 한 제대군인 정신병원의 모습을 르포 형식으로 보도하기도 했다. 아래는 해당 기사의 일부다.

> "포성이다", "사단장 각하", "으하하하", "피", "땅", "춥다" 등등…. 온전한 의식을 잃은 세계이다. 한때는 "불모고지"의 용사요, 어느 때는 "피의 능선"의 용맹한 국군장병이었던 그들이 지금은 한갓 정신이상자로 발광하고 있는 것이다. (…) 포성에 놀라고 폭격에 간이 뒤집혀 그만 오늘날과 같이 정신병자가 된 것이다. 급성분열반응, 망상형, 긴장형, 단순형 등 각종 정신분열증 그리고 지랄병 또한 신경쇠약증, 경악성신경병, 심인성정신병 및 외상성신경증 등 온갖 정신병 환자들인 것이다.[11]

애석하게도 대개의 전쟁사 서술은 군인들의 이러한 정신적 어둠에 관해 그다지 많은 정보를 제공해주지 않는다. 아마도 우리가 확인할 수 있는 군인들의 '정신'과 관련된 이야기는 그 장렬함에 대한 찬미 정도일 것이다. 군인들이 얼마나 용맹하게, 애국심에 가득 차 물러나지 않고 전투에 임했느냐에 초점을 맞추면서 '정신력의 기적'을 운운하는 해석은 차고 넘친다(물론 여기서 '정신력'이 의학적 의미에서의 정신건강과 관련이 없다는 것은 두말할 나위도 없다).

어쩌면 당연한 현상일지도 모른다. 사람들이 자기 나라 군인들의 정신적 어둠을 인정하고 그것을 동정하게 되는 순간, 비장미 넘치던 호국영웅의 서사에는 균열이 생긴다. '국가를 위하여'라는 노래 가사는 후퇴하고, 그 대신 혼돈에 사로잡힌 군인들의 절규와 흐느낌, 원망과 저주, 정신병이 전면으로 나서게 된다. 동시에 군인을 인간적으로—죽음을 두려워하지 않는 전쟁기계가 아닌 눈물 흘리는 동료 인간으로서—바라보려는 연민적 시선도 강화된다. 전쟁의지가 강한 (호전적인) 국가의 입장에서는 이런 상황이 특히 곤혹스러울 수밖에 없다. 군인들의 정신적 어둠을 감춰야 '전쟁영웅의 추락'을 방지할 수 있기 때문이다.

앞서 '미라' 사태에 대한 일본군 수뇌부의 반응이 꼭 이와 같았다. 이들은 전쟁신경증을 병사들의 개인적인 자질 문제로 환원하려 했다. 그래서 엉뚱하게도 병사들의 마음을 돌보는 처방이 아닌, '육체 피로'를 회복시켜주는 처방으로 신경증을 개선하고자 시도한다. 요시다 유타카는 당시 일본 군부가 마약성 각성제인 '히로뽕'hiropon보다 강력한 '중추신경흥분제'를 개발하고 있었다고 꼬집었다.[12] 물론 이 같은 중추신경흥분제, 다시 말해 각성제는 전쟁신경증 환자에게는 독약이나 다를 게 없었다.

'겁쟁이' 군인을 위한 변명

처음부터 나는 스스로를 '겁쟁이' 군인이라 칭했다. 이는 분명한 진실이다. 하지만 아무 관계가 없는 제3자가 개입해 '우리'(나와 내 동지)의 두려움을 교정하려 든다면 우리는 반발할 것이다. 이를테면 노회한 조언자를 자처하면서 "건강한 육체에 건강한 정신이 깃든다"라든가 "안 되면 되게 하라"는 식의 질책을 가하는 일 따위를 예상해볼 수 있겠다. 나는 그런 말을 하는 사람이 언젠가 꼭 '이 병증'을 앓아보길 기원한다.

우리가 '겁쟁이'라는 사실 자체를 역겨워하는 마초들도 있을 것이다. 그 비난은 (적어도 나는) 받아들일 수 있다. 다만 어떤 종류의 비난을 퍼붓더라도 우리를 '거짓말쟁이'로 몰아가는 일만은 불가능할 것이라고 말해주고 싶다. 문화인류학자이자 죽음학의 대가인 어니스트 베커는 신경증이 삶의 진실을 나타내는 증상이라고 설명한 바 있다.[13] 앞서 미네타가 야전 정신병동에서 만났던 군인들의 절규처럼, 삶의 위기에서 요동치는 우리의 신경줄도 거짓이나 과장을 연주하지 않는다. 오히려 거짓을 말하고 있는 쪽은 극도의 안정이 요구되는 전쟁신경증 환자들에게 '마약성 각성제'를 투여하면서까지 전쟁을 이어가려는 사람들일 가능성이 크다. 나는 그들의 잔혹한 심성이야말로 진정 치료받아야 할, 심각한 정신질환이자 병증이라고 생각한다.

아울러 우리는 '비겁자'도 아니다. 우리는 비록 흐느꼈을지언정 전장을 이탈하지도 군 복무를 회피하지도 않았다. 미국의 문화인류학자로서 정신질환에 대한 사회적 낙인을 해체하는 데 앞장서온 로이 리처드 그린커는 자신의 저서 『정상은 없다』에서 군인들의 정신장애가 나약함의 징후가 아니라는 사실을 다양한 사례연구를 통해 검증해냈다. 그는 제2차 세계대전에 참전한 군인이자 의사였던 자기 할아버지의 입을 빌려 다음과 같이 반문한다. "왜 그렇게 많은 군인이 정신병에 걸리지 않았는가?"[14] 우리는 이 물음을 이렇게 변조해 받아들인다. "이 전쟁에서 대체 누가 정상적인 인간인가?"

덧말
: '나는 민간인이니' 안전할 거라 생각한다면 오산이다. 한국전쟁이 한창이던 1952년 당시 청량리 소재의

한 '뇌병원'에는 22명의 '민간인' 정신장애 환자가 있었다. 남자 14명, 여자 8명, 연령은 17~38세로 비교적 젊은 편에 속했다. 당시 『조선일보』에서 이 병원에 대한 르포 기사를 실었다. 기사의 제목은 「전부가 전쟁신경증」이다.

그들이 모두 전쟁이 빚어낸 전쟁신경증에 걸린 사람들인 것은 말할 것도 없다. 그 증상을 대별해보면 대포 소리에 놀라서 '꽝꽝' '뻥뻥' '불불' 하고 떠드는 축과 '이승만 만세' '김일성 만세' 하고 외치는 사람도 있는데 이것은 북한 괴뢰군이 들어왔을 때 '김일성 만세'를 불러야 했었고 우리의 국군이 수복해왔을 때는 '이 대통령 만세'를 불러야 했던 생生에의 애착 바로 그것이 연유되어 신경의 변화를 일으켜 발생된 증상인 것이다.[15]

학살훈련법

매몰당한 존재들

군인 시절, 부대 바로 옆에 꽤 큰 규모의 축산 농가가 있었다. 듣기로는 돼지만 2천 마리 정도를 사육한다고 했다. 우리는 그곳을 '돼지막'이라고 불렀다. 바로 그 돼지막으로부터 여름만 되면 코가 아플 정도로 지독한 가축 배설물 냄새가 부대 안으로 흘러들어왔다. 단순히 시골 거름 구린내에 비할 바가 아니었다. 주위에 아무런 오물이 없음에도 파리 떼가 들끓었고 군복에서는 늘 매캐한 냄새가 났다. 섬유유연제를 아무리 쏟아부어도 소용이 없었다. 빨래를 말리는 과정에서 돼지막의 바람에 잠시라도 노출되면 그 즉시 냄새가 배었기 때문이다. 부대원들의 불만이 많은 것도 당연했다.

돼지막의 주인도 이런 불만을 잘 알고 있었다. 물론 안다고 해서 이 문제를 해결할 아이디어가 있는 것도 아니었지만, 우리를 달래보려는 시도는 했다. 실제로 그는 냄새가 슬며시 줄어들기 시작하는 늦가을 즈음이면 예고 없이 우리 부대를 방문했다. 따끈한 김이 피어오르는 거대한 무엇(!)을 트럭에 싣고서 말이다. 천막 비닐로 대충 감싼 그것은 갓 도축된 (돼지막의) 돼지였다. "깨끗하니까 날로 드셔도 돼!" 주인은 이렇게 말하며 취사장 앞마당에 고기를 던져놓았다. 그러고는 우리가 답례로 준비해둔 군납 맥주 몇 상자를 챙겨 돌아갔다. 돼지 한 마리를 기증해준 선심에 비하면 턱없이 약소했지만 딱히 미안하다고 여긴 부대원은 없었다. 왜냐하면 우리에게 그 고기는 한 해 동안 감내해야만 했던 악취의 대가였기 때문이다. 우리는 그렇게 '맛'의 위로를 받고서는 악취가 절정에 달하는 다음해 여름까지 입을 다물었다.

그러던 2010년 말쯤이었을까. 구제역이 창궐했다는 뉴스가 여기저기서 들려오기 시작했다. 역사상 최악으로 손꼽히는 '2010~2011년 구제역 파동'[1]의 전조였다. 정부가 초기 대응에 우물쭈물하는 사이 구제역은 한두 달 만에 전국으로 퍼져나갔다. 더 큰 피해를 막기 위해서는 하루라도 빨리 구제역 백신을 가축들에게 접종해야 했지만, 정부는 구제역이 발생한 지역의 가축을 모조리 '살처분'하라는 지시만을 고장 난 레코드마냥 반복할 뿐이었다. 백신을 맞은 가축은 육류 수출 가격이 떨어진다는(백신 접종이 구제역 청정국 지위 유지에 도움이 되지 않는다는) 이유에서였다. 결국 혼란이 걷잡을 수 없이 번져나가고 축산 농가들의 파탄까지 가시화되자 정부는 언제나 그러했듯이 군인을 동원했다. 나중에야 알게 된 사실이지만 당시 구제역 수습에 투입된 군인의 수는 33만 명에 달했다.

우리 부대에도 구제역 관련 대민 지원 지침이 내려왔다. 보통은 검역초소를 운영하는 따위의 임무를 받았는데 그 정도는 까다롭다고 불평할 만한 일이 아니었다. 문제는 역시 살처분을 지원하는 일이었는데, 돼지막을 이웃으로 둔 우리로선 특히 꺼려지는 임무였다. 하지만 결국 그날은 찾아왔다. 한동안 잘 버티는 듯 보였던 돼지막에도 마침내 구제역이 창궐했던 것이다.

당연하게도, 돼지막에서 가장 가까운 우리 부대에 살처분 지원 임무가 떨어졌다. 나는 꽤 고심해서 나갈 사람을 선정했다. 수송이나 물품 운반·정리 따위의 보조 작업에 투입되는 장병이 대부분이었지만 일부는 남아서 돼지를 매몰하는 현장으로 가야 했기 때문이다. 논의 끝에 Y상사를 비롯한 몇몇 간부들만 마지막까지 남기로 했다. 나는 차마 거기에까지 낄 용기를 내진 못했다. 예의 공황발작이 재발할지도 모른다는 이기적 걱정이 앞섰던 것인데, 지금

돌이켜봐도 한심하기 짝이 없는 기억이다.

몇 시간 뒤, 매몰 현장으로 나갔던 Y상사가 기진맥진한 모습으로 돌아왔다. 그는 함께 가지 않은 나를 면전에 앉혀두고, 마치 하소연이라도 하듯 자신이 목격한 광경을 자세하게 설명해주었다. 대략 이렇게 기억한다.

깊이 10미터, 길이 수백 미터 정도의 거대한 구덩이를 만든다. 구덩이 바닥에는 석회 가루를 두껍게 깐다. 그 위에 두꺼운 방수비닐을 덮는다. 돼지들을 실은 트럭을 구덩이 주변에 주차한다. 트럭 적재함을 기울이거나 포크레인으로 쓸어 돼지들을 구덩이 안으로 밀어 넣는다. 흙과 석회 가루를 번갈아가며 덮어 매몰시킨다. 적당한 높이로 흙이 쌓이면 곳곳에 가스(사체가 썩으면서 발생하는) 배출용 파이프를 설치한다. 다시 흙을 덮는다….

Y상사는 진저리를 쳤다. "안락사해서 묻는 줄 알았는데 산 채로 묻더라고요. 진짜 못 볼 게, 돼지 어미가 지 새끼만은 살려보겠다고 별짓을 다 해요. 주둥이에서 피가 철철 흐르는데도 새끼들 구덩이 위로 올려보겠다고 치받고 몸부림치고…. 그러니 바닥에 비닐 100장을 깔아도 다 찢어질 수밖에. 돼지 멱따는 소리 들어봤어요? 새끼 살리겠

다고 그러는 소리가 왜인지 ×나게 거슬린다니까? 그냥 에라 모르겠다 묻어버린 거지. 지금도 살아는 있을 거예요. 전에도 이런 비슷한 일이 있어서 아는데 좀만 지나봐요. 돼지 썩은 시쳇물이 어디로 가겠어요? 여기도 온 천지에서 아유…."

그의 말대로 며칠 뒤 부대 하수구에는 비릿한 핏물이 고였다. 우리는 그 검붉으면서도 탁한 보랏빛 액체가 돼지막 녀석들의 것이라는 사실을 어렵지 않게 직감할 수 있었다. 별거 아니라고 웃어넘기기엔 각자의 시각과 후각 기관에 새겨진 충격이 너무 강했다. "돼지들이 불쌍합니다." 그즈음 병사들이 가장 많이 했던 말이다. 핏물을 마주하는 얼굴들에는 영문 모를 죄책감이 배어 있었다. 나도 그랬다. 아마도 돼지막의 악취와 맛을 경험해본 사람이라면 모두가 비슷한 감정을 느꼈을 것이다. 돼지들이 다 죽어버렸으니 이제는 악취에 시달릴 일도 없을 거라며 좋아하는 병사는 내가 알기로 단 한 명도 없었다.

포획당한 인간성

누군가는 우리의 이런 태도를 모순적이라고, 심지어는 위선적이라고까지 비판할지도 모르겠다. 맞다. 완벽한 모순이다. 한때 우리는 돼지막 녀석들의 냄새를 혐오하면서도 그 고기만은 누구보다도 사랑했다. 악취를 맡을 때 우리는 돼지들이 사라지길 바랐고, 고기를 먹을 때는 마을 이웃으로 온존하길 바랐다. 그러나 2011년 어느 날 녀석들이 절멸됨으로써 우리의 증오와 사랑은 동시에 갈 길을 잃었다. 남은 것은 하수구가 넘치도록 차오른 핏물밖에 없었다. 그 핏물을 보면서 또다시 불쾌해하고 또 안타까워했다. 이 겹겹이 쌓인 감정의 모순들을 대체 어떻게 설명해야 할까.

그런 모순을 조금이라도 부끄럽게 여긴 결과인지는 모르겠으나, 얼마 지나지 않아 우리는 거짓말처럼 돼지막을 그리워하게 됐다. 자기도 모르는 사이 구린내에 중독되었다거나 파리 떼가 보고 싶었다거나, 고기가 부족해서 그런 것은 결코 아니었다. 돼지막이 사라진 자리에, 돼지막의 그것보다 수백 배는 더 지독한 악취가 바깥세상으로부터 음습해왔기 때문이다. 이 악취는 우리를 진정으로 분노케 했다는 점에서 돼지막의 그것과 근본적으로 달랐다(보통 사람들은 이른바 '똥냄새'를 맡았다고 해서 진심으로 화를 내진 않는다). 그 냄새의 실체를 나는 이렇게 정의한다. 맛의 위로 따윈 기대조차 할 수 없는 구취口臭의 요동.

군인들을 살처분 현장으로 보내라. 그것은 전쟁훈련이다. 전장에서 군인은 살처분보다 더 잔혹한 장면을 목격해야 한다. 축산 농가가 화를 내고 있다. 군인들은 대체 어디에 있나?

군인 자녀를 둔 부모들의 반대가 문제다.

군, 무자비하게 구제역과 싸울 수 있는 유일한 집단.

군이 좀 더 빨리 나섰더라면….

믿기 힘들겠지만 당시에 실제로 돌던 이야기다.[2] 우리는 곧 실감할 수 있었다. 저 발화자들이 아무렇게나 지껄여대는 단어의 역겨움을. 물론 군이 국가의 재난 상황에 동원되는 것을 두고 잘못되었다 비판할 생각은 없었다. 하지만 전쟁? 당연한 말이지만 구제역 파동은 전쟁이 아니었다. 아니, 전쟁에 가까운 무엇이어서도 안 되는 것이었다. 따지고 보면 이런 막말도 없었다. 축산 농가들의 절망을 전쟁연습의 기회로 삼으라니. 저들이 이 사태가 실제 전쟁과는 전혀 관련이 없다는 사실을 몰랐을 리는 없다. 그저 일단 '전쟁'이라고 일컬음으로써, 그 단어가 가진 파괴력을 정치적으로 이용해보려는 의도였을 것이다.[3]

'전장에서는 가축 살처분보다 더 잔혹한 장면을 목격해야 하므로'라는 말만 해도 그렇다. 돼지들의 사체를 교보재 삼아 공격성이라도 키워보라는 말인가. 그 돼지들의 살처분을 도운 일이 (백 번 양보해서) 일종의 전쟁연습이라 가정하더라도, 그것이 무엇을 단련하기 위한 연습이며 훈련이 될 수 있단 말인가. 포로 학살? 제노사이드? 아니면 대규모의 시신을 매장하는 요령? 우리 군인들을 어떤 비극에도 상처받지 않는, 어떤 일에서든 자기 생명을 기꺼이 바칠 수 있는 '휴머노이드 로봇'으로 만들려는 의도였을까.

반면 저들에게는 너무나도 매력적인 '템플릿'(형틀)이었을 게 분명했다. 이 템플릿, 다시 말해 '전쟁에서는 ○○보다 훨씬 더 ○○할 것이기 때문에 이 정도는 ○○해야 한다'는 식으로 논리를 완성하기 시작하면 웬만한 폭력이나 강압도 전쟁의 가혹함에 빗대어 희석할 수 있게 된다. 저들은 이외에도 다양한 전쟁 '템플릿'을 활용해가며 우리를 살처분의 현장으로 몰아붙였다. 그것도 대단히 엄숙하고 군사적인 말투로 말이다.

나는 돼지막의 돼지들을 떠올렸다. 그럴 수밖에 없었던 것이, 징병의 다른 말은 '포획' 아니던가? 우리 역시 막 성인의 몸을 얻은 시점에 신병 검사소로 끌려왔다. 이어 발가벗겨진 채로 피와 살, 뼈를 스캔당했다. 그리하여 생체 기능 발휘에 무리가 없는 '자원'이라는 감별이 내려지면 '합격'이라는 눈에 보이지 않는 도장이 몸에 찍혔다. 그런 뒤에는 머리를 박박 밀고 담장 안으로 몰아넣어졌다. 바로 그렇게 포획되었던 것이다.

포획된 우리들과, 저들이 살아가는 세계 사이에는 손으로 만져볼 순 없지만 분명히 존재하는 장벽이 있었다. 이 '분리의 장벽'[4]은 우리의 부모조차도 어찌하지 못할 만큼 크고 단단하다. 부모들은 품 안의 귀여운 '애송이'였던 우리가 그 장벽 안에 갇혀 고통스러워하는 모습을 발을 동동 구르며 바라본다. 그러나 자기 힘으로 해줄 수 있는 것이 아무것도 없다. 살처분 현장의 어미 돼지가 새끼를 살리기 위해 코가 뭉개지도록 구덩이 비탈을 긁는 것처럼 우리의 부모도 그저 그렇게 자식을 걱정할 뿐이다. 그리고 잔인한 포클레인은 주로 그렇게 발악하는 돼지들의 머리를 겨냥해 무거운 흙을 쏟아붓는다.

이즈음, 우리 머리 위로도 흙이 떨어지고 있었다. 저들은 자녀의 안위를 걱정하는 부모의 마음을 '과보호' 프레임으로 매도하면서, 군인들은 대체 어디 있느냐, 당장 내놓으라고 꾸짖었다. 전쟁이라는 단어와 그 '템플릿'을 시도 때도 없이 끌어와서 우리의 몸을 탐했다. 어쩌면 이때 우리는 돼지들의 마음을 아주 조금이라도 이해할 수 있지 않았을까(물론 돼지 입장에서는 자신의 살을 탐하며 시시덕거리던 우리나 저들이나 별반 다르지 않은 존재로 비쳤을 테지만).

글을 쓰는 이 시간께, 다시 한번, 돼지막의 돼지들을 떠올려본다. 녀석들의 냄새도 새삼 되새겨본다. 기억에서 구린내가 난다. 아니, 향香이다. 돼지들의 생존을 증명하는 냄새. 그 냄새 나는 향을 피워 모순된 미안함으로 그들을 추모한다. 그러나 여전히, 저들의 구취도 되새겨진다. 그

입을 막아야만 할 것 같다. '우리' '돼지'들이 더 분노하기 전에.

방아쇠에 걸리는 저항

전투 현장의 동화적 재구성

언젠가 절친한 임관 동기인 J에게 실제 전투가 벌어지면 적의 머리에 '헤드샷'을 날릴 용기가 있겠느냐고 물어보았다. J는 대답 대신 배시시 웃으며 소총을 쥔 듯한 자세를 취했다. 이어 고개를 푹 떨구고는 그 가상의 소총을 허공으로 갈겨대며 "두두두 두두두" 입으로 소리를 냈다. 다만 J는 이렇게 덧붙였다. "그래도 모르지. 네가 총 맞아 뒈지면 눈깔 돌아가서 헤드샷 날릴지도." 나는 웃으며 동의했다. 이후로도 이 시시껄렁한 문답을 J 이외의 꽤 많은 동료 군인과 나눠보았지만 반응은 대체로 비슷했다. 그들은 '눈이 돌아갈 정도로 미치지 않고서야' 사람을 쏘는 게 쉬운 일은 아닐 거라고 입을 모았다.

전쟁터의 군인들도 눈앞의 적을 사살하는 데 거부감

을 느낄까? 이런 의문에 대해서는 미 육군 준장 마셜S. L. A. Marshall의 연구를 참고해볼 만하다.¹ 마셜은 군인이 전쟁터에서 자신의 '무기'를 얼마나 적극적으로 사용하는지를 알기 위해 제2차 세계대전에 참전한 수천 명의 군인을 면접했다. 무기의 사용 빈도를 기준으로 '살인 행위'에 거부감을 가진 군인이 얼마나 되는지를 조사해보려 했던 거다. 결과는 어땠을까? 근접 전투가 벌어지는 상황에서도 적에게 '방아쇠를 당겨본' 경험이 있는 군인은 15~20퍼센트에 불과했다. 나머지 80~85퍼센트 군인은 발포 자체를, 그러니까 적을 '일부러 빗맞히는' 행위조차도 하지 않았던 셈이다. 마셜은 이 충격적인 조사결과를 토대로 살인에 대한 거부감이 적에게 살해당할 공포를 넘어설 정도로 압도적이라는 진단을 이끌어내기에 이른다. 나는 그의 연구를 읽으며 한 군인의 전쟁 체험담을 떠올렸다.

> 나를 발견한 베트콩도 총을 든 채 그 자리에 서 있고 나 또한 그의 얼굴만 쳐다보며 그 자리에 서 있었다. (…) 서로 상대의 행동을 멍청히 바라보고만 있기를 얼마나 했을까? 베트콩이 살며시 앉는 것이었다. 나도 따라 앉았다. 그런데 제정신이 들었는지 적이 달아나 바위 뒤 정글 속으로 숨어버리는 것이었다. 그제야 나도 정신이 돌아와서 한숨을 내쉬었다. (…) (뒤

따르던 동료가 무슨 일이냐고 묻자) "응 원숭이야!"
(…) 당황해서 적을 놓쳤지만 적을 쏘지 않길 잘했다
는 생각이 순간적으로 들었다.[2]

두 군인은 서로를 바라봤고 서로의 행동을 따라 했다. 이들의 몸짓은 상대가 인간임을 확인하는 짧은 대화였다. "원숭이야!" 이렇게 외친 한국군(이하 L)은 자기 앞에 서 있던 베트콩이 '인간'임을 알아차렸기 때문에 역으로 '짐승'의 이름을 호명했다. 만일 그가 베트콩을 원숭이로 격하하는 '인간성'을 발휘하지 않았더라면 뒤따라온 동료들과 함께 '인간사냥'에 나서야만 했을 것이다. 이러한 L의 사연은 우리가 익히 알고 있는 전쟁발 잔혹서사—피에 도취된 군인들이 상호 도살을 일삼게 된다는—를 은근히 우회해나간다. 마치 동화 같은 민담 「선녀와 나무꾼」의 한 장면을 보는 듯한 비현실적인 느낌을 우리에게 전해주는 것이다.

내가 알기로 군인들은 이런 '동화' 같은 이야기를 그다지 좋아하지 않는다. 아니, 믿지 않는다고 말하는 편이 정확할 듯하다. 앞서 L처럼 실존하는 발화자가, 실제 있었던 일을 말해주더라도 진지하게 들으려 하지 않는다. 자신이 방아쇠를 당기지 못하는 '겁쟁이' 군인에 속할지도 모른다는 굴욕을 좀처럼 받아들이지 못하기 때문이다. 그러나 앞서 마셜의 연구에서도 드러났듯이 대다수(80~85퍼센트)의 평범한 군인은 방아쇠를 당기지 못할 가능성이 크다. 반대로 말해 대다수의 평범한 군인은, 상황만 주어진다면 누구라도 (L과 같은) '동화'의 주인공이 될 수 있는 존재인 것이다. 전쟁사의 이면에는 우리가 생각하는 것보다 훨씬 많은 '동화'가 감춰져 있을지도 모른다.

실제로 '동화'는 생명의 위협과 극한의 갈등이 오가는 상황 속에서도 만들어진다. 한국전쟁 당시 제8사단 21연대 소속으로 후방 토벌작전에 참여했던 O씨는 어느 날 총에 맞아 죽어가고 있는 적 게릴라와 조우한다. 상관은 게릴라의 '처리'를 O씨를 비롯한 신병들에게 맡겼다. 신병들의 담력을 키운다는 이유로, 한 명씩 돌아가며 총을 발사해 게릴라의 숨통을 끊도록 한 것이다. 그러나 O씨는 "총을 맞아 눈알이 튀어나오고 숨을 몰아쉬고 있는" '인간'에게 선뜻 방아쇠를 당기지 못했다. 그러자 화가 난 상관은 되레 O씨에게 위협사격을 가하며—죽이지 않으면 네가 죽는다는 식으로—총을 쏘라고 협박했다. O씨는 결국 방아쇠를 당겼다.[3]

배드엔딩이긴 하지만 O씨의 사례 또한 '동화'의 범주에 포함시켜볼 수 있지 않을까. 죽어가는 게릴라 앞에서 O씨가 보여준 찰나의 망설임과 앞서 '원숭이'를 호명했던 L

씨의 그것이 다르다고 볼 이유는 없기 때문이다. 이랬던 O씨의 사연과는 달리 다소 희극적으로 마무리된 '동화'도 있었다. 스페인 내전에 참전했던 조지 오웰의 체험이 그러했다.

> 갑자기 파시스트 참호 쪽에서 소란이 일더니 호각 소리가 울렸다. (…) 병사 하나가 참호에서 뛰쳐나와 자신을 완전히 노출시키며 방어벽 위를 내달리기 시작했다. 그는 반쯤 벗은 상태였고, 양손으로 바지를 추스르며 달리고 있었다. (…) 나는 '파시스트'를 쏘러 거기까지 갔던 것이다. 바지를 추스르며 내닫는 병사는 '파시스트'가 아니었다.[4]

아마도 오웰이 발포만 했다면 아주 쉽게 저 병사를 죽일 수 있었을 것이다. 그러나 오웰은 반쯤 벗은 상태로 바지를 추스르며 내닫는 저 병사가 자신의 적敵, 파시스트가 될 수 없다고 봤다. 파시스트는커녕, 배변 욕구조차 편히 해소하지 못하는 애처로운 이웃에 지나지 않았다. 오웰은 이 '동화'의 교훈을 다음과 같이 정리한다. "나 자신과 다를 바 없는 인간으로 보였으니, 그런 사람을 쏘고 싶지는 않았다."

이 밖에도 여러 전쟁 증언록에는 적 포로와 우애를 나

누었다거나, 부상을 치료해주었다거나, 사망한 적 병사의 앳된 얼굴을 보고 모종의 죄책감과 미안함에 시달렸다거나 하는 '동화' 같은 이야기가 심심찮게 등장한다. 약간 진부한 느낌이 들지만 어쩌겠는가. 그들이 그렇게 체험했다는 것을.

반면에 '동화'를 못마땅해하는 사람들은, 전쟁터에서 총을 쏘지 못한 '겁쟁이' 군인이 80~85퍼센트에 이른다는 마셜의 연구에 놀란 나머지, 군인들에게 좀 더 강력한(비인간적인) 훈련이 필요하다는 식의 주장에 몰입한다. 실제로 미군이 그랬다. 미군은 마셜의 연구 이후 '방아쇠를 당길 수 있는' 군인을 양성하기 위해 훈련 방법을 적극적으로 개선했다. 성과는 있었다. 제2차 세계대전 당시 15~20퍼센트에 불과했던 발포 비율은 한국전쟁에서 55퍼센트, 베트남전쟁에서 95퍼센트로 급격히 향상되었다. 그럼에도 불구하고 적을 '일부러 빗맞히는' 행위는 막을 수 없었다고 한다. 단적으로 미군은 베트남에서 한 명의 베트콩을 죽이는 데 무려 5만 발의 총알을 소비했다.[5] '대다수의 평범한 군인'이 자기 나름의 인간적 몸부림을 마다하지 않았다는 말이다.

미국 육군사관학교 교수이자 심리학자인 데이브 그로스먼은 "병사들의 대다수는 자신의 목숨 혹은 동료들의 목

숨이 경각을 다툴 때조차 적을 죽일 생각을 하지 못"한다고 주장했다.[6] 아무리 절박한 상황에 내던져진 군인이라 할지라도 '살인'을 피하기 위한 노력을 자기도 모르게 하게 된다는 것이다. 이를테면 그저 총을 겨누기만 한 채 적과 대치한다거나, 함성을 지른다거나, 탄약을 운반하거나 부상자를 돕는 등 '다른 일'을 하는 경우를 거론해볼 수 있겠다. 적잖은 비난을 받았겠지만 도주거나 움츠리거나, 정신적 공황을 가장하는 것도 방법이 될 수 있었을 것이다. 그러니 이쯤이면 무엇이 '동화'이며 '환상'이고 무엇이 '실제'이고 '현실'인지를 다시 생각해봐야 하지 않을까?

살인을 거부할 생존적 당위

살인을 꺼리는 군인들의 거부감은 적과의 거리가 가까울 때 특히 강하게 나타나는 것처럼 보인다. 아주 단순하게 말하자면 눈앞에서 인간(얼굴)을 마주하게 되었을 때―그러나 자신이 압도적으로 강할 때―상대에 대한 측은지심(내지 도덕성)이 발현된다고 설명할 수 있을 듯하다. 측은지심이라는 말 대신 인간성, 연민, 동정이라는 단어를 사용해도 큰 무리는 없어 보인다. 철학자 에마뉘엘 레비나스는 이를 "나의 능력을 마비시키는 윤리적 저항"이라고 설명한다. 비참함과 배고픔으로 자신을 노출시키고 무언가를 '간청'하는 타자他者, 즉 타인을 마주했을 때 '나'는 말로 설명할 수 없는 복잡한 감정에 봉착한다. 비근한 예로 아무도 없는 산속에서 버려진 아기를 마주쳤다고 생각해보라. '나'는 아기의 간청을 거부하기 어렵다. 아니, 거부라는 선택지가 없다고 보는 편이 맞다. 오히려 '나'는 이 불쌍한 타자의 얼굴 앞에서 모종의 책임감마저 느끼게 된다.

레비나스의 사유를 전쟁으로 가져와보도록 하자. 압도적인 무력의 우위를 점하고 있는 군인 A가 부상을 입고 죽어가는 적군 B를 발견한다. 둘은 서로의 얼굴을 마주한다(이 순간 A와 B의 원초적이면서도 무한한 대화가 이루어진다). B는 국가와 이념, 애국심 따위의 환상에서 완전히 이탈한 '벌거벗은 생生의 구걸자'로서 A의 도움을 간청하고 있다. A에게 책임이 발생한다. 방아쇠를 당기려는 A의 손가락에 저항이 걸린다. A는 B를 치료하기로 마음먹는다…. '동화'는 대개 이렇게 완성되는 법이다.

하지만 이 '동화'의 교훈을 단순히 군인 A가 군인 B에게 시혜를 베풀었다는 식으로만 도출해서도 곤란하다. 왜냐하면 어떤 의미에서는 A도 B와 다를 바 없이 '벌거벗고 있는' 위기의 존재라고 볼 수 있기 때문이다. 다시 레비나스의 말이다.

> 전쟁은 그 무기를 쥔 사람에게 적대적으로 돌아오는

무기를 사용한다. (…) 전쟁은 동일자의 정체성을 파괴한다.[7]

이 말대로라면 저 순간 A는 "무기를 쥔 사람에게 적대적으로 돌아오는 무기를 사용"하고 있다. 그리고 그것으로 말미암아 자신의 '정체성'이 파괴될 위기에 놓여 있다. 그 위기의 실체는 무엇일까. 여기에서도 우리는 '동화'의 교훈에 관해 고민하지 않을 수 없다.

『서부전선 이상 없다』의 주인공인 독일군 병사 파울 보이머는 치열한 육박전 끝에 한 병사를 죽이게 된다. 그에게는 인생 최초의 살인 경험이었다. 먼 거리에서 누구의 총알이 죽였는지도 확인할 수 없는 그런 살인이 아니라, 죽였다는 감각을 온전히 체감할 수 있다는 점에서 '최초'였다. 파울은 반사적으로 자신이 죽인 병사의 얼굴을 마주한다. 처음에는 코와 수염, 피부, 입술, 머리카락, 빛을 잃은 눈동자와 채 감지 못한 눈꺼풀 등의 외모만이 눈에 들어온다. 그러나 점차 살인의 흥분이 가라앉으면서 파울은 죽은 병사의 얼굴로부터 떠오르는 '적대적 감정'들에 직면한다.

물론 죽은 병사는 아무런 말이 없다. 그 시신으로부터 원령 비슷한 무엇이 솟아오른 것도 아니었다. 그럼에도 파울의 정신은 이 정체를 알 수 없는 '적대적 감정'들에 떠밀려 붕괴되기 시작한다. 그것은 일종의 죄의식이라고도 할 수 있었다. 상대방을 살해함과 동시에 자신을 향해 발포된 총탄, 그 죄의식의 총탄이 파울의 뇌를 파고들고 있었던 것이다. 파울은 이 총탄을 멈추기 위해 발버둥 친다. 죽은 병사를 '전우'라 부르며 용서를 구하는가 하면, 남겨질 그의 가족을 자신이 책임지겠다며 비현실적 다짐을 해보기도 한다. 하지만 병사의 죽음은—눈앞의 현실세계에서도 파울의 마음속에서도—조금도 '치유'되지 않는다. 진실을 깨달은 파울은 절망한다.

> 죽은 이 남자는 내 생명과 결부되어 있기 때문에 나 자신을 구원하기 위해 무슨 일이든 하고, 약속해야 한다.[8]

> 내가 인쇄공 제라르 뒤발을 죽였던 것이다. 나는 인쇄공이 되어야 한다. 나의 머리는 혼란스럽기 짝이 없다. 인쇄공이 되어야 한다. 인쇄공이.[9]

파울의 절규는 어떤 면에서는 대단한 역설이 아닐 수 없다. 서로 죽이기 위해 전쟁터에 나와 있는 두 진영의 군인들이 정신적으로 '연결'되어 있다는 점에서 그렇다. 그러나 놀랍게도 연결은 실재한다. 그 증거로 전쟁터의 군인들은 자나 깨나 서로를 상상하고 또 서로를 (죽이기 위해) '찾는다.'[10] 이 같은 관계의 역설은 파울의 다음과 같은 독백으로도 설명이 가능하지 않을까 싶다. "열여덟 살이 되었을 때 우리는 세상과 현존재를 사랑하기 시작했다. 그런데 그것에 대고 총을 쏘지 않을 수 없었다. 처음으로 터진 유탄은 바로 우리의 심장에 명중했다."[11] 이처럼 파울은 '인쇄공 제라르 뒤발'을 살해함으로써 상대의 존재를 완전히 무화無化시켜버렸고 그와 동시에 자신도 '정체성'의 위기에 빠지고 말았다. 만약 이런 파울을 레비나스가 만났다면 어떤 말을 해주었을까?

동화 같은 민담 「선녀와 나무꾼」에서 사냥꾼은 전쟁의 얼굴을 하고 있다. 사냥꾼의 활은 나무꾼과 사슴 모두에게 위협적이다. 그 활이 비록 사슴을 겨누고 있다고는 하지만 나무꾼의 입장에서 활이라는 무기를 든 사냥꾼의 존재는 그 자체로 적대적이다. 그럼에도 나무꾼은 사슴을 구했다. '원숭이!'를 호명했던 L처럼 사슴을 숨겨줌으로써 자신에게 덧씌워진 폭력의 사슬에 대항했다. 그래서 선녀를 만날 수도 있었다.

전쟁의 폭압 앞에 선 우리 모두는 위기의 나무꾼이다. 사냥꾼을 도울 것인가, 사슴을 구할 것인가. 정답은 없다.

다만 한 가지 분명한 사실은 전쟁의 역사에서도 꽤 많은 '나무꾼'들이 사슴을 구해왔다는 것이다. 따라서 방아쇠에 걸리는 저항을 부끄러워할 이유는 없다. 전쟁터에서 사슴은 '흉내 잘 내는 원숭이', '바지 내린 파시스트', '눈알이 튀어나온 채 죽어가는 게릴라'의 얼굴로 갑자기 우리 앞에 현현할지도 모른다. 나는 우리의 전쟁사가 이런 '동화'들을 기록하기 위해 만만치 않은 분량의 페이지를 비워두어야 한다고 생각한다.

야만의 대장간

2장

"우리는 하나도 전과 같지 않습니다!"라고 병사들은 대답한다.
"조지는 두 다리를 잃었고, 빌은 소경이 되었고
가엾은 짐은 폐에 총을 맞아 죽을 것 같고
그리고 비어트는 매독에 걸렸지요. 하나도 찾을 수 없지요.
군대에 가서 조금도 달라지지 않은 녀석은."
주교가 말했다 "신의 방식은 참으로 이상한 것이야!"

— 시그프리드 서순, 「그들」[1]

찢어발겨짐에 대하여

강철제국의 신민들

군은 철鐵을 사랑한다. 사실상 숭배한다고 해도 틀린 말은 아닐 것이다. 철에 집착하는 군의 언어적 습관 또한 잘 알려져 있다. '강철 같은 ○○', '철통의 △△'와 같은 관용적 표현이 주로 사용되지만 철갑, 철풍, 철마, 철매, 강철비steel rain[1] 등과 같이 무기·장비·부대의 별칭으로 결합되는 경우도 많다. 흔하진 않지만 '철혈'鐵血이라는 애칭을 가진 부대도 있다. 참고로 철혈은 전쟁에서 쓰는 무기와 흘리는 피를 비유적으로 이르는 말이다.

이는 비단 한국군만이 가진 개성은 아닌 듯하다. 미국의 역사학자 조지 모스는 강철의 단단한 특질을 군인의 몸에 이식하려는 시도가 제1차 세계대전 이후 유럽(특히 독일)에서 활발하게 진행되어왔음을 지적했다. 적을 살상하기 위해 단련된 군인의 육체와, 무기 그 자체라 해도 무방할 강철을 상징적으로나마 통합함으로써 적을 인정사정없이 도륙하는 무자비한 전사(철의 인간)의 이미지를 구축해낼 수 있었다는 거다.[2] 아마도 이러한 맥락이, 특히 전쟁기념물 따위를 통해, 오늘날까지도 이어지지 않았을까. 강철은 지금도 여전히 군인의 남성다움과 전쟁 경험의 신화를 설명하는 핵심 소재로 기능하고 있다.

그렇다면 군-인시도 강철을 숭배할까. 그럴 거라고 단언하긴 어렵다. 강철과 조화롭게 지내지 못하는 군인이 의외로 많다는 뜻이다. 예컨대 군에서 "총을 애인처럼 다루라"는 격언은 거의 진리에 가깝게 인용되곤 하지만, 진심으로 그 둘을 동일시할 만큼 사랑이 넘치는 군인은 많지 않다. 총구가 목에 닿을 때 느껴지는 서늘한 감촉과 어깻죽지에 근육통을 불러올 만큼 비타협적인 강철의 이물감을 군인이라면 누구나 잘 알기 때문이다.

강철 숭배에 관한 (군과 군인들의) 이러한 동상이몽적 인식은 총을 처음 쏴보는 신병들의 얼굴에서 한층 더 적나라하게 증명된다. 총알은 영화에서나 묘사되듯 '핑', '탕탕', '두두두'거리며 상냥하게 날아가지 않는다. 정신이 아득해질 만큼의 반동과 소음을 동반하며 '투오왁' 하고 날아간다. 그 위력은 날카로운 물질이 표적을 예리하게 관통하는 느낌이라기보다 둔탁한 무엇이 표적을 나선형으로

'분쇄'해버리는 느낌에 더 가깝다. 여기에 놀란 신병들은 본능적으로 자신이 총에 맞은 상황을 상상해보게 된다. 그러고는 이내 깨닫는다. 자신의 피부, 근육, 연골, 내부 장기가 강철에 비해 너무나 연약하다는 사실을.

이것은 일종의 세례다. 인간에 대한 강철의 완벽한 우위를 알리는 공포의 세례 말이다. 이제 신병들은 자신이 길이가 채 1미터도 안 되는 강철 막대의 시녀[3]라는 현실을 받아들여야 한다. 온갖 것이 육중한 금속으로 둘러쳐진 강철제국, 그 최하층에 본인들의 자리가 있는 것이다. 상식 이상으로 엄격한 총기 수여식, 온갖 문구 용품을 사용해 꾸며내는 각종 총기 관리 문서들, 그리고 무엇보다 (군인들이 24시간 목에 주렁주렁 걸고 다니는 열쇠꾸러미와 3중 4중의 경보·잠금장치로 옹위되고 있는) 총의 침실을 보라. 군인들은 쉬는 날이면 정중히 그 침실의 문을 두드려 '주인'을 모셔오고 끈적한 기름까지 손에 묻혀가며 마사지 서비스를 제공해야 한다. 만에 하나 주인을 홀로 두어서도 수발이 어설퍼서도 안 된다. 한층 등급 높은 시녀 무리(간부들)가 몰려와 주기적인 검열과 검사를 해대며 주인에 대한 의무 소홀을 징계할 것이기 때문이다.

사격은 특히 민감한 어전 행사다. 군인은 주인이 먼지에 오염되지 않도록 제 어깨 위로 받들고 다닌다. 주인의 배설물(탄피)을 회수하기 위해 개미처럼 땅에 코를 처박는 수고도 마다하지 않는다. 이래도 과연 총이 군인의 애인일 수 있을까? 오히려 군인이 총의 그것, 총이라는 주인의 욕정에 대상화된 존재 아닐까.

물론 강철의 권좌에 올라 있는 존재는 비단 총뿐만이 아니다. 포병이었던 나는 총에 이어 대포로부터도 또 한 번의 세례를 받았다. 중량만 해도 25톤에 달하는 이 거대한 쇳덩어리는 내게 '찢김'의 공포를 선사해주었다. 포탄 장전을 위해 자기 팔을 직접 폐쇄기(탄약을 장전하기 위해 포신의 약실 뒤쪽을 여닫는 장치) 안으로 집어넣어야 했던 포수들의 스트레스는 나보다 훨씬 더 심했을 거라 생각한다. 조작이 잘못되어 폐쇄기가 닫혀버리기라도 한다면 포탄 대신 자신의 '팔이나 손가락을 장전'해야 하는 사태가 벌어질 수도 있었다.

이외에도 '찢김'의 상수는 많았다. 포탄이 발사될 때의 반동으로도, 폭발성 화약 물질로도, 불발탄으로도, 대포를 운반하거나 궤도를 운용하는 과정에서도 사람이 찢어지거나 뭉개질 수 있었다. 그렇기 때문에 우리 포병, 아니 시녀들은 대단히 예민하고 섬세한 손길로 마찰을 방지하고 대포의 긴장을 누그러뜨리려 노력했다. 마치 남성 권력자의 '마스터베이션'을 돕는 것처럼 말이다.

실제로 포병 교리에는 "뜨거운 포신"이라는 전술 용어

가 있다. 본래는 사격으로 달구어진 포신의 상태를 지칭하는 말이지만, 나를 비롯한 다수의 포병 간부들은 이 용어를 종종 '남성의 발기된 성기'에 빗대며 몰래 시시덕거리곤 했다. 우리 시녀들은 페니스를 닮은 포신의 외양과 발사 순간 일어나는 강력한 주퇴 운동으로부터 이 강철의 성별을 추정해낼 수 있었다. 정자를 연상시키듯 알알이 박힌 포탄 충전물질과 마치 정액 같은 흰 헝겊에 싸인 장약, 음낭 역할을 하는 탄약차 또한 우리의 추정을 뒷받침하는 유력한 증거였다.

한편 대포가 조금씩 '배출'의 욕구를 느끼면 시녀들은 분주해졌다. 뇌관을 끼우는 마지막 과정을 준비해야 하는 것이다. 작업을 마친 시녀들은 대포의 후장부에 모여 몸을 공처럼 말고 움츠렸다. 절정의 순간, 저 거대한 쇳덩어리의 신경을 거스르지 않아야 찢어지거나 불타거나 깔아뭉개지는 위험을 피할 수 있기 때문이다. 마침내 뇌관이 '앗' 하고 자극되자 대포가 '떠엉' 하며 사정한다.

환호와 울부짖음의 이중주

경기도 포천의 '승진훈련장'은 한국의 대표적인 화력시범 성지聖地다. 이 훈련장은 주로 지상군 무기 체계의 위력을 검증·홍보하기 위한 공간으로 활용되며 대통령을 비롯한 정계 인사들의 유력한 '안보 행보' 코스이기도 하다. 특정 기념일에 민간인들을 초청해 화력시범을 보이는 이벤트도 자주 열린다. 물론 나는 화력시범의 '관전자'였던 적이 없다. 말하자면 관전을 당하는 쪽으로, 승진훈련장에서 열심히 대포를 쏘아 올리던 군인 중 하나였다.

관전자들은 포탄이 표적에 명중할 때의 진동과 소음, 불꽃을 느끼고 향유하며 짜릿한 고양감을 만끽했다. 어린이 관전자도 많았다. 아기의 손목을 잡아 흔들며 대신 박수를 쳐대는 어머니, 아이를 목말 태워 군인들의 영웅적 면모를 확인시키는 아버지…. 이들의 환호를 시빗거리 삼을 의도는 없다. 환호로는 갈무리될 수 없는 이 쇼의 비릿한 이면들, 그중의 한 장면을 언급해두고 싶을 뿐이다.

1985년 10월 24일, 승진훈련장에서 한 이등병이 죽었다. 박격포 포탄에 맞아 몸의 오른쪽 반이 날아갔다. 북한 간첩이 침투해서 전투가 일어났기 때문은 아니었다. 고지를 탈환하는 훈련을 진행하던 도중 발생한 사고였다. 놀랍게도 이등병은 포탄을 맞고도 한동안은 살아 있었다. 고통에 몸부림치면서도 누군가 자신의 이름을 부르자 '이병 ○○○'라고 관등성명을 댔다고 한다. 그렇게 외치면서 죽어갔다.[4]

환호에 가려진 건 그 이등병의 오랜 비명이다. 실제로 이 사건은 2023년, 사고 이후 38년이라는 시간이 흐른 뒤에야 군사망사고진상규명위원회의 조사를 통해 세상에 알려졌다. 조사가 없었다면 아무도 그를 위령할 생각조차 하지 못했을 것이다. 이 이등병의 영혼은 무기의 웅장한 파열음과 사람들의 함성에 의해 수십 년째 '찢어발겨지고' 있었던 거다. 이는 비단 승진훈련장이라는 특정 공간만의 문제는 아니다. 강철에 대한 환호 속에 가려진 죽음들은 아직도 군 곳곳에 존재한다.

포병은 압사壓死 사고가 특히 많은 병과다. 장교 임관 직후 포병학교에서 만난 한 교관은 우리에게 자신이 직·간접적으로 경험한 두 건의 압사 사고에 대해 들려주었다. 그중 하나는 무게가 8톤에 육박하는 '견인포'에 깔린 병사 이야기였다. 참고로 대포의 견인에는 포의 꽁무니를 차량에 연결하는 작업이 필수적이다. 별다른 기계장치가 없다 보니 어쩔 수 없이 병사 여럿이 달라붙어 인력으로 포의 하부를 들어 올려야 하는데, 바로 이 연결 작업 도중에 서로 손이 맞지 않아 대포가 넘어가버렸다. 무게 중심에 따라 포신이 바닥으로 처박혔고 그 아래에서 작업을 하던 병사 한 명이 참변을 당했다. 머리가 형체를 알아볼 수 없을 정도로 뭉개졌다고 했다. 교관은 '뭉개진' 그 속에서 울뚝불뚝거리고 있던 신경의 움직임을 무심한 표정으로 설명해주었다.

2장. 야만의 대장간

또 하나는 '자주포'에 의한 사고였다. 자주포는 견인포와 달리 자체 엔진이 탑재되어 스스로 움직이는 대포로, 겉으로 보기엔 '탱크'와 유사하다. 따라서 자주포는 앞서와 같은 견인 사고의 우려는 없다. 대신 시야가 극도로 좁아서 깔림 사고의 위험성이 높다(거대 화물트럭이 뒤에 있는 행인을 잘 살피지 못하고 후진하다가 사고가 발생하는 경우를 상상해보면 될 것이다). 이동을 유도해줄 안전 관리자가 반드시 필요하다는 뜻이다. 그러나 여기에 소홀했던 탓에 후진하는 자주포에 한 병사가 깔렸다. 어떻게 됐을까. 교관의 표현에 따르면 '질척한 땅에 바퀴 자국이 찍히는 것처럼' 그 병사의 몸에도 선명한 궤도 자국이 찍혔다고 한다.

말할 필요도 없이, 강철의 지배력은 전쟁터에서 훨씬 더 강해진다. 전쟁터의 군인들은 강철이라는 "죽음의 씨앗"[5]이 자신의 몸을 파고드는 광경을 그저 무력하게 지켜볼 수밖에 없다. 그것은 강철의 단단한 특질이 군인의 몸에 이식되는 과정이라 볼 수 없다. 도저히 어울릴 수 없는 두 물질―인간의 살과 금속―의 폭력적 융합이다. 고도로 단련된 군인의 육체가 강철과도 같은 단단함을 가질 거라는 믿음은 사이비적 교리에 지나지 않는다.

몸속에 파고든 강철은 저항의지를 상실한 군인의 장기를 마음껏 휘저으며 '차라리 죽었으면' 하는 통증을 유발한다. 설령 99.9퍼센트 죽을 수밖에 없는 부상을 입었다고 해도 이 고통에 시달리지 않고 바로 죽음으로 건너뛸 방법은 없다(치사량의 모르핀을 주사 맞으면 가능할지도 모르겠지만). 이런 점에서 군인이 강철에 대해 느끼는 공포는 단순히 생명을 잃는다는 의미 이상의 '육체적 위기감'으로 다가온다고 할 수 있다. 부상을 입은 군인이 어느 정도의 고통에 시달리는가에 대해서는 『서부전선 이상 없다』에 나오는 다음 구절을 참고해보면 좋을 듯하다.

> 기껏해야 2~3일밖에 살지 못할 것이다. 하지만 지금까지 살면서 겪은 온갖 고통은 그가 죽을 때까지의 이 기간에 비하면 아무것도 아닐 것이다. (…) 한 시간만 있으면 그는 참을 수 없는 고통에 고래고래 단말마의 비명을 지를 것이다.[6]

설령 이 국면에서 어떻게든 기적적으로 살아난다 하더라도 한번 배태된 '죽음의 씨앗'은 결코 소멸되지 않는다. 한국전쟁 당시 제6사단 7연대 소속으로 교암산 전투 등에서 활약한 L소위(당시)는 전투 중 이마뼈가 부서져 얼굴 윗부분이 함몰되고 살이 턱밑까지 짓이겨지는 부상을 입었다. 이마에만 자그마치 10개의 파편이 박혔다. L소위는 거울로 자신의 얼굴을 확인한 뒤 절규했다. "거울에는 사람 아닌 괴물 도깨비가 있었다. 소름이 끼쳐 다시 들여다볼 수가 없었다. 아니 어찌된 일인가? 내 얼굴을 괴물로 바꿔놓은 것이다." 절망에 빠진 L소위는 자살을 시도하기에 이른다.[7] 강철은 이처럼 군인의 정신까지 파쇄해 죽음에 이르게 하는 물질인 것이다.

신의 무기 그리고 가짜 신화

혹자는 과학기술의 발달이 이러한 강철, 다시 말해 무기의 야만—내장이 삐져나오거나 어딘가가 찢어지는 부상을 초래하는—을 어느 정도 상쇄해줄 것이라고 말한다. 즉 외과 수술처럼 초정밀한 타격이 가능해질 것이기 때문에, 적국의 시스템을 마비시키는 데 주력하는 소프트킬Soft-Kill 전략이 고도화될 것이기 때문에, 그리고 전투로봇 AI가 적극 활용될 것이기 때문에 '인간 대 인간'의 살육이 최소화될 거라고 말이다. 글쎄, 그런다고 얼마나 문명적인 전쟁 풍경이 연출될 수 있을까. 일찍이 클라우제비츠는 말했다. "피를 아끼지 않고 상대방보다 무자비한 폭력을 행사할 수 있는 쪽이 전쟁에서 우위를 차지"하게 될 것이라고.[8]

클라우제비츠의 경고는 적어도 지금까지는 유효하다. 2022년에 일어난 우크라이나 전쟁은 얼마나 문명적이었나. 이 전쟁의 한복판에서 '고기 분쇄기'meat grinder라는 끔찍한 용어가 유행한 적이 있었다. 특정 무기의 별명인가 싶겠지만, 아니다. 고기 분쇄기란 양측 군대가 맞부딪치는 전쟁터, 구체적으로 '바흐무트'라는 지역을 가리키는 공간적 비유였다. 전쟁터 자체를 거대한 분쇄기로, 짓이겨지는 군인을 고기에 빗댄 것이다. 당시 언론 보도에 따르면 바흐무트 지역 군인들의 기대 수명은 4시간에 불과했다.

우크라이나 동부 돈바스에서는 소총과 삽만 든 군인들이 참호전을 벌이기도 했다. 이 백병전에서는 1869년에 제작된 MPL-50이라는 러시아제 야전삽이 무기로 부활했다. 러시아 군사박물관에 전시유물로 전락해 있던 T-62 전차는 60년 만에 전쟁터를 질주했다.[9] 어떻게든 사람을 죽일 능력만 있다면 백수십 년이 된 고철이건 그야말로 '재래식'이건 가리지 않고 활용될 수 있다는 점이 무기가 가진 또 하나의 야만적 속성이다.

야전병원의 실상 또한 세계대전 당시와 비교해 크게 다르지 않았다. 우크라이나 야전병원 의료진의 고민은 산산이 흩어진 군인들의 신체기관을 얼마나 잘 '짜 맞추기' 하느냐에 있었다(물론 세계대전 당시보다도 훨씬 더 잘게 쪼개져 있었을 것이다). 그들은 몸의 절반이 날아간 군인, 팔다리가 없는 군인, 뼈에 살점이 간신히 붙어 있거나 위장에 집속탄이 박혀 있는 군인을 환자로 맞았다.[10]

죽은 군인들 입장에서는 일종의 배신을 당한 셈 아닐까? 강철, 다시 말해 무기라는 '주인'으로부터 말이다. 여기서 굳이 무기의 소속—적군의 무기냐, 아군의 무기냐—을 따질 필요는 없을 것이다. 왜냐하면 군인들은 무기라는 관념 자체를 숭배하고 그에 복종하도록 세뇌당해왔기 때문이다. 무시무시한 신神의 이름으로 무기의 별명을 짓는 관행이 적과 아군을 따지지 않고 대부분의 국가들에서 공통적으로 나타나는 이유가 무엇이겠는가. 지금 세계에는 신의 방패, 신의 지팡이, 신궁, 악마의 무기, 사탄의 무기 등으로 찬탄받는 무기들과 하데스, 포세이돈(넵튠), 아레스(마르스), 아르테미스, 현무 등처럼 신화적 권좌에 오른 무기가 숱하게 존재한다. '죽음의 백조'나 '둠스데이'처럼 종교적 상상력이 가미된 무기도 있다.

이러한 신의 무기가 자신을 지켜줄 것이라고, 적어도 기술의 가호 아래 문명적인 죽음을 맞이할 수 있을 거라고 저 군인들은 믿었을 것이다. 그러나 결과는 앞에서 언급한 사례들과 같았다. 무기는 자신을 사용하거나(아군), 자신에게 피격당할 군인(적군)을 구분하지 않고 찢어놓았다. 경우에 따라서는 그 사용자에게 가장 먼저 상해를 입히기도 했다. 승진훈련장의 이등병, 대포에 압사당한 병사들의 비극으로부터 확인되는 진실이다.

마르스 신의 대장간은 몰락한 적이 없다
이제는 오히려 더 교묘한 자들이 강철을 두드려
죽음의 발굽에 편자를 박아 넣는다[11]

무기에 대한 환호가 커질수록 그 이면의 음침함은 짙어질 수밖에 없다. 전쟁의 신(마르스)은 언제나 대장간에 강림해 있으므로.

무기의 정언명령[1]

비밀병기의 '비밀'

태평양전쟁이 막바지로 치닫고 있던 1944년 5월, 당시 일본제국은 악화일로의 전세를 뒤집기 위한 특별한 '비밀병기' 제작에 착수했다. 바로 사쿠라탄기さくら彈機라는 이름의 중폭격기였다. 고작 신형 폭격기 하나를 개발한다고 해서 전쟁의 대세를 바꿀 수 있을까 싶지만 그만큼 터무니없는 병기이기도 했다.

무엇보다 사쿠라탄기에 탑재될 직경 1.6미터, 무게 2.9톤의 성형작약탄(두꺼운 장갑을 관통하는 데 탁월한 위력을 발휘하도록 성형成形된 작약炸藥을 말한다)은 그 위력이 "전방 3킬로미터, 후방 300미터를 초토화"할 수 있을 정도로 강력하다고 평가됐다. 공격 방식은 사실상 '가미카제식 자폭'이었다. 실제로 사쿠라탄기 조종간에는 별도의 자폭 스위치가 내장되어 있었다. 연료는 편도분만 실을 수 있게 (복귀할 이유가 없었으므로) 설계됐으며 승무원도 4명이 전부였다. 요컨대 "탑승원 전원에게 확실한 죽음이 약속"된 극단적 전술병기였다는 말이다.

당연한 말이지만 일제는 사쿠라탄기의 존재를 최고 기밀로 취급하고 심혈을 기울여 관리했다. 그러나 실전 투입을 눈앞에 두고 있던 1945년 5월 23일 새벽, 사쿠라탄기가 배치된 후쿠오카 다치아라이大刀洗 비행장에서 원인을 알 수 없는 화재가 발생한다. 그리고 이로 말미암아 이틀 뒤 첫 출격을 기다리고 있던 사쿠라탄기 1기가 불에 타버리고 만다.

비밀병기로 추앙하던 '존재'가 생각지 못한 손상을 입어서였을까? 군 수뇌부는 이 사건에 민감하게 반응했다. 그들은 이 화재가 하필 출격 전야에 발생했다는 사실로 미루어 출격을 회피하려 했던—장렬히 자폭하기 싫어한—탑승자 중 한 명이 저지른 '방화'라고 확신했다. 용의자는 단 하루 만에 검거되었다. 1926년생의 야마모토 다쓰오[2] 오장伍長(하사 계급에 해당), 열아홉 살의 '조선인'이었다. 야마모토는 곧바로 헌병에게 체포되어 군법회의에 넘겨졌고 이후 2개월 남짓 이어진 공판 결과 사형 선고를 받았다. 야마모토 다쓰오의 총살이 집행된 건 1945년 8월 9일 아침. 나가사키에 원자폭탄이 떨어지기 바로 직전, 8월 15

일 해방을 일주일도 채 남기지 않은 시점이었다.

야마모토 다쓰오는 정말로 사쿠라탄기를 불태웠던 것일까? 아무도 관심을 가지지 않았던 이 사건의 진상은 그의 죽음으로부터 약 70년이 지난 후, 일본의 르포 작가 하야시 에이다이에 의해 밝혀진다. 야마모토 다쓰오가 조선인이라는 이유로 누명을 썼을 가능성에 주목한 하야시는 10년여에 걸쳐 당대 문헌자료들을 분석하고 이 사건 관계자들을 인터뷰하며 진실을 추적했다. 그리고 그 과정에서 야마모토 다쓰오가 제대로 된 조사도 없이 군법회의에 넘겨졌다는 점, 헌병 조사 중 고문을 받았다는 점, 재판에서 결백을 주장했다는 점 등에 관한 핵심적인 증거들을 발굴해냈다. 나중에는 이 사건의 주요 지휘 책임자인 제6항공군 사령관의 일기까지 입수해 분석해가며 이 사건을 둘러싼 여러 의혹을 해소해나갔다. 마침내 하야시 에이다이는 야마모토 다쓰오가 누명을 쓴 것이고, 진범은 따로 있다는 "확신에 가까운 결론"에 도달한다.

진범은 누구였을까? 사람들은 궁금할 수밖에 없다. 그러나 여기에 대한 하야시 에이다이의 답변은 이랬다. "또 다른 누군가를 범인으로 의심할 이유는 없다." 진범을 색출해내는 작업이 자칫 이 비극의 본질을 훼손하는 결과로 치달을 수 있음을 하야시는 경계했던 거다. 그의 주장은 대략 이렇게 이해된다. '그 누가 불을 질렀더라도 사쿠라탄기는 태워졌어야 마땅한 결함 폭격기였다.' 실제로 하야시 에이다이는 사쿠라탄기라는 '병기' 그 자체를 겨냥해 가장 매서운 비판의 칼날을 들이밀었다.³

추악한 하늘의 꼽추

당시 병사들은 사쿠라탄기를 "하늘의 꼽추"라고 불렀다. 거대한 폭탄을 장착하기 위해 무리하게 개조를 단행한 탓에 기체의 상부가 기형적으로 부풀어 오른 모양새가 되었기 때문이다. 3톤에 달하는 폭탄의 무게를 견뎌내기 위해 최소한의 보호·방어 장치를 거의 덜어내다시피 했다. 오죽하면 방호장갑 대신 널빤지를 기체 전면부와 꼬리날개에 붙였을 정도다. 고장도 잦았다. 목적지까지 날아가 임무인 자폭 스위치를 누를 가능성 못지않게, 고장으로 허무하게 추락사할 가능성이 컸다. 속도마저 극단적으로 느렸으니 적 항공기의 좋은 먹잇감이었다. 그러니 누가 이 비밀병기에 탑승하고 싶어 했을까?

일본 군 수뇌부는 이런 결함을 진작부터 알고 있었지만 쉬쉬했다. 비록 패망 직전의 상황이지만 전쟁을 역전시킬 훌륭한—결코 결함이 있어서는 안 되는—히든카드가 준비되어 있다고 자위했던 거다. 그래서 하야시 에이다이는 묻는다. 그 허울뿐인 비밀병기의 명예를 지켜주기 위해, 결함 폭격기의 민낯을 숨기기 위해, '조선인' 야마모토 다쓰오를 방화범으로 몰아 죽인 거냐고.

이런 점에서 사쿠라탄기라는 '존재'에 대한 하야시 에이다이의 비판은 정곡을 찌르고 있다. 그곳에서 가장 강한 존재였던 사쿠라탄기가 그곳에서 제일 약한 존재였던 '조선인' 야마모토 다쓰오를 집어삼키고 말았다는 거다. 물론 무기로서의 사쿠라탄기는 자신에게 주어진 정언명령을 묵묵하게 완수해냈다고 볼 수 있다. 단순히 존재한다는 사실만으로도 한 젊은이를 죽음으로 몰아넣을 수 있었으니 말이다.

군인의 몸은 기념될 수 있는가

잘린 발, 잘린 손가락

'평화의 발'이라는 조형물을 혹시 알고 있는지? 이름 그대로 사람의 '발'을 형상화한 2.5미터 남짓한 높이의 예술작품이다. 발은 무릎 아래 정강이 중간 지점까지 조각되어 있는데 실제 신체 비율로 대비해보자면 발뒤꿈치로부터 대략 30센티미터 지점이라고 하겠다. 발이라고 보기에는 조금 길고 '다리'라고 보기에는 조금 짧아서 뭔가 어정쩡해 보이기도 한다. 사실 이 작품은 2015년 8월 4일 비무장지대DMZ 수색 작전 중 지뢰가 폭발해 사고를 당한 두 장병의 다리를 상징적으로 '부활'시켜놓은, 일종의 안보 조형물이다.

'평화의 발'은 건립 당시부터 많은 논란에 휩싸였다.[1] 보기만 해도 섬뜩하다거나, 다리를 잃은 두 장병의 트라우마를 자극할 수 있다는 비판이 제법 많았다. 보수 언론조차 "잘린 발이 '평화의 발'이라고?"라며 조롱하는 헤드라인을 낼 정도였으니 말이다. "발이 잘렸으니 발을 만들어 세우는 놀랍도록 단순한 발상"을 꼬집었던 어느 미술평론가의 지적도 떠오른다. 예술에 문외한인 나로서는 뭐가 맞는지 잘 모르겠지만 그래도 솔직한 관람 소감을 말해보자면, 전혀 섬뜩하지도 불편하지도 않았다. 오히려 표현의 강도가 지나치게 완화되어 있다고 느꼈다. 이를테면 발에는 아무런 상처도 없었다. 마치 훌륭한 외과의가 집도한 것처럼 모든 것이 매끄럽게 손질돼 있었다. 그래서 조금 당황하고 말았다. 이유야 어쨌든 이것은 '잘린 발'이었기 때문이다. 이 지나친 멀끔함을 나는 대체 어떻게 받아들여야 하는 걸까.

15년여 전 어느 늦은 봄날의 기억이 문득 떠올랐다. 야외 훈련 도중 우리 부대 선임 포반장의 셋째, 넷째 손가락이 잘려나갔다. 대포의 포신을 조작하던 중 발생한 끼임 사고였다. 나는 질척하고 낮게 깔리는 성대의 울부짖음을 들었다. 생각지도 못한 비극이 닥쳐왔을 때의 절규란 그런 것일까. 혼돈의 물결은 파동처럼 훈련장에 번져나갔고 거기에 정신을 잠식당한 사람들은 고라니처럼 소리를 질러대기 시작했다. 그나마 소리를 질러대는 것은 점잖은 반사작용이다. 보통 그런 상황에서는 본능적으로 뭐라도 하지 않으면 안 된다는 충동에 휩싸이게 된다. 그 결과 이렇다 할 이유 없이 헉헉거리며 이곳저곳을 쑤시고 다니는 사람들이 넘쳐나고 현장은 더욱 산만해진다. 당시 우리 중 유일하게 정신을 차리고 있었던 사람은 덥수룩한 머리의 군의관뿐이었다. 그는 파리한 얼굴로 선혈이 낭자한 배경 속에 나동그라져 있는 잘린 손가락들을 수습했다.

이후 꽤나 어려운 봉합수술이 진행됐다고 들었지만 다행히 결과는 나쁘지 않은 듯했다. 얼마간의 시간이 지난 후 포반장은 다시 부대로 돌아왔다. 그러나 멀쩡해 보였던 겉모습과는 다르게 그의 속은 예전 같지 않아 보였다. 어딘가 모르게 짜증이 늘었고 지쳐 보였으며 툭하면 두통을 호소했다. 일상적인 훈련이나 가벼운 전술 임무에 참여하는 것조차도 그닥지 않게 부담스러워했다. 이해는 할 수 있었다. 자신의 손가락을 앗아간 바로 그 대포와 마주해야 하는 현실 자체가 그에겐 심각한 스트레스였을 것이다(실제로 그는 사고를 당한 왼손에 늘 칙칙한 색의 장갑을 끼고 있었는데 한여름에도 결코 장갑을 벗는 일이 없었다). 결국 몇 달 뒤 포반장은 행정직으로 보직을 옮겼다. 미안한 듯 작별을 고하는 그의 표정에서 손가락이 잘리던 그날의 모습이 겹쳐 보였다. 짙은 색 헝겊으로 절단 부위를 꼭 싸매고 울음을 터뜨릴 것 같은 표정을 짓고 있던 젊은이의 얼굴이.

다시 '평화의 발'. 어떤 면에서는 '지나친 멀끔함'에 대한 작가의 고뇌도 이해하지 못할 바는 아니다. 지뢰로 파괴된 정강이 절단면에 어지러이 엉겨 붙어 있었을 핏줄과 뼛조각, 살점, 진흙 같은 것을 실제로 묘사했다면 애초에 건립 자체가 불가능했을 것이 분명하다. 어쩌면 작가가 평화라는 주제 의식을 어떻게든 녹여내기 위해 멀끔함을 억지로 밀어붙였을 가능성도 있다. 실제로 전쟁 관련 기념·박물 공간에 서 있는 군인들의 조형물을 보면 그 모습이 하나같이 강건하고 아름답게 느껴진다. 또 그 상당수가 '평화'를 주제로 삼아 만들어졌음을 확인해볼 수 있다. 나는 그것이 일종의 '의전'이라고 생각한다. 갈가리 찢기거나 부패한 전사자들의 몸 위에 강철과 동등하거나 버금가는 수준의 강도를 가진 '육체'를 덧입혀야 한다는 강박이 담긴 의전.

사실 이런 식의 의전, 다시 말해 멀끔함과 평화의 기이한 공존은 우리 사회의 전쟁기념 의식에서 보면 그리 특이한 현상이 아니다. 그럼에도 그런 것들을 가끔 마주할 때면 스스로에게 이런 질문을 던져보게 된다. 만약 우리 포반장의 '잘린 손가락'이 저와 같은 종류의 조형으로 만들어진다면 나는 어떤 방법으로 그의 상처를 변론해야 할까? 마치 아무 일도 없었던 것처럼 멀끔한 강철로 부활한 그것으로 평화를 이야기할 수 있는 것일까. 글쎄, 선뜻 답이 나오지 않는다.

그로테스크와 진실 사이

과거 나치 독일은 에른스트 바를라흐, 케테 콜비츠 등을 비롯한 반전反戰 예술가를 철저히 탄압했다. 전쟁을 아름답게 또는 영웅적으로 묘사하지 않았다는 이유에서였다. 실제로 이들은 기괴한 표정으로 소리를 지르거나, 절망적인 몸짓으로 바닥을 기거나, 죽음과 부상에 맞닿아 신음하는 군인들의 모습을 작품에 담았다. 에른스트 바를라흐의 조각 작품 〈피에타〉는 마리아가 예수 대신 나무토막처럼 굳어버린 군인의 시신을 무릎에 안고 있는 모습이고, 케테 콜비츠의 목판화 〈지원병들〉은 흰자위가 나오도록 뒤집어진 눈과 반쯤 벌어진 입으로 하늘을 망연히 바라보고 있는—반쯤 미친 모습의—군인들을 묘사했다. 결국 이들은 나치에 의해 공개적으로 '퇴폐 미술가'로 낙인찍혔다. 일종의 사회적 조리돌림이라 볼 수 있었다. 특히 에른스트 바를라흐는 이러한 나치의 공격으로 상당한 고통에 시달렸던 것 같다. 실의에 빠진 에른스트 바를라흐는 제2차 세계대전이 일어나기 약 1년 전인 1938년에 심장마비로 숨을 거둔다.

그러나 나치는 자신의 반대편, 다시 말해 적국에서 타오르고 있는 예술가들의 의지마저 꺾지는 못했다. 비슷한 시기 영국에서는 훗날 세계적인 조각가로 이름을 떨치게 되는 헨리 무어가 종군화가로 전쟁에 나가 그 실상을 거침없이 기록하고 있었다. 헨리 무어는 전쟁이 끝나고 약 10년이 지난 1954년에 〈방패를 든 전사〉라는 작품을 발표한다.[2] 왼쪽 팔과 다리, 두 눈이 없는 군인의 형상이었다. 독일의 저명한 언론인인 볼프 슈나이더는 이 작품에 대해 다음과 같은 평을 남겼다. "그렇다. 이것이 전쟁이고, 이것이 전쟁으로 죽은 군인의 본모습이다."[3]

물론 모든 전쟁기념물이 그로테스크하거나 기괴하거나, 살풍경한 콘셉트로 조형될 필요는 없을 것이다. 우리 대다수는 비극적 광경을 보고 싶지 않다는 본능에 가까운 회피 심리를 가지고 있고, 그것은 지극히 자연스러운 감정 반응이다. 정서적 충격을 감수하면서까지 '지나치게 사실적인' 전쟁기념물을 감상해야 할 의무는 없다는 의미다. 그럼에도 나는, 아주 약간, 의문이다. 전쟁의 어두운 면을 보지 않고서 무려 평화를 이야기할 수 있을까. 어쩌면 평화에 대한 진정한 희구는 "전쟁은 지옥이야"로 시작하는 우리의 대화 속에 진심 어린 '혐오'를 담아내는 일에서부터 출발하는 것일지 모른다. 비록 그 과정이 썩 매끄럽지만은 않겠지만 말이다.

덧말
: '평화의 밭'에는 같은 해(2015년) 북한의 포격 도발 당시 한국군이 사용했던 155밀리미터 포탄의 '뇌관'이 재료로 녹아 있다. 뇌관은, 거의 모든 무기에서 발포의 최종 단계와 결합한다. 그래서 또 한 번 고개를 갸웃거리게 된다. 뇌관이 녹아 있는 '평화'라니….

고통의 발견과 번역

상처와 통증은 언어가 될 수 있는가

이른바 '철의 삼각지'로 알려진 민통선 이북 철원평야 일대에는 아이스크림 고지라 불리는 작달막한 봉우리가 외롭게 솟아 있다. 한국전쟁사를 살피다보면 한 번쯤은 듣게 되는, 격전지로서는 꽤나 유명한 포스트라 할 수 있는데, 그러다보니 '삽슬봉'이라는 원래 이름은 거의 잊히다시피 했다. 의외로 군 시절에는 이곳을 견학할 기회를 얻지 못했고 오랜 시간이 흐른 2023년 9월에야 『한겨레』 신문이 기획한 DMZ 생태평화기행을 통해 그 실물을 확인해볼 수 있었다. 견학에 동행했던 현지 주민 해설사는 아이스크림 고지의 유래를 다음과 같이 설명했다.

"저기가 왜 아이스크림 고지냐면, 6·25전쟁 때 포탄이 엄청나게 떨어지니까, 산이 막 무너져서 그 모습이 마치 아이스크림 녹아내리는 것 같다 해서, 그걸 본 외신 기자가 아이스크림 고지다 하고 이름을 붙인 거죠. 한번 보세요. 아이스크림처럼 보이지 않나요?"

이 말을 하는 해설사의 표정이 너무나도 '발랄'했기에 나는 가벼운 혼란을 느꼈다. 견학 내내 투철한 반공의식으로 우리를 훈육했던 이 해설사의 정치적 성향에 비춰 보건대, 아이스크림 고지 앞에서도 예의 비분강개함으로 사람들의 감정을 자극하리라 기대했던 것이다. 물론 내가 느낀 위화감에 대해 해설사는 아무런 책임이 없다. 그는 이야기꾼으로서 아이스크림 고지라는, 별칭의 유래를 맛깔나게 설명했을 뿐이다. 굳이 따지자면 책임은 '아이스크림'이라는 단어 자체에 있다고 보는 것이 맞다. 그 단어에 내재된 달콤한 이미지가 그의 발랄함으로 표출되었다고 볼 수 있기 때문이다. 그러나 원인이 해명되었음에도 한번 찾아든 위화감이 좀처럼 가시질 않은 이유는 무엇이었을까. 나중에는 속으로 이런 불평까지 올라왔다. '차라리 비분강개하시지?' 역시 내게는 지나치게 달콤했던 것 같다. 저 아이스크림이라는 비유 말이다.

『고통받는 몸』의 저자인 일레인 스캐리는 사람들이 고

통을 '보고 듣기에 그다지 불편하지 않은 언어'로 이름 붙이려는 습관이 있다고 지적한다.[1] 앞서 아이스크림 고지의 비유를 일레인 스캐리의 관점에서 바라본다면 어떨까? 아이스크림이라는 불편하지 않은 언어에 가려진 '불편했을' 존재들을 떠올려볼 수밖에 없게 된다. 바로 군인들 말이다.

아이스크림은 이 고지에서 죽어갔을 수많은 군인이 아닌, 삽슬봉이라는 자연물을 단일의 피해자로 상정한다. 그래서 이 비유는 발화되는 그 즉시, 전사자들의 몸과 영혼을 자연 속으로 사라지게 만든다. 예컨대 군인들의 비명은 새의 지저귐으로, 잘린 팔·다리는 이지러진 돌·흙더미로, 영혼은 바람 등으로 추상화되고 마는 것이다. 일레인 스캐리는 이를 "상상의 몸으로 상해를 재배치"하는 언어적 관습이라고 설명한다. 문제는 이런 식의 표현이 당사자의 고통을 왜곡하는 데 그치지 않고 사실상 무화無化해버린다는 점에 있다.

그러나 전쟁의 언어는 고통이라는 붓과 먹물로 쓰여야 할 당위가 있다. 전쟁은 상대방을 "상처 입히는 데"injuring 온 역량을 집중하는 현상이다. 따라서 반대로 온 역량을 다해 고통을 표현한다고 해도 늘, 언제나 부족할 수밖에 없다. 명백하게도 세계는 전쟁이 제공하는 엄청난 규모의 감각적 고통을 천분의 일, 아니 만분의 일도 언어화하지 못하고 있다. 아주 가끔 새롭게 태어나는 표현이 있지만 대개는 정치적이다. 그래서 일레인 스캐리도 절망스럽게 말했던 것이다. "고통이라는 최초의 사실 외에 모든 말은 고통을 사소화한 것이며, 핵심을 놓친 것이고, 고통을 놓친 것으로 보인다." (이런 측면에서 아이스크림 고지의 비유는 고통을 아예 외면하고 있다고 봐도 과언이 아니다.)

그렇다면 고통의 당사자들이 자리를 떨치고 일어나 각자의 아픔을 표현할 때까지 기다려야 할까. 이 역시 현실적으로 쉽진 않다. 스캐리는 그들이 통증의 "철옹성"에 고립되어 있다고 말한다. 고통을 표현할 수 있는 의지와 기력을 모두 잃은 상태로 좌절해 있다는 것이다. 마찬가지로 그 좌절 역시 언어로 꾸며지기 어렵다. 설사 꾸며진다 해도 "언어로 끌어올려지는 순간" 곧바로 '제자리'(몸의 통증)로 돌아가버리고 만다.[2]

바로 여기에 우리의 딜레마가 있다. 고통을 말하는 일이 시급하다지만 그 표현이 사소하지 않게 핵심에 가깝도록 말해야 하고, 고통받는 사람을 무시한 채 함부로 떠들고 다녀서도 안 된다는 것이다. 최선의 대안은 무엇일까. 일레인 스캐리는 고통이 "다른 많은 국가 수천 수백만의 사람들의 상처로 증식"될 수 있도록 "연민을 담아" 전쟁을 서술하라고 조언한다. '증식'이라는 말에서도 알 수 있듯이 이는 제3자가 타인의 고통에 대한 완전한 이해에 도달할 수 있다는 것을 의미하진 않는다. 나는 이 증식의 과정을 '고통의 번역'이라는 말로 변주해보고자 한다.

고통에 감응하는 전쟁독법

번역은 이해의 하위개념이 아니며 그 자체로 의미가 있다. 다른 모든 번역이 그렇겠지만 고통의 번역에 있어서도 제대로 된 '원문'을 찾아내는 일이 무엇보다 중요하다. 고통에도 원문이랄 것이 있을까? 여기에 대한 일례인 스캐리의 답은 다음과 같다. "인간이 언어를 배우기 전에 내는 소리와 울부짖음."

그리고 이 '울부짖음'을 앞에 두고 엎치락뒤치락 직역 또는 의역을 해보면서 타인의 고통을 상상해내는, 나아가 그 상상의 결과물을 자기 몸이 체득하고 있는 통증과 비교해보면서 연민을 극대화해나가는 여정이 바로 내가 생각하는 '고통의 번역'이다.

예컨대 나는 군인 시절 말라리아에 감염돼 고생했던 경험이 있다(왜 이렇게 요란한 군 생활을 했나 싶겠지만 사실이 그렇다). 밤이면 찾아오는 미칠 듯한 오한, 곧 이어지는 40도 수준의 고열, 걷기 힘들 정도의 두통, 구역감 등의 증상에 시달렸다. 그러나 내가 국군병원으로 후송되고 군의관이 발급한 말라리아 진단서를 보기 전까지 동료 간부, 특히 상급자들은 꾀병을 의심했다.

그럴 만도 했다. 나는 자그마치 '2009년'에 등장한 말라리아 환자였기 때문이다. 그래서 그들은 말라리아라는 병을 머리로만 알고 있었을 뿐, 그 병이 얼마나 고통스러운지에 대해서는 무지했고 무엇보다 무관심했다. 그런 것보다는 우리 부대 명의의「말라리아 발생보고서」가 군사령부 전체에 퍼지고 말았다는 사실에 불쾌해했다. 요컨대 아무도 내 고통을 번역하고자 시도하지 않았다는 말이다. 그러기는커녕 말라리아가 감기처럼 전염되는 게 아니냐면서(결코 전염되지 않는다) 나를 피해 다닌 동료들도 있었다.

말라리아에서 회복되기까지 약 보름 동안은, 어쩔 수 없이 고통의 '철옹성'에 갇혀 지냈다. 아프고 비루했다. 다만 이 경험은, 비록 내 군 생활에는 아무런 도움이 되지 않았을지언정, 지금 이 시간 고통을 번역해나가는 작업에는 꽤 좋은 참고가 되어준다. 하루는 병마病魔에 지쳐 쓰러진 군인들을 조명한 전쟁사 다큐멘터리를 시청한 적이 있었다. 나는 순식간에 몰입할 수 있었고, 나중에는 노트까지 꺼내 병에 관한 고통의 '원문'을 받아 적었다. 아래는 그 일부다.

> 병사들 사이에서 퍼져 있던 생명판단법. 잠든 채로 소변을 보는 사람의 수명은 앞으로 3일, 말을 못하게 된 사람은 2일, 눈도 깜빡이지 못하게 된 사람은 내일.[3]

열대지방의 풍토병으로 죽어가던 군인들의 생생한 몸부림이다. 물론 저 군인들이 겪었을 고통에 비하면 내 고통은 고작 '끙끙'거리는 수준에 불과했을 것이다. 그럼에도 말라리아를 앓아본 내 육신은 저들의 고통을 조금이나마 연민해보라고 나를 부추겼다. 실제로 나는 이 원문을 "수많은 군인이 더위와 병에 지쳐 쓰러져갔습니다"라는 식으로 건조하게 번역하지 않았다. 또 누구처럼 발랄하게 말하지도 않았다. 저들의 고통이 다른 누구도 아닌 내 안에 가장 먼저 '증식'되었기 때문이다.

또 얼마 전에는 웹서핑을 하다 한국전쟁 당시 전사자 유해 발굴 관련 사진들을 찾아보게 됐다. 화면을 넘기던 내 손가락은 2022년 경북 칠곡에서 발견된 한 군인의 유해(다부동 전투에서 전사 추정)[4] 사진 앞에서 멈췄다. 그 유해는 마치 '자궁 속의 태아'처럼 웅크린 모습을 하고 있었다. 얼핏 새우잠을 자고 있는 것처럼 보이기도 했다. 그러나 나는 이러한 자세가, 어떤 극심한 공포를 반영하는 일종의 '뒤틀림'이라는 사실을 지식으로나마 알고 있었다.[5] 나는 말라리아, 동상, 이명, 공황장애를 포함한 군 생활의 여러 후유증을 한꺼번에 동원해 그의 화석화된 고통을 응시했다. 그리고 이와 같이 번역했다. '아마도 저 군인은 숨이 조여드는 압박과 창자가 오므라드는 괴로움 속에서 어머니를 찾았을 것이다. 자유롭고 따뜻했던 어머니의 양수 속으로 돌아가려는 태아적 본능, 어린 시절 어둠을 피해 어머니의 품속으로 파고들던 습관이 저런 몸부림을 만들어 냈을 것이다'라고.

제대로 된 원문을 찾는 것만큼이나, 훌륭한 번역을 감상하는 여유도 중요하다. 나는 주로 참전 경험이 있는 문학가들의 소설을 파고드는 편이다. 전쟁역사가들의 평론이란, 어쩔 수 없이 무감각한 경우가 많다. 실제로 톨스토이 같은 문호도 역사가들의 전쟁 서술에 대해서는 상당히 비판적이었다. "죽음의 영향 아래 극도의 정신적 흥분에 휩싸인 수천 병사들의 행동을 몇 마디 말로 묘사해야 할 필요에서" 진실을 왜곡하는 사람이 종종 있다면서 말이다.[6] 일례로 톨스토이의 자전적 참전소설인 『세바스토폴리 이야기』에는 두부頭部 관통상을 입은 군인의 최후에 관한 묘사가 아주 짧게 등장한다. 군인은 치료를 포기할 수밖에 없다는 군의관의 진단에 단말마의 비명을 질러댄다.

"아 그럴 것 없어! 오, 제발, 얼른, 얼른, 제발…. 아-아-아아!"[7]

내용이야 특별할 게 없다지만, 이만큼 단순하면서도 증식력 강한 번역이 또 있을까. 나는 곧바로 연민을 느꼈다. 전쟁터의 군인이 부르짖는, 그렇지만 결코 비굴하지 않은 '제발', '얼른', '아-'의 반복이라니.

물론 신체 어느 부분이 눈에 보일 만큼 찢어지고, 혹은 병에 걸리고, 죽음에 임박해야만 고통을 연민할 수 있게 되는 건 아니다. 오감이 기능하는 영역이라면 어떤 형태로든 고통은 존재할 수밖에 없으며, 그것을 번역하고자 시도한 문학가들도 당연히 있다. 커트 보니것은 죽은 이에게서 풍겨 나오는 이른바 '시체 썩는 냄새'를 통해 전쟁의 고통을 번역했다. 그의 『제5도살장』에는 드레스덴 폭격으로 죽은 사람들의 시신을 수습하던 한 병사의 최후가 그려진다.

> 빌리와 함께 일하던 마오리인은 그 악취 속으로 내려가 일을 하라는 명령을 받은 뒤 헛구역질을 하다 죽었다. 그는 자신의 몸을 갈가리 찢으며 토하고 또 토했다.[8]

전쟁의 고통에 관한 이런 식의 접근법은 때로 지나치게 원초적이고 어떤 경우에는 번역자에게 불필요한 자극을 주기도 하지만, 솔직히 말해 나는 유용한 점이 훨씬 더 많다고 생각한다. 왜냐하면 우리는 전쟁의 고통을 바라봄에 있어 여타 자질구레한 정치적 감정을 너무나도 많이 개입시키는 경향이 있기 때문이다. 일련의 정치적 선악 판단이 타인을 연민할 기회를 방해하고 있진 않은지, 나는 늘 의심한다.

국제적십자위원회ICRC가 발간한 전쟁의학 책자에는 이런 격언이 실려 있다. "무기가 아닌 상처를 치료하라." Treat the wound, not the weapon[9] 이 문장은 다양한 종류의 탄환이 인간의 피부를 각기 어떤 각도와 깊이로 파고드는지, 근육 조직에 어떤 모양의 천공穿孔을 남기는지 등에 대한 이론을 설명하는 탄도학ballistics 파트 서두에 적혀 있다. 앞뒤 문장을 봤을 때 이 격언의 의미는 이렇다. '탄도학 이론은 본질이 아니다. 눈앞의 상처를 맞대하라.'

나는 이 말이 고통의 번역에 대해서도 예리한 시야를 갖게 해준다고 생각한다. 아이스크림이 아닌, 그곳에서 진정으로 녹아내리고 있었을 군인들을 대면하기 위해 나는 오늘도 고통을 번역한다. 흥미진진한 전쟁서사에 시선을 뺏겨버린 나머지 전쟁터 곳곳에 흩뿌려진 '울부짖음'을 듣지 못했던 것은 아닌지, 우리의 예민한 신경계를 자극해볼 시간이다. 잘 모르겠다면 자기도 모르게 '아- 악!' 소리를 지르게 되는 통증의 순간을 떠올려보라.[10]

폭력적 망상의 그늘

3장

아름다움에 중독되면 피가 깨끗이 씻겨나가고 세뇌되어 사실들을 변형시킨다.

— 제임스 힐먼, 『전쟁에 대한 끔찍한 사랑』[1]

본인은 입대 복무 중 자기과실 또는 부주의로 인한 사고로 사망할 시는 자살행위로 간주하고, 이유를 막론하고 이의를 제기하지 않겠으며, 입대 후 도주하는 경우에는 본인들이 연대하여 여하한 책임도 감수하겠습니다.

— 실미도 부대 창설식 선서문 제4항[2]

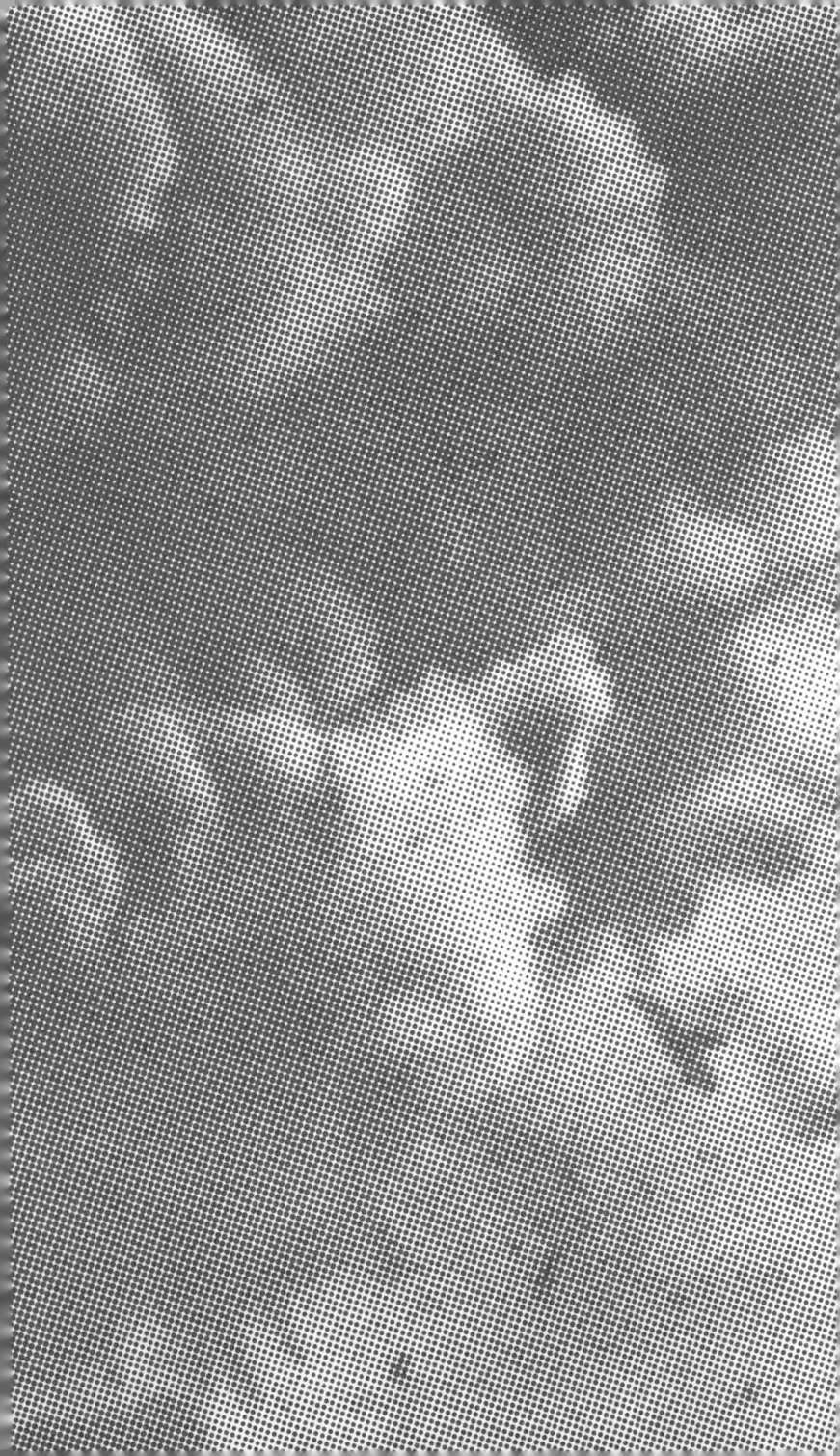

가학적 장렬함과 미의식

극우-어린이-파시스트의 꿈

전쟁 그리고 군대에 관한 나의 비판과 하소연—1장과 2장에서 이야기한 사연들을 떠올려보면 될 것이다—을 들은 사람들이 내게 공통적으로 건네는 질문이 있다. "아니, 그런 사람이 어떻게-왜 군인이 됐데?" 혹은 안쓰러운 표정을 지으며 위로를 해주기도 한다. "개미 한 마리도 못 죽일 사람이… 힘들었겠어." 이럴 경우 나는 흐흐거리며 웃거나 먼 산을 쳐다보며 주제를 돌리고 만다. 겸연쩍어서 그렇다.

의외로 나는 '훌륭한 군인'이 되겠다는 장래희망을 꽤 어릴 적부터 가지고 있었다. 언제부터 군인을 꿈꾸게 되었는지 아주 명백하게 밝혀내긴 어렵겠지만 과거 일기장을 근거로 추정하면 대략 초등학교 2~3학년 무렵인 듯싶다. 사실 그다지 특별할 것도 없는 장래희망이었다고 생각한다. 당시 같은 꿈을 가진 경쟁자들이 반에 2~3명은 꼭 있었고, 군인과 유사한 '제복 직업군'을 장래희망으로 적어내던 친구들까지 포함하면 그 수가 적지 않았기 때문이다.

또 비록 극소수에 지나지 않았으나, 군사·전쟁 관련 콘텐츠에 유독 열광하던 무리들이 있었다. 예비 밀리터리 마니아military mania라고나 할까. 나는 주로 이런 친구들과 가깝게 어울렸다. 우리는 역사 속 명장名將들의 전기나 『삼국지』 따위의 군담소설에 해박했고 전쟁 시뮬레이션 게임에 중독돼 있었다. 가끔씩은 각자가 애호하는 전쟁영웅을 두고 자존심 경쟁―이를테면 김유신이 대단하냐, 계백이 대단하냐는 식으로―을 벌이기도 했다.

지금 돌이켜봐도 꽤나 독특한 그룹이었음이 분명하지만 그 결속이 생각만큼 오래 지속되진 않았다. 특히 사춘기에 접어들면서 우리는 각자가 구가했던 '전쟁놀이적' 세계관을 부끄러워하기 시작했다. 다만 이 부끄러움은 전쟁놀이와 '진짜 전쟁'의 괴리를 깨달은 데서 비롯된 감정으로, 어떤 면에서는 자연스러운 성숙의 신호라고 볼 수도 있었다.

그런데 나는 조금 달랐던 것 같다. 나는 친구들의 관심이 오락실 출입이나 이성과의 교제로 옮겨가는 순간에도 여전히 군담소설과 전쟁 시뮬레이션에 취해 있었고, 군인이 될 거라며 하염없이 떠벌리고 다녔다. 2000년대 초 아프가니스탄과 이라크에서 전쟁이 벌어졌을 때는 불법 출국을 해서라도 전쟁을 경험해보고 싶다는 열병에 휩싸였다. 왜냐하면 그것은 내가 태어나서 처음, 제대로 '시청'했던 전쟁이었기 때문이다. TV에서 흘러나오는 갖가지 전쟁 보도를 보며 나는 연신 외쳤다. "오…!"

'훌륭한 군인'이 되겠다는 꿈이 현실과 마찰하며 벼려지지 못한 결과 유아적 수준의 전쟁관이 마음속에 자리 잡고 말았던 거다. 아니, 유아적이라기보다는 기형적이라고 말하는 편이 적절하리라. 지나친 자기비하라고 지적할지도 모르겠지만 누군가 그즈음의 나를 실제로 봤다면 이보다 더 과하게 표현한다고 해도 동의할 것이다. 당시 나는 대략 이런 이미지들로 전쟁을 상상해내고 있었다.

피투성이의 전투복, 총알에 수없이 관통당한 몸, 투지로 가득 찬 눈동자, "물러서지 마라!" 함성, 노호怒號, 배수의 진, 적과의 백병전, 장렬·초개·산화, 마지막 돌격, 적의 감탄 어린 눈빛, 피에 젖은 태극기, 마지막 경례, 최후의 한 사람, 분루憤淚를 삼킨 자결, 두 눈을 부릅뜬 시신….

그리고 이런 이미지를 떠올릴 때마다 가슴 한쪽이 뻐근해지는 듯한 감각을 느꼈다. 아마도 환희에 가까운 감정이었을 테고, 따라서 몰입의 강도도 높았다. 지금의 나는 그것을 (원초적 형태의) 미美의식으로 규정한다. 미의 대상은 말할 것도 없이 전쟁이었다. 그리고 군인은 그러한 미를 현실에 구현해낼 수 있는 직업이라는 점에서 의미가 있었다.

앞의 이미지들에서 확인할 수 있듯이, 내 상상 속 군인은 죽음을 향해 다가가면 갈수록 생명력이 강해지는 존재였다. 죽음은 결코 비극이 아니었다. 설령 죽더라도 영령으로 부활했고, 절단된 팔다리는 눈에 보이지 않는 '투지'의 신경계로 재생되고 연결되었다. 시간의 흐름조차도 무의미했다. 군인의 영혼은 역사 속 수많은 전쟁영웅과 링크되어 있었으므로, 과거·현재·미래를 끊임없이 오가며 전투에 참가할 수도 있었다.

이러한 미의식과 호전성은 군인이 된 이후에도 어느 정도 시점까지는 내 안에 남아 있었다. 만약 앞에서 거론한 (또 뒤의 장에서 이어 거론할) 군 내의 여러 부조리를 경험하지 않았더라면, 그래서 실망과 분노를 느끼지 않았더라면, 여러 가지 병마가 나를 괴롭히지 않았더라면, 나의 폭력성을 '눈물'로써 꾸짖어준 부하들이 없었더라면 어쩌면 지금까지도 나는 군의 폭압 체계에 열심히 부역하고 있었을지 모른다. 혹은 '국가', '희생'이라는 두 단어에 이성을 잃어버리는 '극우 파시스트'가 되었을 수도 있다.

나의 성숙은 왜 이렇게 늦어지고 말았을까. 나는 이 점이 정말이지 부끄럽다. 하루라도 더 빨리 평화로 '전향'했더라면 내 주변 사람들(특히 부하들)을 두려움에 떨게 하고 상처 입혔을 시간도 그만큼 줄었을 텐데 말이다. 하지만 한편으로는 이런 생각도 든다. 그만큼 오랜 시간이 걸렸을 정도로 내 '전쟁놀이적' 세계관이 강력했던가 하는….

무엇이 어린 나를 전쟁과 폭력의 세계로 끌어들였던 것일까. 또 어린 나는 무엇에 '세뇌'되고 말았던 걸까. 군담소설? 전쟁 드라마, 영화, 게임? 영향이 아예 없진 않았을 것이다. 그러나 본질은 아니리라 본다. 변명처럼 들릴지도 모르겠지만 나는 '최우현'이라는 어린이의 독특한 취향만을 탓할 생각이 없다. 자그마치 '죽음'을 매개로 삼는 미의식이, 그 호전성이, 단지 어린아이의 납작한 취향만으로 구축되었을 것이라고 생각하기도 어렵지 않은가.

육탄과 산화: '전쟁신학'의 음험한 부산물

『이기적 유전자』의 저자로 유명한 리처드 도킨스는 자신의 또 다른 저서 『만들어진 신』에서 종교적 광신과 전쟁의 열정을 한데 묶어 비판하는 모험을 감행한다. 신의 이름으로 복종을 강요하는 종교와, 전쟁을 등에 업고 애국을 외치는 국가야말로 인간의 자유를 억압하는 '무적의 팀'이라는 것이다. 도킨스는 이 둘이 (신도/국민들의) 자기희생을 최고의 미덕이자 가치로 떠받들면서도 한편으론 그러한 희생을 선동하기 위해 비과학적 근거와 서사를 동원한다는 사실에 착안했다. 그의 경고를 들어보자.

> 의문을 품지 않는 신앙이 미덕이라고 아이들에게 가르치는 것은 아이들을 미래의 성전이나 십자군 전쟁을 위한 치명적인 무기로 자라도록 준비시키는 것이다. 순교자의 낙원을 약속받고 두려움이 없어지면, 그 진정한 신앙의 집약체 즉, '인간폭탄'은 긴 활, 군마, 탱크, 집속폭탄과 함께 무기의 역사에서 높은 자리를 차지할 만하다.[1]

여기서 도킨스가 거론하는 '신앙'은 일차적으로는 종교적 믿음을 가리키는 단어이지만, 특정 대상에 대한 '의문 없는 복종' 그 자체를 뜻한다고 봐도 크게 무리는 없을 듯하다. 도킨스는 이 책에서 앨프리드 테니슨의 시 「경기병 여단의 돌격」을 인용함으로써 자신이 비판하고자 하는 신앙의 진짜 의미를 독자들에게 설명한다. 그 시의 마지막은 다음과 같이 마무리된다. "그들은 항의하지 않았다/ 그들은 이유를 묻지 않았다/ 그들은 오직 명령대로 나아가 죽었다/ 죽음의 계곡으로/ 600명은 달려갔다."

신앙의 대상은 신이 될 수도 조국이 될 수도, 아니면

그 둘이 혼재된 무엇이 될 수도 있다. 본질은 '의문 없는 복종'이 일방적으로 강요되고 있는가 여부에 있다. 그리고 그 복종의 체현 과정에서 누군가의 희생(죽음)을 요구하고 있다면, 나아가 그 희생이 오직 아름답게만 꾸며지고 있다면 우리는 그 즉시 우리의 '신앙'을 의심해봐야 한다. '인간폭탄'이 그 단적인 예다(이 지점에서 도킨스는 일본의 '자살 특공대'를 슬며시 거론하기도 한다).

어린이 최우현에게도 신앙이 있었다. '녀석'은 "왜 군인이 되고 싶으냐?"는 어른들의 물음에 한결같이 "목숨 바쳐 나라를 지키려고"라고 대답했다. 이 신앙은 아마도 진짜였을 것이다. 실제로 녀석은 사관후보생 면접 때 '나라를 위해 목숨 바칠 기회'에 대해 웅변함으로써 높은 점수를 받았다. 만약 도킨스라면 녀석을 어떻게 평가했을까. 일단 기함했을 것 같다. 하지만 곧 극도로 시니컬한 표정을 지으면서 이렇게 빈정거렸을 듯하다. "어리석고 불쌍한 소년 같으니…. 전쟁은 내 전공이 아니라 선뜻 말하긴 그렇지만, 아무래도 네 뇌는 '전쟁신학'[2]에 절여진 것으로 보이는구나."

아닌 게 아니라 녀석의 전쟁관, 또 거기에 잠재된 미의식의 정수는 가히 '신학'이라 부르기에 손색이 없을 만큼 확고했다. 그 증거로 녀석은 '육탄'肉彈과 '산화'散華라는 단어를 무척이나 애호했다. 전사자를 기리는 의례나 행사, 전쟁사 서적에서 거의 빠짐없이 등장하는 이 전쟁의 언어들은 보통 '장렬한'이라는 형용사로 수식되는 경향이 있다.

먼저 '육탄'은 한자 뜻 그대로 사람의 몸이 총포탄의 역할을 대신하는 상태를 가리킨다(맞다, 인간폭탄이다). 이 단어에 신학적 뉘앙스가 반영되기 시작한 시점은 1931년 일본제국이 일으킨 상하이 사변 당시였을 것으로 추정된다. 이 전쟁을 기점으로 '신분이 낮은' 인간폭탄들에게도 신격神格이, 그러니까 군신軍神이라는 품격 있는 칭호를 부여하는 논의가 본격화되었기 때문이다.[3]

'산화'는 '육탄'에 비해 신학적 색채가 한층 더 짙다. 군인이 맞이하는 최후의 순간(죽음)을 꾸며내는 표현이기에 그렇다. 일본의 인류학자 오오누키 에미코에 따르면 본래 산화는 사개법요四箇法要라는 불교 법의로부터 유래한 개념으로 구체적으로는 '꽃을 뿌리며 부처를 공양'하는 행위를 가리켰다.[4] 이러한 산화의 용례를 전쟁 속으로 끌어들인 것 또한 (육탄과 마찬가지로) 일본제국이었다. 그들은 산화라는 단어의 심상을 일본적 아름다움의 상징인 벚꽃이 떨어지는 모습으로 대체했고, 그 위에 죽은 군인들의 이미지를 덧대었다. 그 결과 산화는 애국적 죽음의 아름다운 승화를 상징함과 동시에 죽은 군인들이 벚꽃으로 '부활'했다는 종교적 서사까지 품은 단어로 거듭났다. 대략 이런 식으로 말이다.

> 말레이반도에 벚나무는 없지만 산산이 흩어진 용사의 호국의 핏줄기 머지않아 열매가 되어 꽃이 되어아 참으로 꽃이 된다.[5]

 누군가는 전쟁신학이, 이런 종류의 미의식이 대체 뭐가 나쁘냐고 물을 수도 있겠다. 그러나 문제가 있다. 도킨스가 피를 토하듯 강조했듯이 "의문을 품지 않는 신앙"에는 부조리한 희생을 정당화하려는 음모가 기생하기 마련이다. 그런 희생의 서사를 녀석과 같은 인간폭탄 '꿈나무'들이 미의식의 성채 위에서 '시청'하고 있다고 상상해보라(또 녀석의 가슴을 뻐근하게 했던 전쟁의 이미지들을 떠올려보라). 그렇게 자라난 녀석들이 결국 인간폭탄 혹은 그와 유사한 무엇이 되어 이 사회에서 활약하거나, 자식 세대를 새로운 인간폭탄으로 준비시키는 어른이 된다. 이미 그런 징후가 나타나고 있다. 2022년 미국의 극단주의 세력 분석 기관인 '사이트 인텔리전스 그룹'SITE Intelligence Group은 러시아-우크라이나 전쟁이 발발한 직후 호전주의자들의 활동이 전 세계적으로 급증하고 있다고 분석했다.[6] 이런 움직임이 퇴행적으로 확산하게 되면 한국에서도 젊은이들에게 사전私戰[7]을 권유하는 위험한 손짓들이 조직화될 우려가 있다.

다시 처음의 질문으로 돌아오도록 하자. 녀석은 대체 어디서, 누구에게 그러한 신앙을 전수받아 인간폭탄 '꿈나무'로 길러졌던 걸까. 재차 말하지만 유아·청소년에 불과했을 녀석이 이 같은 전쟁신학의 교리를 어떤 지식의 형태로 알고 있었을 리는 없다. 일본의 군국주의에 대해서도 무지한 상태였다. 내가 거기에 대한 연구를 시작한 건 최근의 일이다.

사실 답은 명징하다. 녀석의 전쟁신학, 그 종주는 아마도 '대한민국'이었을 것이다(물론 그 교리의 상당 부분은 일본 군국주의 전쟁신학의 반죽 위에서 만들어졌겠지만). 이를테면 우리 한국의 전쟁서사에도 죽은 군인이 '한 떨기 무궁화꽃'으로 피어난다는 수사가 존재하지 않던가.[8] 우리 한국의 전쟁서사에도 일본의 '가미카제'神風 못지않은 인간폭탄의 사례를 얼마든지 찾아볼 수 있지 않은가. 전쟁영웅들의 넋이 어느 낙원에서 편안히 쉬고 있으리라는, 혹은 우리를 지켜주고 있을 거라는 믿음은 우리에게도 너무나 당연한 상상 아니던가.

특히 '육탄과 산화' 서사에 대해서는 좀 더 구체적이고 제대로 된 의문을 품어보려는 시도가 필요할 것이다. 2019년

아베 신조 일본 총리는 가미카제 특공대의 무모함에 관해 묻는 트럼프 미국 대통령에게 이렇게 답했다. "그들은 단지 조국을 사랑했을 뿐." 지금 우리 앞에 강요되고 있는 육탄·산화의 주류 서사도 저와 별반 다르지 않으리라 본다. 이에 한국의 '인간폭탄'에 대한 좀 더 구체적인 논의를 다음 이야기에서 이어나가고자 한다.

한국군 '인간폭탄'에 관한
세 가지 질문

Q1. 한국군은 왜 인간폭탄을 '제작'했는가?

한국의 인간폭탄들은 1950년 한국전쟁 당시 북한군 전차(탱크)를 막아내기 위한 목적으로 '다량' '제작'되었다. 전쟁 초기 한국군은 북한군 전차를 막아낼 무기와 전술을 거의 갖추지 못하고 있었다. 전차의 외피는 한국군이 그나마 보유하고 있던 2.36인치 바주카 포탄마저 '탁구공'처럼 튕겨내버릴 만큼 단단했으며,[1] 그 화력은 참호의 방어기능을 종종 무력화할 정도로 위력적이었다. 특히 전차라는 병기를 난생처음 마주하게 된 병사들의 충격은 상당했다. 이른바 '전차공포증'이라는, 병증 아닌 병증이 한국전쟁 초기에 유행했던 이유다.

한국군 지휘부는 무기·전술의 부재보다 병사들의 전차공포증을 더 큰 문제로 여겼던 듯하다. 그 가운데서도 과거 일본제국군에서 활약한 경력이 있던 몇몇 고위 장교들은 '정신력만 있으면 비행기도 추락시킬 수 있다'[2]는 식의 '기형적' 투지를 병사들에게 주입해야 한다고 생각했다. 실제로 이런 지침이 하달되기도 했다. "전차공포증을 없애기 위해 고급 장교로 대전차 육탄공격반을 편성하여 시범을 보인다."[3]

당시 가깝게 참고할 만한 '대전차 육탄공격'의 선례는 제2차 세계대전 때 일본과 소련 사이에서 벌어진 전투—대표적으로 1939년의 할힌골 전투를 들 수 있겠다—에서 어렵지 않게 찾을 수 있었다. 이를테면 지뢰 따위를 안고 전차 캐터필러 아래로 돌입하는, 사실상의 자폭전술 말이다. 1945년 일제에 강제동원되어 관동군으로 복무했던 '조선인' 이규철 씨의 회고를 들어보자.

> 새벽 일찍 건빵으로 배를 채우고 전차 격파 자폭대 훈련이 시작되었다. 길이 2미터가량의 장대 끝에 원반 크기의 폭탄을 장치하고 그것을 들고 숲속에서 숨어 있다가 적의 전차에 뛰어들어 슬라이딩하는 식으로 전차 캐터필러 밑에 이것을 밀어 넣어 전차를 폭파하는 일본 사무라이 전술이었다. 그다음은 작은 귤만 한 급조폭뢰를 안고 전차를 파괴하는 훈련이다. 즉 급조폭뢰의 안전핀과 군복 가슴 단추를 짧은 끈으

로 연결시켜 이것을 양손으로 껴안고 1인용 참호 속에 숨어 있다가 접근하는 적의 전차에 뛰어들어 전차 캐터필러 밑으로 이것을 밀어 넣는 것이다. 그 순간 안전핀이 빠지는 동시에 급조폭뢰가 폭발한다.[4]

한국군 장교들이 지침에 따라 '시범'을 보였다는 대전차 육탄전술이 이규철 씨가 받은 훈련과 유사했는지는 더 확인이 필요할 듯싶다. 다만 전쟁 초기 곳곳에서 전차를 파괴하기 위한 특공대가 조직되었다는 사실만은 분명하다. 특히 백선엽 장군(이하 백선엽)의 제1사단은 상당한 규모의 육탄특공대를 편성했던 것으로 파악된다. 미국의 전쟁사학자 존 톨랜드의 『6·25전쟁』 등에 따르면 전쟁 초기 임진강 방어선에서 대전차 특공작전으로 희생된 백선엽 휘하의 병사들은 최소 90명에 달한다.[5] 그야말로 "기괴한 장렬함"(볼프 슈나이더)이라고밖에 표현할 수 없는 광경이었을 게다. 보병은 박격포탄, 수류탄, 화염병 따위를 들고, 공병은 대전차지뢰의 도화선을 몸에 감은 채 북한군 전차를 향해 달려가고 있었을 테니 말이다.

Q2. 특공대 지원이 강요되었을 가능성은 없는가?

한국전쟁 초기 미 군사고문단으로 활약했던 리처드 크로

포드 소령은 다음과 같이 증언했다.

> 한국군에게 "더 좋은 생각"이 떠올랐다. 우리도 모르게 그들은 병사의 허리춤에 묶을 수 있도록 고안된 장약을 준비하여 일종의 "육탄분대"를 결성했다. 이 육탄 돌격대원은 적 탱크 측면으로 접근하여 2초짜리 도화선에 불을 붙이고 아마 탱크의 기능을 마비시킨 다음 여지없이 그들의 생명을 바치게끔 되어 있었다. 나는 이런 방법으로 몇 대의 적 탱크가 못 쓰게 됐는지는 모르겠으나 처음 4, 5일간은 이 "육탄돌격대"의 요원이 많이 모자라게 되었다. 한국군 공병감이 나에게 말하기를 추가적인 지원자 획득에 곤란을 겪고 있다고 했다.[6]

크로포드의 증언에서 당시 한국군이 차용했던 육탄전술이 과거 일본군의 '대전차 자폭대' 전술과 쌍둥이처럼 닮았다는 사실을 확인해볼 수 있다. 다만 크로포드는 이 전술이 병사들의 아까운 생명을 여지없이 소모시킨다는 측면에서, 또 그 효과가 불분명하다는 측면에서 다소 회의적인 소견을 표하고 있는 것으로 보인다(그래서인지 모르겠지만 그가 한국군의 육탄전술을 큰따옴표까지 붙여가며 "더 좋은 생각"이라고 표현한 것은 은근한 조롱처럼 읽히기도 한다).

한국군 공병감이 크로포드에게 지원자를 모집하는 일의 어려움을 호소했다는 정황은 눈여겨볼 만하다. 이는 육탄특공대가 병사들의 순수한 자발성에 기반해 만들어진 조직이 아닌, 어떻게든 모자란 인원을 채워 넣도록 기획·지시된 조직이었다는 의구심을 뒷받침한다. 죽음을 강요하는 무언의 압력이 병사들에게 가해졌을 가능성이 있다는 말이다.

실제로 육탄특공대에 관한 참전군인들의 증언에서는, 증언자의 계급과 지위의 고하에 따라 그 평가가 묘하게 엇갈리는 경향이 있다. 아래의 자료들을 살펴보도록 하자. ①은 백선엽의 회고록, ②와 ③은 특공대에 참여했던 군인들의 증언이며, ④는 국방부 산하 군사편찬연구소의 『6·25전쟁사』(제10권)에 실린 설명이다.

> ① 전선에서는 계속 전투가 벌어졌다. (…) 1사단에는 전쟁 전인 1949년 개성 송악산을 침공해온 적을 물리치기 위해 포탄을 끌어안고 적의 토치카를 부순 뒤 장렬하게 산화했던 용사들의 숨결이 살아 있었다. 그 때문인지 주저항선의 우리 부대원들이 적의 탱크를 저지하기 위해 육탄 돌격을 시도했다는 보고가 속속 들어오고 있었다. (…) 부대원들은 지뢰와 수류탄,

TNT 등을 몸에 안고 적의 탱크로 뛰어들었다.[7]

② 우리가 본 국군의 큰 장비래야 한남동 기갑연대에 있는 장갑차와 직사포인가 하는 것뿐인데 탱크를 본 일도 없는데 특공대를 조직하느냐고 했더니 (…) 어떻게 파괴합니까? 하니 대두병에 모래와 휘발유를 넣고 라이터 하나씩 주면서 탱크가 오면 그 위에 올라가서 적 탱크병이 뚜껑을 열 때 병에 불을 붙여서 그 안에 집어넣으라고 했다. 6월 26일 저녁 때 탱크가 나타나 서 있는데 우리 특공대 중에 5명이 탱크 위로 올라가고 나는 바로 그 밑에서 보고 있었는데 탱크 뚜껑이 열리더니 바로 닫혀버리고는 탱크 포신을 빙빙 돌리니까 화염병을 탱크 속에 넣을 준비를 하던 탱크 위의 특공병 5명이 모두 떨어져 전사해 버렸다. 나를 포함한 나머지 특공대들은 모두 놀라서 그냥 도망치고 말았다.[8]

③ '계란으로 바위치기'라는 얘기다. 정신력의 한계를 나타낸 것. 탱크 앞에서 소총병이 겁먹는 것은 당연하다. 그러나 수류탄과 화염병으로 탱크에 대응하는 등 포기하지 않고 방법을 찾는 자에게는 방법이 있기 마련이지만 이 또한 엄청난 차이가 있으면 한계가 있

다. 중요한 것은 장비와 정신력이 조화가 되어야 하며 국가는 이를 책임져야 한다. 아무 대책 없이 정신력만 강조하며 충성스러운 군인에게 희생만 강요하는 일은 다시는 없어야 할 것이다.[9]

④ 제3대대가 수차에 걸친 역습에도 불구하고 정상 탈환을 못하자 새로운 전기를 마련해야 한다고 판단한 연대장은 제2대대와 제3대대의 각 중대에서 특공대를 선발하여 수류탄 돌격을 가하라는 강경한 지시를 내렸다. 이에 따라 5개 중대에서 각각 10명씩 자진 지원 형식으로 특공대원을 선발하여 5개 분대로 구성된 특공소대가 편성되었고(…)[10]

①의 백선엽은 본인이 인간폭탄들을 '제작'하고 사지死地로 몰아넣은 최고지휘관이었음에도 불구하고 지극히 제3자의 시선으로 당시의 상황을 추억해내고 있다. 미안함을 표현하거나 후회하는 태도는 보이지 않는다. 오히려 이야기꾼인가 싶을 정도로 미학적인 관점에서 병사들의 자발성을 치하하고 있을 따름이다.

이에 반해 ②, ③처럼 특공대에 참여했다가 극적으로 생환한 군인들은 자신들이 사실상 '자살' 임무를 부여받았으며 지원을 '권유'한 윗선이 존재한다는 점을 강조했다.

나아가 육탄전술의 어처구니없는 조악함(②)과 무분별한 희생 강요 풍조에 대한 비판의식(③)까지 적나라하게 드러내고 있다. ④는 엄밀히 말해 '전차'를 상대로 한 특공대에 관한 설명은 아니지만, '자발적으로 지원'했다는 병사들의 의사결정 과정이 왜곡되었을(권유/권고/강요→지원→자발적 선택) 여지가 있었음을 인정하고 있다. 특히 "강경한 지시"에 따라 "자진 지원 형식으로 선발"했다는 정황은 노골적이기까지 하다.

Q3. 주로 어떤 군인들이 희생되었는가?

이 역시 정확한 통계는 알 수 없다. 다만 위계에 충실한 군의 구조적 특성을 감안할 때 주로 낮은 계급의 군인들이 인간폭탄으로 '제작', '희생'되었을 것이라는 추정은 가능하다. 전시 군인들 가운데서도 가장 취약했던—육체적·정신적·사회적 권력의 말단에 위치한—존재는 누구였을까? 아마도 아동-군인, 다시 말해 '소년병'이었으리라 본다(국방부 군사편찬연구소 『6·25전쟁 소년병 연구』에 따르면 소년병은 "전쟁이 발발한 이후 군번을 부여받은 정규군으로서 그 학적 소유를 불문하고 만 17세 이하의 나이에 조국 수호를 위해 전후방에서 근무하고 일정 기간의 복무 완수로 인해 제대한 자"를 가리킨다. 즉 소년병은 정규 군인에 해당한다는 점에서 우리가 흔히 알고 있는 '학도의용군'(학도병)과는 약간의 차이가 있다. 소년병은 학생의 신분을 갖지 못한 채로 징집·모집되었기 때문에 '학도의용군 해산 명령'(1951. 2. 28)에 따른 귀향의 대상이 되지 못했고 종전 시까지 오랜 기간을 전선에 머물러야 했다[11]).

한국전쟁에만 약 3만 명의 소년병이 참전했다고 알려져 있다. 소년병을 '아동'이라고 칭하는 것은 비약이 아니다. 그들의 연령은 적게는 13세, 많아야 17세에 불과했으며 이는 당시 국내법령을 기준으로도 '아동'으로 분류되던 나이였다. 그러나 그들 역시 인간폭탄의 '재료'였던 걸로 보인다. 국방부 군사편찬연구소가 발간한 『6·25전쟁사』는 낙동강 전선에서 '병역의무가 없는 나이 어린 소년지원병이 최전선 수색중대 및 특공대 요원으로 편성되었다'라고 쓰고 있다.[12]

소년병의 참전을 단순히 애국주의적 관점으로만 해석해선 곤란하다. 그들이 애국적이지 않았다고 주장하려는 것이 아니다. 생물학적으로 '어리다'는 사실은 어떤 약점을 가지는가? 진화생물학자 리처드 도킨스는 어린아이의 뇌가 어른의 말을 무조건적으로 따르도록 (자연선택에 의해) 진화해왔다고 주장한다. 그러나 이러한 진화는 원시사회에서라면 몰라도, 현대사회에서는 치명적인 약점일 수밖에 없다. 나쁜 어른들의 거짓말이나 잘못된 명령마저도 의

심 없이 수용하는 부작용이 발생할 수 있기 때문이다.[13]

소년병의 뇌라고 크게 달랐을까. 참고로 도킨스는 어린아이의 기준이 되는 법적 나이를 특정하지 않았다. 아마도 그러면 '이 소년병은 법적 아동으로 분류되지 않으므로 아무런 윤리적 문제가 없다'고 말하지 않았을 게 분명하다. 진실은 그들이 군인이 되기엔 확실히 어린 나이였고, 나쁜 '어른-군인'들로부터 더 오래 살 권리와 기회를 강제로 박탈당했다는 것이다. 한 소년병의 이야기를 들어보자.

> 어리니깐 죽음에 대한 공포가 적었습니다. 또 결혼을 하고 20대 중후반의 사람들은 죽음에 대한 공포심을 느끼는데 우리는 아직 그런 나이가 안 되었습니다. 소년병은 평균 요새 중학교 3학년 또래입니다. (…) (왜 소년병의 희생이 컸느냐는 질문에 대해) (…) 죽음과 삶에 대한 것, 즉 전쟁에 대한 것을 모르니깐 돌격하라고 하면 했던 겁니다. 이것이 가면 죽는다라는 의식이 있었다면 안 갔을 겁니다.[14]

소년병은 죽음을 몰랐다. 죽음에 관한 한 거의 무지의 상태였다고 해도 무리는 없을 것이다. 이 소년병은 죽음을 몰랐기에 죽음을 향해 달려나갈 수 있었다. 그랬으니 어른-군인들에게 소년병의 '모름', '침묵'은 얼마나 이용하기

3장. 폭력적 망상의 그늘

좋은 약점으로 보였을까? 그들은 이런 약점을 놓치지 않고 파고들어 숭고하고, 자발적인, 희생서사를 만들어내고야 말았다(죽음을 불사하고, 초개와 같이 몸을 던졌다 혹은 버렸다…). 반면 죽음의 공포에 대해 이야기하는 어린 원혼의 절규는 장군들의 점잖은 회고록 더미 속에 파묻혀 천천히 사장되어갈 뿐이다. 이 소년병도 노인이 되어서야 고백하지 않았던가. "죽는다라는 의식이 있었다면 안 갔을 겁니다"라고. 그렇다면 백선엽은 뭐라고 말했을까.

> 아침 전투에서 지난밤에 보충된 신병의 80~90퍼센트가 사라지는 게 보통이었다. 그러나 내가 있던 사단, 그리고 그 예하의 각 연대에서는 사정없이 '고지탈환'의 명령을 내려보낼 수밖에 없었다. 득달같이 진지로 날아오는 공격명령을 받아들고 그들은 싸움터로 향했다. 그들은 아무 말 없이 그 명령을 따랐다. (…) 학도병들의 경우도 마찬가지다. 이들은 아주 짧은 훈련을 받은 뒤 바로 전선으로 올라갔다. 참혹한 전쟁의 현장을 보면서 무척이나 겁이 났을 것이다. 나는 사단장으로서 그들을 현장에서 지켜볼 기회는 없었다. 순수한 감성에 젖어 있던 나이 어린 학도병들은 그 현장에서 무엇을 보고 느꼈을까.[15]

백선엽의 말대로 병사들은[16] "아무 말 없이 명령을 따랐"을 것이다. 그러나 여기서도 백선엽이 이야기하는 '아무 말 없음'과 앞의 소년병이 증언하는 침묵—"모르니깐 돌격하라고 하면 했던"—은 그 의미가 명백하게 다르다. 오히려 완벽하게 대립한다고 볼 수 있다. 백선엽은 절대복종과 '애국심'에 기반한 침묵을, 소년병은 '모름'에 기반한 침묵을 주장하고 있기 때문이다.

　게다가 백선엽은 병사들의 이러한 '모름'을 해소해줄 만한 최소한의 조치도 취하지 않았던 것으로 보인다. 이어지는 회고에 따르면, 백선엽 휘하의 나이 어린 신병들은 '고문관'이라 불릴 정도로 자신을 보호하는 방법을 배우지 못한 상태였다. 그러나 이 '고문관'들은 불과 3~4시간의 훈련만 받은 뒤 동이 트자마자 전투에 앞장세워졌다. 그래서 "아침 전투에서 (…) 신병의 80~90퍼센트가 사라지는 게 보통이었다." 그랬음에도 어린 병사들의 죽음은 장군 백선엽에게 별다른 '감흥'을 주지 못했던 것 같다. 그는 어린 병사들이 '무척이나 겁이 났을 것'임을 알았으면서도 정작 그들의 최후에는 관심조차 두지 않았다. 그저 그 특유의 미학적 말투로 어린 죽음들을 뭉갰을 따름이다. ("나는 사단장으로서 그들을 현장에서 지켜볼 기회는 없었다. 순수한 감성에 젖어 있던 나이 어린 학도병들은 그 현장에서 무엇을 보고 느꼈을까.")

도킨스의 날카로운 일갈은 바로 이런 어른-군인들을 향해 쏟아져야 마땅하다. 소년병이, 아니 인간폭탄이 되어야만 했던 군인이 "모든 사실들을 알았다면 자발적으로 희생되려 하지 않았을 것이라고 가정할 만한 이유가 충분하다."[17]

'자발적 죽음'이라는 레토릭

우리는 이런 주장에 지나치게 익숙하다.

'모든' 군인이 육탄공격에 자발적으로 지원·참여했다.
'모든' 군인이 죽음을 두려워하지 않았다.
'모든' 군인이 기꺼운 마음으로 목숨을 바쳤다.

그러나 '모든'은 진실이 아닐 거라고 나는 감히 생각한다. 설령 어떤 군인이 육탄공격에 지원했다는 문서상의 기록이 존재한다 하더라도, 그 죽음의 자발성이 완벽하게 증명되었다고 단정할 순 없기 때문이다. 기록은, 그가 폭탄을 몸에 안고 적진으로 돌진하기 '직전'까지의 자발성만을 증명해줄 수 있을 따름이다. 그렇게 돌진한 '이후'는 기록의 영역이 아니다. 그가 마지막 순간—숨이 끊어지는—에 느꼈을 감정을 우리는 영원히 알 수 없다.

우리는 이런 변명에 지나치게 익숙하다.

> 그것(인간폭탄) 외에 다른 대안은 없었다.
> 당시로선 가장 효과적인 전술이었다.
> 그 소중한 희생들이 전쟁의 판도를 바꾸었다.

예상컨대 인간폭탄의 '제작자'들이 이런 식으로 둘러댈 것이다. 또 다음과 같이 변용하리라 본다. '인간폭탄을 제작하지 않았더라면=그렇게라도 강제하지 않았더라면=대한민국은=공산화.' 그러나 우리는 이미 잘 알고 있지 않은가. "대안이 없었다"와 "~수밖에 없었다"는 약자들의 항의를 무화無化하는 무적의 답이라는 것을. 참고로 이 답변들은 사회적 참사가 일어나거나 국가폭력이 자행된 현장에서도 종종 들려온다. 그런데 정말 인간폭탄 외의 다른 대안이 없었을까.

> 당시 국군의 대전차포가 전차에 대해 전혀 무력한 것은 아니었다. 상대를 파괴하지는 못했지만 잘 활용하면 진격을 저지할 수는 있었다. 포병을 활용해 전차를 파괴할 수도 있었다. 1사단은 도합 11대의 적 전차를 파괴했다. 그러나 불행히도 상당수 지휘관과 병사들이 이 점을 터득하지 못하고 있었다.[18]

놀랍게도 백선엽의 회고다. 그도 대안을 알고 있었던 것이다. 물론 여기서도 그는 인간폭탄으로 희생된 병사들의 비극을 슬퍼하기보다, 전차를 더 많이 파괴하지 못한 아쉬움을 '불행히도'라는 단서를 통해 표한다. 인간폭탄으로 희생된 군인들을 향한 사과는 역시나 보이지 않는다.

그래서 나는 주장하고 싶은 것이다.

'일부' 군인은 강요에 의해 육탄공격에 지원·참여했다.
'일부' 군인은 심각한 공황상태에 빠져 있었다.
'일부' 군인은 죽는 순간 처절한 후회의 눈물을 흘렸다.

또 대변하고 싶은 것이다. 약한 수준의 자발성을 가졌던 군인들을. 정신적으로 취약해진 상태에서 지원해버린 군인들을. 현장의 분위기에 떠밀리거나 위계적 압력에 못 이겨 '손을 들어버리고야 만' 군인들을. 나는 이 '일부' 군인들이 당신네가 주장하는 만큼 자발적이지 않았을 거라고, 또 지독한 후회와 고통 속에 죽어갔을 거라고 확신한다.

상상해보라. 그들의 무덤 앞에서 군악 나팔을 불어대며 '기꺼이' '자발적으로' '앞다퉈' '초개와 같이' '산화했다'라고 소리 지르는 광경을(국가가 그 '일부'의 죽음에 대해 사과나 유감 표명, 반성을 한 적이 있었던가). 그리고 그렇게 조장된 '장렬함'이 인간폭탄들의 안식에 얼마나 도움을 줄 수 있었을까. 그런 악다구니보다는, 자신의 억울함을 길어 올려줄 따뜻한 질문들을 기다리고 있지 않았을까?

군인이 된 호전주의자

전범의 무사도

마부치 마사아키滿淵正明라는 군인이 있었다. 태평양전쟁 당시 일본 육군 중위로 복무했으며 전쟁이 끝난 후에는 포로 살해, 시신 훼손 등의 잔학행위를 주도한 혐의로 전범재판에 기소됐다. 그가 죽였다는—정확히는 죽이라고 명령했다는—포로는 미국 제504폭격단 소속의 엠리Darwin T. Emry 소위. 두 군인의 비극적 접점은 도쿄 공습이 이루어지던 1945년 5월 26일 새벽, 엠리가 탑승한 B-29 폭격기가 지바현 인근 논바닥으로 추락하면서 발생하게 된다.

추락 당시의 충격으로 비상탈출에 실패한 승무원 대부분이 사망하고, 간신히 살아남은 엠리와 그의 동료 1명이 마부치 부대에 붙잡힌다. 둘 다 심각한 부상을 입고 있었다. 하지만 제대로 된 치료가 제공되지 않으면서 상태가 나빴던 동료는 곧 숨을 거둔다. 엠리는 새벽 내내 방치됐다. 마부치가 엠리에 대한 처우를 결정한 건 날이 밝아서였다. 그는 자신의 부하인 사카노 조장을 불러들여 이렇게 명령한다. "편하게 해줘."[1]

마침 부대 주변은 지난밤의 소란을 확인하기 위해 모여든 100여 명의 마을 주민들로 붐비고 있었다. 엠리를 '편하게' 해주라는 마부치의 명령을 받은 병사들은 기력이 다해 누워 있는 엠리를 강제로 일으켜 세우고 대나무에 묶었다. 그 뒤에는 사카노 조장이 칼을 뽑아들고 서 있었다. 그가 그대로 엠리의 목덜미를 내려침으로써 마부치의 명령은 실행됐다. 엠리는 그렇게 '편해졌다.' 다만 엄밀히 말해 '편해'질 수 있었던 건 엠리의 목뿐이었다. 잘려나가고 남은 그의 몸통은 전혀 편해지지 못했다. 엠리의 몸통은 병사들의 총검 찌르기刺突 능력을 향상시키기 위한 훈련용 더미dummy로 쓰였다.

시간이 흘러 1946년 4월, 일본과의 전쟁에서 승리한 연합군은 마부치를 체포해 요코하마 전범 재판정에 세운다.[2] 이 재판에서 마부치는 엠리를 참수한 혐의를 순순히 게 인정한다. 다만 그것이 '잔학한 전쟁범죄'에 해당한다는 검사의 추궁에 대해서는 강하게 반발했다. 오히려 마부치는 자신이 무사의 인정武士の情け을 발휘해 엠리의 "안락

사"를 도왔다고 주장했다. 당시 엠리의 부상이 회복하기 힘든 지경이었기에 단칼에 목을 베어 고통을 덜어주었다는 취지였다.

마부치의 변호인단 역시 이 사건을 전쟁범죄로 보기보다, 마부치의 무사로서의 '정체성'을 고려하여 의도를 따져봐야 한다고 주장했다. 그들은 일본 무사도의 '가이샤쿠'介錯(할복하여 사경을 헤매는 무사의 목을 쳐 즉사시킴으로써 고통을 끝내주는 행위) 전통에 관해 거의 강의에 가까운 변론을 펼쳐나간다. 이른바 '무사도 재판'의 시작이었다.

그러나 검사 측도 물러서지 않았다. 검사들은 마부치가 의사표현이 불가능할 만큼 부상이 심각한 엠리를 결박해 100여 명에 달하는 구경꾼 앞에서 희롱하듯 죽였다는 사실과, 참수한 뒤에도 시체를 매장하지 않고 찌르기 훈련의 재료로 활용한 사실을 강조했다. 그리고 그러한 행위가 명예를 존중하는 무사도의 덕목에 비추어 보더라도 모순되는 측면이 적지 않다고 반박했다.

아울러 검사 측은 참수 당시 엠리의 부상 정도가 죽음이 확실시되는 절망적 상태가 아닌, 치료만 하면 생존할 여지가 있었다고 인정한 군 의료관계자들의 증언도 확보했다. 이는 엠리의 참수가 '무사의 인정'이었다는 피고 측의 논리를 궁색하게 만들 유효한 증거가 될 수 있었다. 이후 연합군 법정은 몇 달에 걸친 공판을 통해 마부치에게 사형을 선고한다.

물론 마부치는 재판 결과와 무관하게 죽는 순간까지도 무죄를 주장했다. 마부치 나름의 '신념'은 사형이 집행되기 직전에 그가 두 살배기 아들에게 남긴 유서에서도 확인해볼 수 있다. 그중 이 사건과 관련한 내용을 간단하게 추려보면 아래와 같다.

① 참수는 엠리 소위 그 자신으로서도 '다행스러운 일'良かったこと이었을 것이다. ② 나의 행위는 당시 싸우고 있던 국민의 사기를 앙양했다. ③ 부하들이 엠리의 사체에 찌르기 연습을 한 것은 사실이다. 그러나 부하들 또한 군인으로서의 직분에 충실했을 따름이다. ④ 나는 일본인으로서 양심에 거리낄 것이 없다. 설사 판결이 어떻든지 적국敵國의 입장에서 판단한 것일 뿐이다. ⑤ 그러므로 나의 죽음은 '전사'戰死와 마찬가지다.[3]

마부치의 형은 1946년 9월 6일에 집행됐다.

폭력적 망상의 귀결

언젠가 아내 명은에게 마부치에 관한 이야기를 들려주었다. 그녀는 가만히 듣고만 있다가 엠리의 시신이 훼손되었다는 부분에서 손사래를 치며 이렇게 말했다.

"어우, 미친 거 아니야?"

"듣기가 좀 불편하지?"

"막말로, (엠리를) 그냥 모른 척 방치했어도 될 거잖아? 물론 그래서도 안 되지만…. 굳이 잔인하게 그런 짓을 할 것까지 있었냐고."

"잔인하긴 한데, 사실 나는 왜 그랬는지 이해는 할 수 있을 것 같아."

"무슨 소릴 하는 거야. 그걸 왜 이해해?!"

명은은 마부치를 사실상의 광인狂人, 즉 정상성의 범주를 한참이나 벗어난 사람으로 여기는 듯했다. 반면 나는 꼭 그렇지만은 않다는 의견을 '이해'라는 단어로 피력했던 것이고 말이다. 그러나 내가 말한 '이해'는 마부치의 범죄에 공감한다는 의미는 결코 아니었다. 마부치와 비슷한 부류의 군인들이 매혹돼 있는 '폭력적 공상'의 정체를 왠지 알 것만 같아서 그리 표현했을 따름이다.

다만 명은과의 대화 과정에서 이런 의심은 들었다. 어쩌면 사람들은 군인, 그중에서도 '호전주의자'로서의 정체성을 가진 군인이 전시에 얼마나 폭력적으로 변할 수 있는지를 모르는 것이 아닐까? 아니면 안다고 해도 그저 가볍게―오히려 군인은 좀 호전적이어도 괜찮다는 식으로―취급하고 있는 게 아닐까 하는 의심 말이다.

나는 마부치가 바로 그러한 '군인이 된 호전주의자'였을 거라고 짐작한다. 그렇게 가정하지 않고서는 엠리를 살해한 이유와 동기를 설명하기 어렵다는 얘기다. 앞에서 '나'를 사례로 언급했듯이 호전주의자에게 '군인'은 제법 매력적인 직업처럼 비칠 가능성이 높다. 전쟁과 가장 가까이 맞닿아 있는 직업이기에, 전쟁에 대한 자신의 사랑을 현실화해줄 수 있는 거의 유일한 직업이라고 '착각'될 수 있기에 그렇다.

물론 마부치의 마음을 직접 들여다볼 수는 없는 노릇이라 그가 호전주의자였다는 나의 가정을 증명할 방법은 없다. 그저 몇몇 의미 있는 키워드를 중심으로 반半 소설을 쓰는 것이나 마찬가지의 추정을 거듭해보는 일만이 가능할 뿐이다. 이런 식의 접근은 학문적으로도 전혀 의미가 없다. 그러나 어떤 기함할 전쟁범죄가 발생할 때마다 '그냥 미친 사람의 소행이었어' 하고 손사래 치고 넘어갈 바에는, 이렇게라도 폭력의 마음을 상상해보는 편이 나중을 위해 조금 더 생산적이지 않을까 하는 생각이다. 그래서 이런 말도 있다. "상상력을 발휘해서라도 군인의 마음을 읽지 못한다면 전쟁의 마력魔力을 전혀 이해할 수 없다."(제임스 힐먼)

마부치는 전형적인 '후방'의 군인이었다. 당시 일본의

주요 전장戰場은 남태평양과 중국에 있었고, 마부치가 부임해 있던 일본 지바현은—비록 미군의 공습에 노출되긴 했으나—엄밀한 의미에서 '전쟁터'는 분명 아니었다. 그런데 그런 후방의 군인이 왜 굳이 포로를 참수하고 시체에 총검을 찌르면서까지 전쟁터의 살풍경함을 연출하려 했을까? 내 의심은 여기서부터 시작된다.

1945년 5월 26일 새벽은 아마도 마부치의 인생에서 가장 '전쟁다웠던' 순간이었을 것이다. 일본이 두려워하던 최악의 병기 B-29가 마침 공교롭게도 그의 주둔지로 추락해버렸고, 그 안에는 말로만 듣던 '적군'이 부상을 입은 채로 쓰러져 있었다. 후방의 군인으로서는 상상하기 힘든 '실전'의 무대가 바로 눈앞에서 펼쳐지고 있었던 것이다.

실제로 마부치는 엠리를 '전쟁터에서 만난' 적군으로 대했다. 물론 엠리는 적군이 맞지만, 전시국제법에 의해 보호받아야 할 포로였다. 그러나 당시 일본군은 그런 국제규약을 그다지 존중하지 않았다. 일본군에 붙잡힌 미국, 영국, 중국 포로들은 (가혹한 노동은 말할 것도 없고) 학대와 살해의 위협에 수시로 시달렸다. 특히 중국에서는 포로나 민간인을 총검으로 찔러 죽이는, 이른바 시토쓰刺突, しとつ라 일컬어지는 전쟁범죄가 공공연히 자행되었다. 이런 폭력에 대한 선망이 마부치에게도 있었던 것으로 보인다. 마부치가 엠리를 살해하고 농락한 방식 또한 그(시토쓰)와 놀라울 정도로 유사했기 때문이다.

이렇듯 잔혹한 방식의 처형이 일본군의 전장에서 받아들여졌던 이유는 무엇일까. 그리고 마부치는 왜 그것을—선망하는 데 그치지 않고—자신의 공간에서 재연하려 했을까. 참고할 만한 증언이 있다. 중일전쟁 당시(1938) 일본군 제20사단 28기병 연대장으로 참전했던 후지타 시게루藤田茂가 '시토쓰'에 대해 남긴 설명이다.

> 병사를 전장에 익숙해지도록 하기 위해서는 살인이 빠른 방법이다. 즉 담력시험인 것이다. 여기에는 포로를 사용하면 좋다. 4월에는 초년병이 보충될 예정이기 때문에, 가능한 한 빨리 이 기회를 만들어 초년병을 전장에 익숙케 하여 강하게 하지 않으면 안 된다. (…) 여기에 총살보다 '시토쓰'가 효과적이다.[4]

요컨대 '시토쓰'라는 전쟁범죄는, 전쟁터의 군인들을 "폭력 공동체의 성원"으로 묶는 입문의식과도 같은 역할을 했던 셈이다.[5] 적군을 사살했다는 구색을 갖추면서도, 모두가 '살인 공범'이라는 심리적 족쇄를 채우는 효과가 있었을 것으로 추정된다. 마부치 역시 자신의 부대를 폭력의 공동체(내지는 유기체)로 만들어내려 했을 가능성이 있다. 또 그렇게 함으로써 자신의 '폭력적 공상'을 실현할 작은 전쟁터를 만들려 했을지도 모른다. 이를 뒷받침해줄 중요한 키워드 하나가 마부치의 유서에 등장한다. 바로 전사戰死라는 단어다.

마부치는 자신의 죽음에 대해 이렇게 썼다. "그것은 전사와 마찬가지다."それは戰死と同じだ 이는 자신의 죽음에 전사에 준하는 위상을 부여해달라는, 사실상의 '인정요구'라고 볼 수 있을 것이다. 군에서 전사라는 단어가 차지하는 특별한 위상을 고려한다면 이러한 인정요구가 암묵적으로든 표면적으로든 있었다 해도 그리 어색하다고만은 할 수 없다. 동서양을 막론하고 군인에게 전사란 사생관死生觀 그 자체라고 해도 과언이 아닐 만큼 '숭고한 죽음'으로 인식되기 때문이다. 당연히 마부치도 자신의 죽음이 전사로 기록되길 바랐을 가능성이 높다.

물론 엠리 사건 이전의 마부치라면 '전사'를 이토록 당당하게 요구하진 못했을 것이다. 군인의 죽음이 전사로 기록될 수 있는 조건, 즉 '전쟁-전투-죽음'에 대한 체험을 완수하지 못한 상태였기에 그렇다. 그러나 엠리를 살해함으로써, 그리고 무사도 투쟁 끝에 죽음을 맞이함으로써 (그리 완벽하진 않으나마) 전사를 요구할 자격이 갖춰졌다고 마부치는 생각했을 수 있다.

실제로 마부치의 유서에는 엠리가 추락하던 날의 현장

상황과 '무사도'에 입각한 자신의 행동을 정당화하는 내용이 비교적 자세하게 쓰여 있다. 엠리를 죽인 행위가 "싸우고 있는 일본 국민의 사기를 고양하는 결과"를 이끌어냈다며 자화자찬하는 내용도 보인다. 이 역시 마부치 자신이 어엿한 '참전군인'으로서 죽는다는 사실을 확인받으려 했던 게 아닐까 싶은 대목이다.

한편으로는 묘한 열등감이 유서에서 읽히기도 한다. '보통'의 경우라면 전공戰功을 보고하듯 유서를 쓰고 자신의 전사를 인정해달라고 요구하진 않았을 것 같다는 의미다. 마부치의 '이상한' 열등감은 그의 마지막 모습에서도 드러난다. 이 사건에 관한 지바현 아카이브 자료에 따르면, 마부치는 사형이 집행되는 날에도 감옥에서 〈기미가요〉와 군가 〈바다에 가면〉[6]을 큰 소리로 부르고 있었다. 어딘가 어색해 보이는 장면 아닌가? 전쟁범죄자가, 그것도 '전쟁터가 아닌 곳에서 전쟁범죄자가 된' 군인이 어떻게 이렇게까지 자신의 '장렬함'에 취해 있을 수 있었던 걸까? 어쩌면 마부치는 죽는 순간까지 전쟁에 대한 어떤 미적 환상(미의식)에 빠져 있었을지 모른다. 호전주의자라면 가능한 일이다.

일단 여기까지가 내가 마부치를 '호전주의자'라고 의심하게 된 정황이다. 재차 강조하지만 이 글은 추정, 딱히 논리적이지 않은 추정이다. 증거도 빈약하다. 그래서 이 글은 마부치라는 인물에 대한 인상 비평에 가깝고, 정보라고 할 것도 거의 없다고 봐도 무방하다. 다만 이런 종류의 '폭력적 공상'을 하는 누군가가 있을 수도 있다는 취지로 받아들여주길 바란다.

한편으로는 마부치에 대해 이야기함으로써 과거의 나 자신, 그러니까 어린이-호전주의자 시절을 반성해보려는 의도도 있다. 그 '녀석' 역시 군인이 되었기 때문이다. '녀석'이 군인으로 있는 동안 전쟁이 일어나지 않아서 천만다행이라고 생각한다. 그러나 만약 불행히도 전쟁이 일어나 '녀석'이 참전했더라면 '녀석'도 마부치 못지않은 전쟁범죄자가 되었을지도 모른다.

2004년, 장교후보생ROTC 선발시험에 응시했을 때가 기억난다. 당시 응시자들 사이에서 이런 소문이 떠돌았다. 우리의 주적이 누구냐는 질문에 어떻게 대답하는지가 당락을 좌우한다는 것이었다. 나는 생각했다. '무조건 북한이라고 하면 되지. 뭐 어렵나?' 면접 당일 실제로 그 질문이 나왔다. "북한입니다." 나는 당당하게 말했다. 그런데 거기서 끝이 아니었다. 면접관은 추가 질문을 던졌다. "그러면 북한 주민은 뭐라고 생각하나?"

그 자리에 있던 응시생 대부분은 '대한민국 헌법' 등에 의거해 북한 주민은 적이 아니며, 적이 될 수 없다고 대답했다. 나는 달랐다. "아무리 주민이라고 해도 무작정 포용할 게 아니라 엄격하게, 우리에게 피해를 입힐 가능성이 있다면 전부 적으로 봐야 합니다." 면접관은 만족스러워했다. 이후 나는 제142학군단에 수석으로 입단했다. 그리고 이듬해 3학년 중대장 후보생으로 선발됐다.

군인이 된 이후에도 전시국제법이나 전쟁규약 따위에는 관심이 없었다. 솔직히 고백하자면, 군에서 그에 관한 교육을 받아본 기억 자체가 없다. 부대일지나 교육훈련 보고서에 행정적으로 처리된 기록이 어떤지는 모르겠으나 어쨌거나 나는 그에 관해 완벽히 무지한 군인이었다. 그러니 한번쯤은 의심해보는 편이 낫지 않을까? 지금 우리 군에는 얼마나 많은 호전주의자-군인이 있을까 하고. 물론 단 한 명도 없다면 좋겠지만 글쎄, 2024년 '12·3 쿠데타'에 부역한 군인들을 생각해보면 그렇진 않은 듯하다. 나 역시 군복을 벗은 이 순간에도 마부치 사건을 공부할 때마다 가슴이 뜨끔해지는 걸 느낀다.

무덤과 연옥

4장

처음에는 전장을 방문하자마자 "죽은 자들과 대화를 나누"지만, 마지막에는 축하가 비탄을 넘어선다. "영웅성과 충성—우리가 이보다 큰 은사를 받을 수 있겠는가?"

— 조지 모스, 『전사자 숭배』[1]

영령, 죽음을 노래하다

신화의 땅[1]

나는 지금 신화의 땅을 딛고 서 있다. 시원한 바람이 불고 조경이 된 숲 어딘가에선 새들이 지저귀는 소리가 들려온다. 익숙한 풀내음을 따라 걷는다. 다소 좁지만 정돈이 잘 된 외길이다. 따라 걸으니 커다란 박석薄石이 촘촘히 깔린 광장이 펼쳐진다. 무엇에 홀리기라도 한 듯 광장 중심부로 걸어 들어간다. 얕은 계단들을 극복해나가면서 정체를 알 수 없는 조각상이며 비석이며 하는 것들 앞에 잠시 머무르기도 한다. 제법 예술적인, 그렇지만 엄숙하고 긴장된 분위기의 정원이다. 길은 대리석으로 만들어진 어느 제단 앞에서 끊겨 있다. 그때 누군가 내 어깨를 두드린다. 돌아보니 온몸이 청동으로 된 무언가가 서 있었다. 사람일까. 표정이 없다. 몸은 인간의 형태를 띠고 있지만 생체적 역동

감이 느껴지진 않는다. 그는 자신을 이 신화의 땅에 기거하는 주민이라고 소개했다. "영령英靈이라고 불러주십시오."

순례가 시작되었다.

제1성역[2]

영령은 어느 산기슭으로 나를 데려갔다. 오르고 올라 중턱 즈음에 다다르자 큼지막한 산장이 눈에 들어온다. 드문드문 등산객을 위한 시설도 보인다. 산장 맞은편에는 독특한 모양의 돌탑 하나가 들어서 있다. 기단 부분까지 포함하면 3층으로 이루어져 있는데 특히 맨 위층의 탑신은 그 모양이 언뜻 '호식총'虎食塚[3]을 연상시킨다. 돌을 고깔 형태로 쌓아올린 모습 때문이다. 돌탑에 올라 아래를 굽어보니 서울 시내가 한눈에 들어온다. 해발 500미터는 족히 넘을 것이다. 잠시 앉아 풍경을 즐기려는데 영령은 또다시 내 어깨를 두드렸다. 그러고는 대단히 엄숙한 목소리로 말했다.

1950년 6월 28일, 두 명의 군인이 바로 이곳에서 자결했습니다. 우리의 신께서는 말씀하시길, 아주 "보람 있게" 죽었다 하셨지요. 당신이 그들의 죽음 앞에 경건하길 바랍니다.

어째서 보람 있는 죽음이라 말할 수 있습니까?

자책하는 마음으로 죽었을 것이기 때문입니다. 이 두 명의 군인은 북쪽의 악마들에게 유린당하는 서울의 모습을 이 공간에서 지켜보고 있었습니다. 아까 당신처럼 말이지요. 당신은 그저 풍경을 즐겼을 겁니다. 하지만 그들은 서울을 지키지 못했음에 울분의 눈물을 쏟으며 신에게 용서를 구했을 것입니다. 자결을 하면서까지 말입니다.

그들은 누구였습니까?

모릅니다. 한 명은 장교, 한 명은 병사였다고만 알려져 있지요. 당시 저 산장의 주인이 유품을 받고 그들의 최후를 지켰다고 합니다. 물론 지금은 그 유품의 행방조차도 알 수 없습니다만. 그들의 심정을 마음으로만 헤아려볼 수밖에요. 다만 우리의 신께서는 그들의 최후를 의미 있게 되새기라 명하셨습니다.

이른바 '무명용사'군요.

애석한 일입니다. 하지만 우리는 그들의 '이름 없음'을 더 귀하게 여깁니다. 여기에 어느 아무개라는 개인은 없습니다. 누군가의 자식, 반려자, 친구, 이웃이라는 세속적 연결로부터도 자유로울 수 있지요. 대신 우리는 그 '이름 없음'에 충성과 용기, 명예라는 이름을 불어넣습니다. '이름 없음'은 신의 가르침을 무결하고 왜곡 없이 담아낼 수 있는 그릇인 거지요. 그래서 우리는 무명용사들에게 신의 경전 맨 윗줄에 오를 자격을 부여해줍니다.

영령이 외쳤다.

"오직 한 몸의 영예와 젊음을 저버리고 겨레를 위하여 보람 있게 간 대한 남아는 여기 백운대의 혼이 되어 길이 우리들을 지켜주리라."

제2성역[4]

영령은 내 손목을 힘차게 잡아끌어 동쪽으로 날려 보냈다. 동해의 구불구불한 해안선이 순식간에 눈앞에 펼쳐지는가 싶더니 어느 순간 내 몸은 눈부신 백사장 한가운데 있다. 낮은 산과 도로가 접해 있고 이러저러한 위락시설이 들어서 있는 것으로 보아 해수욕 관광지인 듯했다. 영령은 손가락을 들어 어딘가를 말없이 가리켰다. 거기에는 거대하고 칙칙한 콘크리트 구조물 하나—이 고즈넉한 분위기와는 도무지 어울리지 않을―가 바다에 자리 잡고 있었다.

저게 뭐죠?

'문산'이라는 이름의 대형 상륙함LST입니다. 정확히는 그 모형이지요. 군인 출신인 당신이라면 알 텐데요? 저 배에 탑승했던 용사들이 일구어낸 위대한 승리를 말입니다.

….

당시 저 '문산'에는 700여 명의 어린 학생들이 타고 있었습니다. 신의 품보다는 부모의 품을 더욱 그리워할 나이였죠. 하지만 그들은 기꺼이 신의 소명을 받들었습니다. 아아, 그들은 그 작은 몸으로 악마를 유인해내고 교란시켰습니다. 옥구슬 파편이 찬란한 빛을 발하며 떨어지듯이… 제각기 산화散華했죠. 우리 신의 군대는 그 빈틈을 놓치지 않고 인천에 상륙했습니다. 그러고는 사정없이 철퇴를 휘둘러 악마들의 허리를 끊어놓았지요. 1950년 9월 15일의 일입니다.

저는 희생당한 학생들의 명복을 빌고자 합니다.

갑자기 영령이 벌컥 화를 내며 말했다.

당신의 말은 완전히 틀렸습니다. 학생들은 '희생한' 것입니다. 당신의 작은 말실수 하나로 그들의 명예와 신성이 더럽혀질 수 있다는 것을 유념하십시오. 아마도 당신은 학생들의 죽음을 안타까워하시는 모양입니다만, 물론 그렇습니다. 하지만 그런 신파적 애도보다 중요한 것은 그들의 희생을 자랑스러운 역사로 기록하는 것입니다. 희생양이니 제물이니 사석捨石이니 하고 부르는 행위를 저는 결코 용납하지 않을 것입니다.

죄송합니다. 그러나 학생들은 제대로 된 훈련을 받지 못했고 무기와 밥도 부족했습니다. 이 '문산'이 어디를 향하고 있으며, 자신들의 임무가 무엇인지 몰랐던 학생들도 있었을 텐데요.

그런 건 본질이 아닙니다. 신은 그들의 순결한 신앙에 응당한 소명을 부과하셨을 따름입니다. 학생들은 자발적으로 전쟁에 뛰어들었을 것이고, 또한 기꺼이 자신의 피와 심장을 내놓았을 것입니다. 그중 누구도 신의 저의를 추호도 의심하지 않았을 겁니다. 이 숭고한 서사를 감히 의심하지 않길 바랍니다. 비루한 동정을 떨치고 '문산' 속으로 걸어 들어가십시오. 그리고 갑판에 올라 주위를 둘러보십시오. 활짝 웃으며 이 성역의 풍요로움을 즐기는 '새로운 신의 아이들'을 보며 신의 의도를 헤아려보시길 바랍니다. 저 새로운 세대들과 함께 '문산'의 학생들은 영원히 젊은 모습으로 이곳에 남을 것입니다.

영령이 외쳤다.

"젊음을 불태워서 나라 구했다. 조국은 기억하리, 순국학도병. 드넓은 백사장에 불꽃을 피워 민족의 꽃 되었네."

제3성역[5]

영령과 나는 '문산' 비슷한 배를 타고 남해안과 서해안을 서북 방향으로 휘감아 돌며 상경했다. 그러나 이런 갑작스러운 여정과 시종일관 엄숙하기 짝이 없던 영령의 태도는 나를 지치게 했다. 나는 영령에게 순례의 중단을 요청했다. 그러자 영령은 이렇게 답했다.

나는 이 순례를 통해 당신 머릿속에 드리운 암운을 걷어내고자 노력하고 있습니다. 당신은 신의 은혜 아래, 신의 품 안에 살고 있음에도 그를 우憂-애愛하는 마음이 부족합니다. 처음 돌탑에서 자결한 용사들이 보여준 결기에서 신을 지키지 못한 우愛의 마음을, '문산' 학생들의 희생에서 신을 향한 애愛를 배우시길 바랍니다. 그리고 당신은 이 마지막 세 번째 성역에서 신과 가장 가까운 자리에 임하는 영웅들을 마주하게 될 것입니다.

영령은 어느 한적한 공원에 나를 내려놓았다. 그곳 역시—영령을 처음 만난 그곳처럼—수십 미터 높이의 첨탑, 탐미적 조형물, 웅장한 필체의 각자角字를 새긴 바위, 정체를 알 수 없는 크고 작은 비석들이 난립해 있었다. 다만 성역치고는 각각의 배치들이 조악하고 대중이 없어, 마치 원시림을 거니는 듯한 기분이 들었다. 나는 영령에게 물었다.

신과 가장 가깝다는 그 영웅들은 어디에 있습니까?

이 공간 자체가 영웅들의 나라입니다. 무엇을 따로 찾으려 합니까? 여기 솟아올라 있는 모든 상징물이 영웅의 심장입니다. 하나같이 성스럽고, 그러나 각각의 이름이 있습니다. 나는 당신이 이 신화들 앞에 머리 숙이고 참배하길 원합니다.

영령은 공원의 상징물을 하나씩 가리키며 소개해주었다. 육탄십용사 충용탑, 육탄십용사 동상, 개마고원 반공유격대 위령비, 1사단 충현탑, 소위 김만술 동상, 종군기자 추념비, 이유중 대령 기념비, 이종명 대령 살신성인탑, 임광빈 중령 기념비, 육군첩보부대 전공비 순서였다.

영령이 외쳤다.

"푸른 하늘을 우러러 가슴에 폭탄을 안고 몸과 함께 적진 속에서 폭발한 아! 그대들은 민족 최초의 감정의 표현이요 민족 최후의 정신의 화신이니 역사의 아버지와 어머니, 아들과 딸, 그리고 미래의 장병들도 모두 그대의 뒤를 따라 끝없는 행진을 계속하리니."

말을 마친 영령은 내 몸을 비스듬히 기울여 두 팔로 안아들었다. 그러고는 '육탄십용사 충용탑' 앞으로 천천히 걸어갔다. 나는 빠져나오려 했지만, 청동으로 만들어진 영령의 완력을 이겨낼 수 없었다. 그는 나를 가장 거대한 탑과 가장 빛나는 동상, 가장 넓은 제단이 마련된 광장 한가운데 무릎 꿇렸다. 그리고 이렇게 말했다.

당신은 이 성역에서 특별한 영감을 받을 수 있을 것입

니다. 신에 대한 이들의 믿음은 가히 최종 단계에 도달했다고 할 것입니다. 왜냐하면 이 용사들은 악마의 가장 강력한 유혹을 뿌리쳤기 때문입니다.

나는 약간 떨리는 음성으로 물었다.

그 유혹이 무엇입니까?

그건 바로 살겠다는 유혹입니다. 이들의 육체는 말 그대로 육탄肉彈이 되었습니다. 생의 유혹을 뿌리치고 돌진하는 신의 전사들은 그 어떤 악마의 패악에도 묶이지 않습니다. 그러니 누가 아름답지 않다 하겠습니까? 용사의 "심장에 모여 피로 엉키고 뜻으로 뭉쳐 영생하는 무궁화꽃"의 찬란함을 보십시오. '초개와 같은 산화'라는 관용어는 이들을 위한 찬사가 되어야 마땅합니다. 당신도 아실 것입니다. 십용사의 뒤를 좇은 수많은 신의 자녀들이 특공대가 되어 악마의 심장을 겨냥했다는 사실을. 이제 나는 당신을 신의 곁으로 올려보냄으로써 이러한 "살신"殺身 희생에 대한 감사를 표하고자 합니다.

나는 영령의 표정에 어슴푸레한 귀기鬼氣가 서리고 있음을 느꼈다. 영령이 외쳤다.

"우리의 몸, 우리의 마음, 영원토록 그대의 가슴속에서 그대의 피를 받아 이 강산에 국토를 지키고 사랑하며 빛내리라."

(…)

나는 어느새 영령과 처음 만났던 신화의 땅[6]으로 돌아와 있었다. 안도의 한숨을 내쉬면서 주변을 감시하듯 둘러본다. 달라진 풍경은 없었다. 시원한 바람, 새들의 지저귐, 익숙한 풀내음, 좁지만 정돈된 외길, 박석이 촘촘히 깔린 광장, 얕은 계단, 정체를 알 수 없는 비석, 대리석으로 만들어진 제단이 있던 바로 그곳이다. 기분이 아까만큼 평온하지 않을 뿐이다. 그때 누군가 내 어깨를 두드린다. 돌아보니 아무도 없다. 하지만 내 직감만은 영령의 존재를 강하게 경고하고 있다. 그는 대체 언제부터 여기에 있었던 걸까?

불멸의 귀신부대

국군은 죽어서 말한다?

모윤숙이라는 시인이 있다. 제법 저명한 인물이므로 한 번쯤은 이름을 들어봤음 직하다. 그녀는 전쟁을 사랑했다. 특히 일제강점기에 일본의 침략전쟁을 예찬하고 조선 청년들의 자발적 희생을 강요하는 시와 산문을 다수 발표해 서정주와 더불어 문학계의 대표적인 친일반민족행위자로 지탄받았다. 해방 후에는 한국전쟁에 매료됐다. 애국과 반공을 주제로 한 작품을 주로 썼는데 그중에서도 「국군은 죽어서 말한다」는 한국의 대표적인 전쟁시로 손꼽힌다. 싸늘히 굳어버린 어느 국군장교의 주검 앞에서 시상을 떠올려, "드디어 드디어 숨지었노라"며 적어 내려간 90행의 문장이 바로 이 시다.

이 시는 각종 전쟁 기념행사나 정신교육용 안보 프로

그램에서 빈번하게 낭송되고 활용된다. 그래서 한때 군인이었던 내게도 익숙한 작품이지만 개인적으로 그리 선호하진 않는다. 시 특유의 화법 때문이다. '죽어서 말한다'는 제목에서도 알 수 있듯이 이 시는 죽은 자들의 목소리를 대신해서 말하는 형식으로 꾸며진다. 시인은 죽은 군인들의 유언을 전달—"듣노라! 그대가 주고 간 마지막 말을"—하고 해석하는 메신저이자 대리자로 분해 있다. 이에 자연스럽게 '들었노라-대신하여-말해주겠노라'는 시인 우위의 발화 구조를 형성하고 마는 것이다.

이제 시는 다분히 권위적이고 교조적인 말투로 청자를 훈계하기 시작한다.

> 물러감은 비겁하다 항복보다 노예보다 비겁하다
> 둘러싼 군사가 다 물러가도 대한민국 국군아! 너만은
> 이 땅에서 싸워야 이긴다, 이 땅에서 죽어야 산다.

"죽어야 산다." 죽은 자들의 후광을 등에 업고 있는 '것처럼 보이는' 시인의 존재감 덕분에 이런 기괴하기 짝이 없는 논리조차도 전사자들의 신념이자 의지로 포장되곤 한다. 이의는 허용되지 않는다. 시 속의 군인들은 "죽을 곳에 죽어서", 죽어야만 사는 세계로 진군해나가야만 하며 이후로도 그 세계에 영원히 머물러야 한다. 전쟁이 할퀴고

간 상처에도, 세월이 지나 육신이 비바람에 쓸리고 벌레들에 의해 흩어짐에도, 순간순간 사무치는 객사客死의 서러움에도 그 모든 희생을 '영광스럽고 유쾌하게' 받아들이면서 말이다.[1]

다만 이 전쟁-애愛 가득한 죽음의 세계에도 전사자를 위한 위안의 장치가 아예 없지는 않다. 그 위안의 역할을 시인 모윤숙은 '나이팅게일'에게 맡겨놓는다.

> 나는 조국의 군복을 입은 채
> 골짜기 풀숲에 유쾌히 쉬노라
> 이제 나는 잠시 피곤한 몸을 쉬이고
> 저 하늘에 날으는 바람을 마시게 되었노라
> 나는 자랑스런 내 어머니 조국을 위해 싸웠고
> 내 조국을 위해 또한 영광스레 숨지었노니
> 여기 내 몸 누운 곳 이름 모를 골짜기에
> 밤 이슬 내리는 풀숲에 아무도 모르게 우는
> 나이팅게일의 영원한 짝이 되었노라

전사자들의 영원한 짝, 위안의 여신 나이팅게일. 그런데 여기서 모윤숙이 호출하는 나이팅게일을, 예의 '등불을 든 천사'로 추앙받은 크림전쟁의 플로렌스 나이팅게일과 동일한 존재로 볼 수 있을까? 글쎄, 플로렌스 나이팅게일의 소명은 전쟁터에 아무렇게나 너부러져 죽어가는 군인들을 병원으로 끌어오는 데 있었다. 군인들의 생生을 보호하는 울타리이자 전쟁의 폭력에 상처 입은 인간성의 마지막 보루가 그녀의 병원이었다. 실제로 나이팅게일은 군인들의 부상에 무관심한 전쟁 지도부를 비판하는 일도 서슴지 않았다.

모윤숙이 변조한 '죽은 자들의 나이팅게일'은 어떤가? 정확히 그 반대의 임무를 수행하고 있는 것처럼 보인다. 그것은 군인들의 짝이라고는 하지만 죽어야만 만날 수 있는 사신死神이나 진배없는 존재다. 플로렌스 나이팅게일의 탈-전쟁이 아닌 모윤숙의 전쟁-애愛를 신봉하고, 삶의 회복이 아닌 죽음의 연장을 돕는 귀신인 것이다("너만은 (…) 죽어야 산다").

모윤숙은 역사 속 플로렌스 나이팅게일의 영혼마저 대신해서 말하고 싶었던 걸지도 모른다. 아니, 어쩌면 모윤숙 그 자신이 '죽은 자들의 나이팅게일'이 되고 싶었던 걸지도. 뭐가 됐든 '진짜' 나이팅게일이 이 시를 읽었다면 손에 들고 다니던 등잔을 내던지며 분개했을 게 분명하다.

「백마의 얼」이라는 모윤숙의 또 다른 시가 있다. 군인들이 죽어 영혼이 된 뒤에도 적과의 사투를 벌이고 있다는 내용의 시다. 여기서도 모윤숙은 열정과 환희에 찬 어조로 대신해서 말한다. "지금도 그때처럼 귀를 기울이고 저 몰려오는 적을 막고 있노라.² 푸르러 푸르러 영원한 젊음 우리는 그 품에 안겨 안식하리라."

 시의 내용대로라면 전사자들은 '영원한 젊음'을 부여받는 대가로 '영원한 전쟁'의 고통 속에 자신의 영혼을 구속당해야 한다. 앞서 「국군은 죽어서 말한다」에서 보장되었던 '유쾌한 휴식'조차도 허락받지 못하는 것이다. 오히려 그렇게 싸우는 일만이 '안식'이라고 규정한다. 틀렸다. 우리는 그런 것을 안식安息이라고 부르지 않는다. 참고로 안식에 대한 표준국어대사전의 정의는 다음과 같다. "편히 쉼."

죽은 자의 침묵을 농단하는 말들

애초에, 죽은 자들로부터 무언가를 '들었노라'는 전제부터가 잘못되었을 수 있다. 죽은 자들의 목소리를 들을 수 있는 영적 능력이 실재하고 그 능력이 오직 모윤숙만이라는 개인에게만 부여된 것이라면 또 모르겠다. 하지만 적어도 우리 눈앞의 현상 공간에서는 절대적인 침묵만이 죽은 자들을 감싸고 있지 않던가. 물론 산 자들은 그 공허한 침묵을 답답해할 수밖에 없으므로 그것을 어떻게든 음성화하려 시도하게 되는 것이다(그런 면에서는 모윤숙의 시도를 이해하지 못할 바는 아니다).

그러나 이런 종교적 상상을 통해서라도 죽은 자들의 존재, 즉 영혼 따위를 일단 인정하겠다고 한다면, 그 영혼들을 '대신하여 말하는' 산 자들의 발화에 심각한 왜곡이 동반될 수 있다는 우려에 눈감아서도 안 된다. 죽은 자는 말이 없을 뿐, 말을 잃어버린 건 아니기 때문이다. 이 점을 무시한 채 일방적으로 시도되는 '대신하여 말하기'는 망자에 대한 언어폭력에 지나지 않는다. 그 부작위를 일본의 사상가 도미야마 이치로는 이렇게 꼬집는다.

> 전사한 자를 대신하는 국민의 이야기는 결국 죽은 자들이 어떤 국민으로서 죽었는가를 지시하는 것이며 (…) 시체를 거론하며 일방적으로 그 속성을 선고한다는 점에서, 국민의 이야기는 고고학적 유적에서 발견된 유골을 분류해서 인종을 확정짓는 인류학적 이야기와 너무나도 비슷하다.[3]

도미야마의 견해에 비춰볼 때, 모윤숙의 시가 "어떤 국민으로서 죽었는가"를 대단히 직접적으로 지시하는 작품이라는 사실은 재론의 여지가 없을 듯하다. 모윤숙의 시는 군인이 실제 어떤 모습으로 어떤 감정을 품고 죽어갔는지에 무관심하며 단지 그 죽음만을 건져서 국가의 깃발 아래 '윤리적으로 회수'―"내 조국을 위해 또한 영광스레 숨지었노니"—하고 있을 뿐이다. 그러한 말하기는, 도미야마가 명쾌하게 정리했듯이, 유골로 인종을 판정해내는 식의 기계적 농단 그 이상도 이하도 아니다.

물론 모윤숙의 주장처럼 "물러감은 비겁하다 항복보다 노예보다 비겁하다"는 신념으로 "나를 위해 울지 말고 조국을 위해 울어달라"고 부르짖으며 죽어간 군인이 없지는 않았을 것이다. 하지만 그럴 수 없었던—자기 목숨의 가치를 그런 명분과 바꿀 수 없었던—나머지 존재들의 단말마는 어찌해야 할 것인가? 그런 군인이 훨씬 많았을 것이라고 추정할 수 있다. 바로 이런 모순과 딜레마 때문에 '대신해서 말하기'는 "역전된 복화술"이라는 비판을 받았던 것이다.[4]

'복화술'로 농단된 말들이 진실에 근접해 있을 가능성은 그리 높지 않다. 차라리 그보다는 죽은 자들의 '침묵'으로부터 내파되어오는 소름 끼치도록 무겁게 가라앉은 감정의 파도, 그 혼곤함과 답답함이 더 진실에 가까운 메시지일 수 있다. 물론 침묵은 어떤 구체적인 사실을 설명하거나 증명해내지 못한다는 점에서 종종 무기력하다. 하지만 생각보다 많은 인간 존재가 바로 그 침묵을 소통의 수단으로 활용한다는 사실도 부정할 수 없다.

예컨대 어느 사회적 참사의 피해자가 유지하는 침묵은

'말할 기력을 상실했거나 감당할 수 없는 분노로 목소리가 나오지 않는' 상황을 대변한다. 사람들 역시 그 침묵을 단순히 주변이 고요하다거나 소통이 단절되어버린 상황으로 이해하지 않는다. 이런 점에서 인간의 침묵은 그 자체로 이미 발화發話이기도 하다. 죽은 자들의 침묵이 산 자들을 답답하게 만드는 것이 아니라, 그 자체로 답답한 이야기가 침묵인 것이다. 앙리 바르뷔스의 소설 『포화』는 그 답답한 이야기들을 감각적으로 풀어낸 전쟁소설이다. 아래는 그 일부로, 주인공이 전사자들의 어쩔 수 없는 침묵을 천천히 받아들이는 장면이다.

> 그들의 머리와 팔은 물속에 잠겨 있다. (…) 물에 잠긴 머리에서는 머리칼이 물속에서 수초 모양으로 솟구쳐 있다. 이쪽에는 수면에 찰락거리는 얼굴이 있다. 머리는 수면에 솟아 있고 몸뚱이만 진창의 무덤 속에 숨어 있다. 눈은 두 개의 하얀 구멍이고 입은 한 개의 검은 구멍이다. 그 얼굴의 누렇게 부풀은 피부는 식어진 밀가루 반죽과 같이 물렁하게 주름져 있다. (…) 그 현기증이 일 것 같은 진흙 수렁의 동그라미 속에는 (…) 노출된 돌처럼 푸르스름한 팔이 하나 쑥 내밀어져 있다. 지하호 속에 묻혀서 한 팔밖에 내놓을 여지가 없었던 것이리라. (…) 죽은 것일까? 잠자는 것일

까? 모르겠다. 어차피 쉬고 있음이 확실하다.[5]

41세라는 늦은 나이로 제1차 세계대전에 참전했던 앙리 바르뷔스에게 죽은 자들의 침묵이란 이처럼 지독하리만큼 현실적인, 영혼이라는 개념 따위를 새삼 소환할 여지도 없을 정도로 신체적이고 물리적인 현상으로 발화되고 있었다. '대신하여 말하기'는 애초부터 불가능했다. 왜냐하면 죽은 자들은, 자신의 의사를 전달할 수 있는 수단을 깡그리 거세당한 채로 전쟁터에 파묻혀 있었기 때문이다. 죽은 자들, 이 소설의 다른 표현에 따르면 "이 무서운 잠든 사람"들은 빗물과 똥오줌, 먼지가 섞인 흙탕에 살이 부르터 있었고 끝내 수초처럼 흐물거리며 썩어가고 있었다. 그리고 "그런 것들을 우리는 무서운 침묵으로 바라보았다"라고 앙리 바르뷔스는 쓰고 있다.

그 시신들 앞에서 앙리 바르뷔스는 차마 대신하여 말할 용기를 내지 못했던 것이 아닐까. 그래서 끝내 "모르겠다"며 한숨짓고 말았던 것이리라. 물론 앙리 바르뷔스도 모윤숙과 마찬가지로, 죽은 자들이 쉬고 있거나 잠들어 있다고 일관되게 표현한다. 하지만 바르뷔스가 말하는 '쉼'과 모윤숙이 말하는 '유쾌한 휴식'이 아득하게 다른 개념이라는 것쯤은 어렵지 않게 간파할 수 있다. 모윤숙은 휴식은커녕, 죽은 자들의 영혼을 부려 불멸의 '귀신부대'를 만들어내고 나아가 영원한 전쟁까지 요구하려 들었다.

반면 앙리 바르뷔스는 죽은 자들에게 그 어떤 요구도 하지 않는다. 죽은 자들을 흉내 내지도, 그들의 영혼을 대신하여 말하지도 않았다. 죽은 자들과 산 자들이 무서운 침묵으로 서로를 응시하는 공간에 우리를 그저 초대했을 뿐이다. 어쩌면 우리는 이 공간에서 비로소 진정한 연옥의 세계—'들었노라'는 식의 오컬트적 복화술로는 결코 열리지 않을—를 극심한 현기증 속에 엿보게 될지도 모른다.

영원히 끝나지 않을
어머니들의 절규

어느 영결식

2011년 가을 어느 날, 나는 국군G병원의 장례식장 앞에 서 있었다. 맑은 날이었다. 흰 천으로 감싼 야트막한 무대가 식장 입구에 설치돼 있었고, 바로 그 위 건물 처마에는 이 무대의 '주인공'을 고지하는 길고 거대한 현수막이 걸렸다. 향로와 위패, 과일 따위를 올린 소박한 탁자도 보였다. 분위기는 대체로 적막했다. 푸르죽죽한 행색의 군인들이 이따금씩 무대 주변을 얼씬거렸을 따름이다.

잠시 후 소총을 어깨에 멘 10여 명의 병사가 장례식장에 모습을 드러냈다. 그럴듯하게 차려입은 의장대가 아닌 일반 전투복 차림의 병사들이었다. 나는 인솔자로 보이는 부사관에게 다가가 물었다. "조총弔銃[1] 담당 인원들이죠?" 부사관은 그렇다고 대답하면서 이렇게 덧붙였다. "시간 없어서 엊저녁에 급하게 연습시키긴 했습니다만, 그래도 최대한 A급들 뽑아왔습니다."

그는 마지막 리허설을 하겠다면서 장례식장 구석으로 병사들을 집합시켰다. 거기서는 이런 소리가 종종 들렸다. "웃지 마라. 뭐 좋은 일로 왔다고." 또 다른 병사들의 무리는 천막, 의자, 단상 등 행사용 물품을 들고 나타났다. 그들은 일사불란하게 무대로부터 5미터 정도 떨어진 지점에 '내빈석'을 설치하고 마이크가 연결된 단상을 내 앞에다 가져다놓았다. 내가 이 '행사'의 사회자였기 때문이다.

'행사' 20분 전, 우리 부대의 최고지휘관(연대장)이자 나의 직속상관인 S대령과, 은빛 또는 금빛 철제 계급장을 군모에 박은 간부들이 식장에 도착했다. 그와 동시에 '내빈석'도 검은 옷을 입은 사람들로 조금씩 자리가 채워지고 있었다. 이 검은 사람들은 종종 사나운 눈으로 우리를 노려보다가도 무대 위에 놓인 '주인공'의 사진 앞에서는 힘없이 시선을 떨궜다. 5분 전, 나는 국화가 가득 담긴 통 옆에 서서 식순을 최종적으로 정리했다. 그리고 1분 전, S대령에게 '행사'의 시작을 보고했다. 나는 단상 앞에 섰다.

"지금부터 ○○○ 일병의 영결식을 거행하겠습니다."

'보호'와 '관심'이라는 위선

나는 연대[2]의 인사人事장교였다. 보통 회사 조직에서의 인사라 함은 승진·채용·임면·상훈 따위의 업무를 취급하지만 군 인사는 여기에 한 가지 더 비밀스러운 임무가 추가된다. 그것은 누군가의 죽음을 적극적으로 '처리'하는 일이다. 징병제를 채택하는 한국군에서 사망사고, 그중에서도 병사의 죽음은 예민한 사안이다. 특히 그 사인이 자살이나 자해 사망으로 추정된다면 실무선이 바빠진다. 그 실상을 되도록 축소하고 감추기 위해—병사들이 국가에 의해 '자살당하지' 않았다고 주장하기 위해[3]—자료를 수합하고 언론 노출을 최소화해야 하기 때문이다. 당시의 나처럼 계급이 일천한 인사장교는 이 조악한 은폐작업을 물밑에서 지원하는 서번트servant 역할이었다.

나는 ○○○ 일병의 살아생전 얼굴을 본 적이 없다. 얼굴을 보기는커녕 이름조차 알지 못했다. 핑계처럼 들릴지도 모르지만, 천 명이 거뜬히 넘는 연대 병사들의 얼굴과 이름을 기억한다는 건 불가능에 가깝다. 그렇다고 굳이 시간을 들여 외워야 할 업무상의 필요도 없었다. 나보다 유능했을 다른 대부분의 '인사'장교들도 그러했으리라 반쯤 확신한다.

사실상 병사들의 군 생활이라는 것은 그들과 직접 몸

을 부대끼는 현장 간부들에 의해 관리되었고, 나의 직무는 그 현장을 어떻게든 조용하게 통제하는 데 집중돼 있었다. 이러한 통제의 상징적 시스템이 바로 그 유명한 '보호 및 관심병사'(이하 관심병사) 제도였다.[4] 관심병사는 우울증 등의 정신장애를 앓고 있다거나, 입대 전 자해·자살을 시도한 이력이 있다거나, 불우한 가정환경에서 자랐다거나, 부대 생활 적응에 실패했다거나, 전입한 지 얼마 지나지 않은 신병이라거나 하는 등의 이유로 직속상관(지휘관)에 의해 일방적으로 지정되었다. 참고로 당시 우리 연대에만 약 250명의 관심병사가 있었다. 이는 놀랍게도 연대 총 병력의 6분의 1에 해당하는 숫자였다.

하급 부대(대대)의 인사 실무자들은 2주에 한 번씩 관심병사 현황을 업데이트해 내게 제출했다. 알록달록한 컬러까지 활용해 예쁘게 편집한 보고서였다. 이 보고서를 편집하는 데 컬러는 중요했다. 우리 부대는 관심병사들 각자가 어느 정도 '문제'가 있는지에 따라 등급을 나누었고, 그 등급을 특정 색깔의 아이콘으로 표기했다. 이를테면 당장 자살을 시도해도 이상하지 않을 정도로 문제가 심각하다고 (일방적으로) 판정된 병사의 이름 옆에는 검은색 아이콘을, 탈영 등 안전사고를 일으킬 소지가 있다고 판정된 병사의 이름 옆에는 붉은색 아이콘을, 낮은 수준의 감시가 필요하다고 판정된 병사의 이름 옆에는 노란색 아이콘을 붙이는 식이었다.

이러한 컬러 아이콘의 판정과 분배는, 외부 사람의 눈에는 한심하게 비칠 수 있겠지만, 몇몇 군인들에게는 꽤나 중요하게 취급되는 업무였다. 이는 지휘관이 관심병사들을 얼마나 열심히 관리했느냐에 대한 증거이기도 했다. 만약 어떤 병사가 자살을 했다고 가정해보자. 그 경우 병사의 지휘관은 병력관리 부실에 대한 지휘 책임을 추궁받을 수밖에 없다. 하지만 그 병사가 진작부터 검은색 아이콘으로 판정된 군인이었다면(!) "지휘관이 열심히 관리를 했음에도 불구하고"라는 식의 참작이 가능해진다. 이런 측면에서 연대 병력의 6분의 1을 '문제아' 판정하는 현실도 우리 입장에서는 그리 기괴하게 느껴지진 않았다. 오히려 우리가 두려워했던 것은 아무런 컬러 아이콘이 '붙지 않은' 병사에게 사고가 발생하는, 즉 그토록 넓게 펼쳐 던진 '책임 회피의 그물' 바깥에서 병사들이 목숨을 잃는 상황이었다. ○○○ 일병의 경우가 바로 그랬다.

나를 비롯한 인사 계통의 실무자들은, 군사경찰(헌병수사관)을 가득 실은 대형버스가 도착한 바로 그 순간부터 ○○○ 일병의 신상에 과도할 정도의 관심을 보이기 시작했다. "심리적으로 문제 있는 병사가 아니었나? 정신과 진료 기록은? 가정환경은 어땠지? 성격은? 교우관계는? 여자 친구는? 여하튼 사적인 문제가 있지 않았을까? 그보다 ㅇㅇㅇ은 왜 관심병사가 아니었던 거지?" 요컨대 우리는 이 비극을 상급부대에 그럴듯하게 설명할 스토리를 찾고 있었던 거다. 그러나 시간이 갈수록 명백하게 드러난 진실은 ㅇㅇㅇ 일병이 병영 내 폭력의 피해자였다는 사실이며, 그가 관심병사로 지정되었느냐 아니냐 따위의 논쟁은 이 사망사고의 본질이 될 수 없었다.

이제 책임의 시간이었다. 다만 이런 국면에서도 나는, 한 단계 상급부대의 인사장교라는 이유로, 군사경찰이 규정한 책임자의 범주 바깥에 앉아 있을 수 있었다(이에 반해 ㅇㅇㅇ 일병의 소속부대 인사장교였던 K는 상당한 곤란을 겪어야 했다). 이후 나는 자살 처리에 대한 군의 전통적인 절차에 따랐다. 주 임무는 ㅇㅇㅇ 일병의 시신을 '사망 현장-국군 G병원-화장장-유골함'으로 옮기기까지 필요한 행정 절차를 진행하고 사고에 대한 후속 조치를 기획하는 것이었다. 당연히 유족과도 접촉했다. 특히 ㅇㅇㅇ 일병의 어머니에게는 아들의 부검을 수용하도록 권고하고, 자식을 잃은 사실에 대한 군의 (쥐꼬리만 한) 위로금을 안내했으며, ㅇㅇㅇ 일병의 유골을 안치할 '유골함 카탈로그'를 내밀었다.

나는 이 모든 과업을 ㅇㅇㅇ 일병의 영결식이 치러지기 전까지 완수해낼 수 있었다. 내 군 생활을 통틀어 가히 최악이라 할 만한 업무 강도였지만 왠지 모르게 막힘이 없었다. 마치 이런 상황에 대비해 미리 훈련받은 사람 같았다. 수십 쪽에 달하는 「사망사고 후속 조치 보고서」를 단 사흘 만에 만들어낼 정도였으니 말이다. 나중에 사단장에게까지 결재받은 이 '훌륭한' 보고서는 사실상 부대원 전부를 관심병사로 '잠정 취급'해 이들을 더더욱 철저히 감시하겠다는 다짐을 담고 있었다. 보고서를 열람한 한 영관장교는 내게 말했다. "너, 보고서 좀 쓸 줄 알더라?" 나는 빙긋 웃었다.

영현 냉동고에 갇힌 아들들

"지금부터 ○○○ 일병의 영결식을 거행하겠습니다."

영결식 개시를 선언하자 내빈석 유족들의 시선이 내게 집중됐다. 일말의 호의라고는 찾아볼 수 없는 눈들. 어디 눈빛뿐이었을까. 그들은 자신의 온몸을 활용해—내쉬는 숨에도, 앉은 자세에도, 간간이 튀어나오는 훌쩍거림 하나하나에도 원망을 담아—나를 추궁하고 있었다. 그래서 되도록 유족을 바라보지 않으려 노력했다. 어쩔 수 없이 시선이 향할 때는 최대한 먼 곳을 바라보거나 눈을 흐리게 떴다. 그럼에도 귓가에 들려오는 소리만큼은 막아낼 수 없었다. 특히 영결식 식순에 포함된 '순국선열 및 호국영령에 대한 묵념'을 진행할 때는 "허!" 하는 탄식이 내빈석에서 터져 나왔다. 시신이 운구되는 순간에는 ○○○ 일병 어머니의 절규가 들려왔다. "자살 아니야! 니들이 죽였잖아!" 나는 분명하게 들었다.

혼란은 ○○○ 일병의 시신이 화장장으로 옮겨지면서 서서히 잦아들었다. 군인들은 기다렸다는 듯 각자의 근무지를 향해 흩어졌다. 나 역시 1초라도 빨리 그곳을 벗어나고 싶었다. 그렇게 닥치는 대로 뒷정리를 해나가는 도중에 한 병사가 내게 다가와 물었다. "인사장교님, 저기 천막도 해체합니까?"

병사가 말하는 천막이란 영결식장 마당 한구석에 설치되어 있던, 곧 무너질 듯 허술하고 엉성하지만 이루 말할 수 없이 음산한 기운에 둘러싸인, 군용천막이었다. 나는 짜증을 내며 말했다. "아이, 딱 봐도 우리 부대 천막 아니잖아." 하지만 이렇게 말하면서도 내심으로는 적잖이 당황했다. 영결식을 준비하고 진행할 시점에는 주변에 그런 천막이 있는 줄도 몰랐기 때문이다. 스릴러 영화의 반전을 마주한 기분이었다고나 할까. 그 안에서는 희미한 향냄새마저 풍겨오고 있었다. 천막은 대체 언제부터 이 영결식에 참여하고 있었던 걸까?

신기루에 홀린 듯 천막을 바라보고 있던 내 옆으로 S 대령이 다가와 그 정체를 설명해주었다. "○○○ 의문사 사건, 그 사건 유가족들. 내 알기로 한 10년은 된 사건일 거야." 이어 대령은 한숨을 내쉬며 손가락으로 어딘가를 가리켰다. 손가락이 멈춘 자리에는 마찬가지로 정체를 알 수 없는 작은 건물이 하나 서 있었다.

"아들내미 시신이 저기 있지."

"아, 그럼 저기가…."

"그러니까 영현보관소인 거지. 영현창고라고 해야 하나."

"가족이 (시신을) 안 가져가나 봅니다."

"납득이 안 되니까. 김훈 중위 사건 아냐?"[5]

"예, 대충은 알고 있습니다. 그, JSA에서 의문사한…."

"저 가족들도 거기랑 똑같은 마음인 거지. 의문사인지 어떤지 알려면 일단 있어야 할 거 아니야, 시신이. 그래서 냉동시켜놓고, 저 안에…."

일반적으로 영현은 사람의 영혼을 높여 부르는 말이지만 군에서는 군인의 유해를 '명예롭게' 지칭할 때 이 단어를 사용한다. 그런데 그토록 명예로워야 할 영현이 '창고에서 냉동 보관'되고 있다는 사실은 역설적으로, 그 군인의 죽음과 관련된 심대한 의혹들이 여전히 해명되지 못한 채 남아 있음을 의미하는 것이기도 했다.

나는 S대령이 눈치채지 못할 정도로 작게 몸서리쳤다. 죽음의 상흔을 그대로 남긴 채 '냉동'되고 있을 시신의 이미지가 아주 자극적으로 떠올랐기 때문은 아니었다. 그것은 징병제도가 시행된 이래 집으로 돌아오지 못한 수많은 군인, 그 가운데서도 죽음의 진실이 규명되지 못했거나(의문사) 군에 의해 일방적으로 죽음을 (자살로) 규정당한 군인들이 나와 아주 가까운 거리에 잠들어 있다는 사실을 실감한 데서 오는 전율이었다. 아까 그 의문의 천막은 그러한 현실의 한 단면을 내게 보여주고 있었다. 과연 내가 저들의 명복을 빌 자격이 있을까?

나는 'ㅇㅇㅇ 일병'의 어머니를 떠올렸다. 아니, 정확히는 이 영결식장과 저 영현창고에 잠들어 있을 수많은 군인들의 어머니를 떠올렸다. 어머니들은 생때같은 자식의 시신을 돌려받는 것조차도 거부한 채로 군과 싸워오고 있었다. 아들이 왜 죽었는지는 정확히 알 수 없으나 어쨌든 사망했으니 '시신이라도 가져가라'는 통보를 도저히 받아들일 수 없었던 것이다. 어머니들에게 아들은 돌아오지 않았을 뿐 여전히 저 차가운 영현창고 안에서, 각자의 육신에 진실을 새긴 채로 누워 있었다. 수년 혹은 수십 년 동안.[6]

어머니들은 정말이지 기만적이라고 울분을 터뜨렸을 것 같다. 내가 인사장교로서 '잘'했다고 생각한 일 또는 '잘'했다고 칭찬받은 모든 일에 대해서 말이다. 적어도 이 영결식장에서 '나'라는 존재는 수많은 'ㅇㅇㅇ 일병들'을 잡아먹은 한국군 그 자체와도 다를 것이 없었다. 어쩌면 나는 뒤늦게라도 찢었어야 했다. 누군가의 입맛대로 휘갈겨

쓴 「사망사고 후속 조치 보고서」를.

○○○ 일병의 어머니도 아들의 유골 인수를 거부했다. '어머니'의 요구는 두 가지였다. ○○○ 일병을 자살로 내몬 가해자들과 그것을 제대로 제어하지 못한 지휘관을 철저히 처벌하는 것, 그리고 병영폭력의 피해자로서 ○○○ 일병을 '순직자'로 인정해달라는 것이었다. '어머니'의 주장은 타당했다. 그러나 당시 법령을 기준으로 군 자살·자해 사망자가 순직을 인정받는 경우는 대단히 드물었다. 그래서 S대령은 나와 부대 주임원사에게 '어머니'를 찾아가 자초지종을 설명하라고 지시했다. 우리 부대에 순직 인정에 관한 권한은 없다…, 다만 가해자들에 대한 처벌은 철저히 이루어지고 있으니 알아주시면 감사하겠다…, 대략 이런 논지였던 것으로 기억한다.

'어머니'를 다시 만난 건 영결식 이후 한 달 정도가 흐른 시점이었다. 우리 일행과 '어머니'는 제일 먼저 ○○○ 일병의 유골함—인수를 거부해 군 시설에 임시 봉안되어 있는—을 참배하고, 근처 기사 식당에서 함께 늦은 점심을 먹었다. 그리고 차를 타고 서울 강북의 모처에 위치한 ○○○ 일병의 집으로 향했다. 부엌도 거실도 따로 없이 방만 2개가 있는 구조였던 것으로 기억한다. 바로 그 집 안방에서 나는 '어머니'와 두 시간에 걸쳐 대화를 나눴다. 할 수 있는 말은 많지 않았다. 다만 사죄했다. 그것이 이 사망사고에 관한 내 최초의 사죄였다.

'어머니'는 떠나는 우리를 현관 앞까지 배웅해주었다. 나는 그제서야 간신히 ○○○ 일병의 명복을 빌 수 있었다. 호국영령, 순국선열이 아닌 '어머니'의 아들로서 ○○○ 일병이 평안하길 기원했다. 그도 그러길 바랄 것이다. 확신한다.

최후방의 기생자

5장

전쟁의 가장 끔찍한 특징 가운데 하나는 모든 전쟁 선전물, 모든 악다구니와 거짓말과 증오가 언제나 싸우지 않는 사람들에게서 나온다는 점이다.

— 조지 오웰, 『카탈로니아 찬가』[1]

적, 증오의 탄생

한국의 사이비 구루들

적敵이란 무엇what인가? 10여 년 가까이 군이라는 집단과 인연을 맺어왔음에도 나는 아직 이 질문에 대한 명쾌한 답을 찾지 못했다. 어쩌면 이 고백은, 나에게 대적관對敵觀을 가르쳤던 여러 선배 장교들을 부끄럽게 할지도 모르겠지만, 사실이 그렇다. 아마도 이 말에 누군가는 "북한 정권과 북한군" 아니냐며 나를 윽박지르려 들 것이다. 그게 아니라면 "무슨 말이 더 필요한가! 저기 우리를 죽이려는 놈들이 있다!"—군인 시절 내가 병사들에게 종종 했던 말이기도 하다—면서 분노에 찬 고함을 질러댈지도 모르겠다. 혹은 점잖게, 공산주의의 야만성을 강조하면서 나를 달래보려는 사람이 있을 것도 같다. 만약 이 글을 읽는 독자 중에도 그런 사람이 있다면, 대단히 미안한 말이지만, 질문을 잘못 알아들은 거라고 말해주고 싶다. 왜냐하면 나는 '적이 누구who인가'를 물은 적이 없기 때문이다.

어떤 개념을 거론할 때 무엇what을 정의하는 일은 누구who를 추궁하는 일보다 난해한 법이다. 완벽한 정답이 없으므로 수많은 '사공'이 저마다의 의견을 제시하고 그러다 보면 논쟁이 '산'으로 올라가게 된다. 대개 이럴 때는 저명한 철학자나 문학가의 사유를 곱씹어보는 게 도움이 된다. 이를테면 독일 공법학자 카를 슈미트Carl Schmitt의 적에 대한 규정은 어떤가. 슈미트는 적이라는 존재가 국가의 존립을 위해 반드시 '만들어져야만 하는' 무엇what이라고 봤다. 즉 국가는 적을 찾아내고 지목해 투쟁함으로써 존립의 근거를 획득하고, 국민은 국가의 명령(적에게 죽거나 적을 죽이라는)에 복종함으로써 일상을 보호받을 수 있다는 것이다. 나아가 "적과 동지를 구별"해나가는 정치적 과정이야말로 사회를 발전시키고 국민적 통합을 유지하는 열쇠라고도 주장했다. 실제로 그는 이렇게 말했다. "나는 생각한다. 고로 나는 적을 가진다. (…) 나는 그를, 하느님 아버지가 하느님 아들을 만들어내듯이 만들어낸다. 나는 나의 적을 생각한다. 고로 우리는 둘이 아니라 하나이다."[1] (적이 있으라 하시니 적이 있었다?)

이처럼 적을 사라질 수도 없고, 사라져서도 안 되는 숙명과도 같은 존재로 규정한 슈미트의 이론은 평화의 가능성을 원천적으로 봉쇄하고 있다는 점에서 많은 비판을 받았다. 그도 그럴 것이 우리가 아는 최악의 역사적 비극들은 슈미트적 사고, 다시 말해 적을 어떻게든 만들어내고야 마는 편집증적 집착으로부터 대부분 초래됐다고 봐도 과언이 아니기 때문이다. 일본과 독일 등 실패한 군국주의 국가들의 사례에서도 알 수 있듯이 이들 국가는 자신의 국경을 의도적으로 "문제 공간화"[2]해 주변국과의 갈등을 유발했고 그 적대적 에너지를 전쟁에 동원해 영토를 빼앗았다. 하지만 그렇게 승리해 광대한 영토를 얻었음에도 불구하고, 새롭게 그어진 국경선을 따라 또다시 연쇄적인 분규를 일으켰다. 자연히 수많은 적이 만들어질 수밖에 없었고 결국 그 혼란이 걷잡을 수 없는 지경에 이르자 자폭하듯 전 세계를 상대로 전쟁을 선포했다. 그리고 패망의 길을 걸었다.

문제는 적을 향한 이 같은 '편집증'이 그 나라 국민의 마음까지도 병들게 한다는 점에 있다. 이러한 맹점을 칸트는 다음과 같은 그리스 격언까지 인용해가며 비판했다. "전쟁은 사악한 인간을 제거하기보다 오히려 더 많은 사악한 인간들을 만들어내기 때문에 나쁜 것이다."[3] 그 말대로다. 일단 적이 마음속에 자리 잡게 되면 그 형상은 시간이 갈수록 혐오스럽게 부풀려질 수밖에 없다. 극단적인 경우에는 적으로 지목된 인종이나 민족 전체를 절멸해야 한다는 망상으로까지 발전해나간다. 저 악명 높은 유대인 홀로코스트와 난징 대학살, 관동 대학살, 여타 식민지 종주국들이 제3세계 민족들을 상대로 자행했던 대량학살은 그러한 망상이 현실화된 비극이라 할 수 있다. (이제 이 목록에 이스라엘에 의한 팔레스타인 민족 제노사이드를 추가해볼 수 있을 것이다.)

적을 '악마'로 단정해버린 이상 인류라는 도덕적 브레이크는 웬만해선 작동하지 않는다. 때로는 자기 나라의 국민마저 적(이른바 불량국민)으로 낙인찍고 죽이는 일이 일어나지 않았나. 이 끔찍한 '민간인 학살'의 역사에서 자유로운 국가는 그다지 많지 않다. 참고로 한국—비록 제국주의 국가는 아니었지만—도 거의 홀로코스트에 비견될 만한 학살의 역사를 가지고 있다. 한국전쟁 당시 국군과 경찰은 수십만에 이르는 민간인을 '자가 집단학살'auto-genocide했다. 이른바 빨갱이 몰이의 결과였다. 베트남전쟁에서도 수천 명의 주민을 빈안, 꽝남성 등의 지역에서 살해했다. 물론 한국군은 '베트콩을 죽였을 뿐'이라고 아직까지도 주장하고 있다. 그럴지도. 그런데 그중에는 '아기 베트콩'도 있었다. 지금도 베트남 빈호아 마을 등 몇몇 장소에는 '한국군 증오비'가 세워져 있다.[4]

이런 점을 돌이켜보면 슈미트가 이야기하는 (숙명적으로 만들어져야만 하는) 적의 정의에 대해선 동의하기가 쉽지 않다. 실제로도 그의 지독하리만치 시니컬한 이론들은 나치를 비롯한 세계의 여러 극단주의자들에게 침략전쟁에 대한 사상적 동기를 부여해주었다. 오늘날까지도 슈미트는 '힘의 숭배자'들에게 일종의 구루guru로 추앙받는다. 지난 2022년 우크라이나에서 '그럴듯해 보이는 전쟁'이 시작된 이후로 슈미트가 다시 주목받는 현실은 의미심장하다. 어쩌면 우리는 신新냉전과 그에 이어 불어닥칠 신新열전의 한가운데서 슈미트의 망령과 그의 후예들을 목격하게 될지도 모른다.

나 역시 슈미트의 이론에는 동의하지 않는다. 그러나 한편으론 이런 생각이 드는 것도 사실이다. '어쨌든 굉장히 솔직한 주장 아닌가?' 하고. 적어도 슈미트는 '적이란 무엇인가'라는 질문에 대한 자기만의 답을 제시했다. 엉뚱한 답변으로 질문을 회피하지도 않았다. 그런 점에서 나는 슈미트가 실로 '구루'의 자격이 있다고 생각한다. 이에 반해 "북한 정권과 북한군"이라는 답밖에 외칠 줄 모르는 한국의 수많은 '사이비 구루'는 어떤가? 나는 한국의 구루들이 슈미트만 한 고민과 철학을 가지고 우리를 가르쳐왔다고 보지 않는다. 나는 이들이 슈미트의 신랄한 이론을 베껴올 배짱도 없는 왜소한 존재라고 생각한다.

적이라는 편집증

이른바 '한국사(역사) 교과서 개정'을 둘러싼 보수·진보 양측의 이념논쟁이 한창이던 2011년 여름의 일이다. 반년에 한 번 개최되는 '집중 정신교육 주간'에 즈음해 상급부대로부터 괴상한 교육지침 하나가 부대에 접수되었다. 영화 《웰컴 투 동막골》(2005)과 《태극기 휘날리며》(2004)를 장병 교육 영상으로 이용 또는 상영하지 말라는 지시였다. 이유야 대충 짐작이 갔다. 두 영화 모두 한국전쟁을 배경으로 했다지만 국방부가 '거슬려'할 만한 장면이 여럿 나오기 때문이다. 이를테면 《웰컴 투 동막골》은 남·북한 병사들의 우애를, 《태극기 휘날리며》는 이념을 초월한 형제애를 각각의 핵심 서사로 다룬다. 거기에 더해 '미군에 의한 민간인 폭격 사건'이나 '우익 단체에 의한 민간인 학살'과 같이 군의 과거사적 치부를 드러내는 소재도 가미되어 있다. 실제로도 심기가 적잖이 불편했는지 당시 국방부는 두 영화가 "반군, 반미, 반정부 정서를 조장하고 국군의 잔학상과 미 공군의 폭격에 따른 참상을 부각하고 있다"며 교육 관련 정부 부처에 교과서 집필 기준 개정을 공식 요청하기도 했다.[5]

그러나 자세히 들여다보면 납득할 수 없는 부분이 한두 가지가 아니었다. 왜 하필 《웰컴 투 동막골》과 《태극기 휘날리며》였을까? 두 영화를 금지한 기준대로라면 '거슬릴' 영화가 이뿐만이 아니었을 텐데 말이다. 예컨대 미국의 전쟁영화 《플래툰》, 한국의 《고지전》, 《실미도》는 어떤가? 《플래툰》은 베트남전쟁에서 민간인 학살과 군인들의 전투중독combat high을, 《고지전》은 전쟁 지도부의 무능과 군인들의 하극상을 주요한 소재로 삼는다. 《실미도》는 무려 군인들을 상대로 자행된 '국가폭력'에 관한 이야기다. 이 영화들은 왜 거슬리지 않았을까. 《웰컴 투 동막골》과 《태극기 휘날리며》에 비해 그나마 '빨갱이'가 많이 나와서? 아니면 "우리의 목표는 김일성의 목을 따오는 것"(《실미도》)이라는 대사가 너무나도 마음에 들어서?

나는 이 해프닝이 당대 한국군 지도부의 왜소하고 빈곤한 철학을 적나라하게 드러내주었다고 본다. 하지만 지금이라고 해서 그때보다 나을 것도 없다고 생각한다. 한국군에 적이란 '무엇what인가'라는 질문은 존재하지 않는다. 오로지 적이 '누구who인가'라는 질문만 존재할 뿐이다.

여전히 이런 말을 하는 사람이 많다. '당장 우리를 위협하는 북쪽의 강력한 무력 앞에서 새삼 무슨 말이 더 필요하겠는가. 우리는 적에 대해 최대한 간명한 정의를 내려야만 하고, 만일의 사태에 대비하기 위해서라도 영양가 없는 논쟁은 지양해야 한다. 휴전선은 늘, 언제나 일촉즉발

이다.'

맞다. 바로 그 때문에 우리도 합의했던 거다. 적이란 무엇what인가에 대한 고민은 잠시 뒤로 미뤄두기로. 그런데 그렇게 70년(!)이 넘는 세월이 지나버렸다. 진정 시간과 여유가 없었다고 말할 수 있을까. 긴 무지의 세월은 전쟁에 관한 철학을 서서히 소멸시켰다. 이는 곧 전쟁에 대한 '의문부호'의 소멸을 뜻하는 것으로, 그 결과 지금 우리 주변에는 호전적인 뉘앙스의 '느낌표'만이 배회하고 있다. 물음표가 이성을 개발한다면 느낌표는 감정을 강화하는 법이다. "무슨 말이 더 필요한가! 저기 우리를 죽이려 드는 놈들이 있다!" "무슨 말이 더 필요한가! 우리가 죽을 수도 있다!"

2023년, 신원식 국방부 장관은 육군사관학교의 정체성을 "반공전사 육성"으로 규정했다.[6] 국군의 존재 목적이 '반공'에 있다고 선언한 것이나 마찬가지인 이 발언의 핵심 또한 적이 누구who인가에 있다. 나는 장관의 말에서 '손가락 총'의 야만을 떠올렸다. 여순사건(1948) 당시 한국군은 항쟁에 참여한 좌익 '부역자'를 색출한다는 명분으로 여수 종산국민학교 등 여러 곳에 주민들을 불러 모았다. 그러고는 경찰과 우익인사를 동원해 부역자로 의심되는 사람을 손가락으로 가리키도록 했다. 그들이 얼굴을 죽 훑어보고 '저 사람!'이라고 지목하면 군인들이 끌어가 불법

처형했다(전남 오동도의 여순사건기념관에는 '손가락 총' 조형물이 전시되어 있다).

그렇게 육성된 '반공전사'들이 2024년 12월 3일, '종북·반국가 세력 처단'을 내건 쿠데타에 동참했던 것이다. 이때 우리는 1948년 손가락 총의 야만이 끝나지 않았다는 사실과, 그 손가락이 누구를 향하고 있는지를 분명하게 확인했다. 이 쿠데타의 핵심 수괴이자, 신원식의 후임 국방부 장관이었던 김용현은 쿠데타가 실패로 돌아간 직후 부하들에게 이렇게 말했다. "중과부적衆寡不敵이었다. 수고했다."[7]

이에 못지않은 또 한 명의 '누구'who 편집증 환자는 이른바 '채 해병 순직 사건'(2023. 7. 19)[8]의 핵심 관계자이자 최고위 직속상관인 임성근 전 해병 제1사단장이다. 그는 각종 수사 및 국회 청문회 과정에서 순직 해병에 대한 지휘 책임을 교묘히 회피했다. 책임은커녕 자신을 비판하는 해병대원과 그를 돕는 시민단체의 활동을 겨냥해 "전형적인 이적利敵 행위이자 북한 사이버 공격의 한 형태"라고 매도하기도 했다.[9] 한때 충성을 바쳤던 부하들의 얼굴에, 임성근 자신이 그토록 증오해 마지않았을 '적'의 얼굴을 덧씌운 것이다.

이 정도로 한국군은 적에 미쳐 있다. 적이란 무엇what인가를 조금도 고민하지 않은 채로 여기저기 손가락 총을 난사하고 있다는 말이다. 부끄럽지만 나 역시 그랬던 군인 중 하나다. 장교 임관 초기만 해도 나는 '남한 군인'들에게 학살당한 '남한 국민'이 존재한다는 사실 자체를 전혀 몰랐다.[10] 한국전쟁의 모든 악행은 북한이 저지른 것이었고, 북한이 저질렀어야 한다고 믿었던 것이다. 그러다 우연찮은 기회에 진실을 접하게 되면서, 꽤 심각한 정신적 아노미 상태에 빠져들었다. 진실에 눈감은 바보 혹은 음흉한 위선자가 되어버린 듯한 기분을 떨칠 수가 없었다. 특히 나를 괴롭혔던 건 바로 이 질문이다.

남한 군인들에게 살해당한 남한 국민의 적敵은 누구였을까?

적이 누구who이며, 적을 어떻게how 죽일 것인지만 강조하는 집단에 축적될 감정은 증오밖엔 없다. 지금 한국군의 심성에서 증오가 차지하는 비율은 적에 대한 철학이 부재했던 시간만큼이나 압도적이다. 그리고 그 강도는 "역사상 최초의 이데올로기 전쟁"(서중석)이라 할 수 있는 한국전쟁 당시의 그것으로부터 조금도 약화되지 않았다고 단언할 수 있다. 매일같이 북쪽을 향해 증오를 쏟아내면서도 한때 자신들이 '국민의 적'이었다는 유책성에 대해서는 진지한 고민도 반성도 없다. 그런 군대가 진정한 의미에서의 '국민의 보호를 사명으로 하는 국민의 군대'(군인복무기본법)로 거듭날 수 있을 리 없다.

부하의 안타까운 죽음을 이적 행위에 접붙여가는, 손가락 총으로 국민을 위협하는, 애먼 《웰컴 투 동막골》과 《태극기 휘날리며》에 전전긍긍하는 이 뒤틀린 증오심 앞에서는 카를 슈미트조차도 고개를 가로젓지 않을까. 슈미트도 이렇게 밑도 끝도 없이 적을 증오하라고는 말하지 않았다. 그에게 적이라는 존재는 이런 식의 1차원적 혐오에 근거한 절멸 대상이 아닌, 국가와 정치의 존재 이유를 설명해주는 정신적 대립―투쟁의 의미를 부여하고 현상 유지의 안일함을 물리치는―의 주체로서 존재했다. 다시 말하지만 나는 한국 사이비 구루들의 왜소함을 카를 슈미트에 빗대는 건 그에 대한 실례라고 생각한다.

미국의 문호 마크 트웨인의 『전쟁을 위한 기도』라는 짧은 소설이 있다. 적에 대한 고민과 질문이 소멸한 사회, 오직 적에 대한 증오만이 난립하는 사회를 깜짝 놀랄 만큼 잘 표현해내고 있는 작품이다. 아래는 그 '기도'의 일부다. 다소 길지만 가급적 한 호흡에 읽어보기를 권한다.

> 오, 주님! 우리를 도우시어 우리의 포탄으로 저들의 병사들을 갈기갈기 찢어 피 흘리게 하소서. 우리를 도우시어 저들의 청명한 벌판을 저들 애국자의 창백한 주검으로 뒤덮게 하소서. 우리를 도우시어 천둥

같은 총성을 저들의 부상병들이 고통으로 몸부림치며 내지르는 비명 속에 잠기게 하소서. 우리를 도우시어 폭풍처럼 휘몰아치는 포화로 저들의 누추한 집들을 잿더미로 화하게 하소서. 우리를 도우시어 저들의 죄 없는 과부들이 비통에 빠져 가슴 쥐어뜯게 하소서. 우리를 도우시어 저들이 집을 잃고 어린 자식들과 함께 흙바람 이는 황폐한 땅을 의지가지없이 떠돌게 하소서. 누더기를 걸친 채 굶주림과 갈증 속에 여름에는 이글거리는 태양에 겨울에는 살을 에는 한풍에 노리개가 되어 영혼은 찢기고 노고에 지친 몸으로 헤매게 하소서. 주님께 안식할 무덤을 간구하더라도 거절하시고 주님을 경모하는 우리를 위하여 저들의 소망을 산산이 날려버리시고 저들의 생명을 시들게 하시고 저들의 비참한 순례가 끝나지 않게 하시고 저들의 발걸음을 더욱 무겁게 하시고 저들의 눈물로 저들의 길을 젖게 하시고 저들의 상처투성이 발에서 흐르는 피로 흰 눈을 얼룩지게 하소서. 우리는 그것을 바라나이다. 사랑의 정신으로 사랑의 근원이신 주님께. 곤고한 처지에 놓여 회개하는 마음으로 겸허히 당신의 도움을 청하는 모든 이에게 항상 믿음직한 피난처요 친구이신 주님께. 아멘.

총풍이 총상이 될 때

전쟁의 어덕서니

'어덕서니'라는 도깨비가 있다. 사람들의 공포를 먹고 자라나는 도깨비다. 어둑시니, 어둑서니, 아둑시니라고도 부른다. 최근에는 이른바 '한국형 오컬트'에서 이 도깨비의 이미지가 활발하게 소비되었는데, 그러다보니 도깨비치고는 이름이 제법 알려진 편이다. 실제로 평안도에는 어둑서니골, 어뎡골과 같이 이 도깨비의 이름을 차용한 지명도 존재한다. 관련 민담의 주된 지리적 출처가 평안도라는 뜻일 게다.

고故 리영희 교수—그 역시 평안도 출신이다—에 따르면, 이 도깨비는 주로 캄캄한 밤 무서운 괴물의 '기운'으로 느닷없이 사람들 곁에 다가온다. 그 기운에 누군가 겁을 집어먹게 되면 그 공포를 일종의 양분으로 삼아 몸집을 부풀리는데, 그 크기가 클 때는 하늘에 닿을 정도라고 한다. 반대로 사람들이 겁을 먹지 않거나 외면해 아예 없는 것인 양 취급하면 힘을 잃고 몸집이 줄어든다. 그리고 마지막엔 땅속으로 가라앉아 사라진다. 어덕서니가 엄연한 도깨비이면서도 허깨비라는 조롱을 받는 이유도 바로 여기에 있다. 기운만 있을 뿐, 자기 고유의 실체랄 것이 없기 때문이다.[1]

물론 과학의 합리성이 웃고 넘어가도 될 자잘한 설화들마저 해체하는 오늘날에는 누군가 어덕서니의 '멸종'을 선언하더라도 반박할 사람은 없을 것이다. 하지만 이는 엄밀히 말해 민담 속 도깨비 어덕서니의 퇴장을 의미하는 현상일 뿐, 그러한 변화가 어덕서니 고유의 '허깨비적 정체성'에 미친 영향은 전혀 없다고 봐도 무방하다. 오히려 과학은 어덕서니를 수백 년간 구속해왔던 설화-민담-지역의 굴레를 깨끗하고 완전하게 불태워주었다. 그 덕에 어덕서니는 평안도를 벗어나 전 국토, 아니 전 세계에 자신의 그림자를 드리울 수 있게 되었다.

또한 어덕서니는 진화했다. 이제 그들은 빛이 들지 않는 골짜기를 찾아다니며 외로이 암약하지도, 겁 많은 나그네가 지나가길 하염없이 기다리며 공포를 구걸하지도 않는다. 영원한 그늘을 제공해줄 인간의 입(ㅁ)속에 새 보금자리를 틀었기 때문이다. 그렇게 기생寄生하면서 숙주의 뇌를 밤낮없이 자극해 공포를 채취하도록 조종한다.

도깨비 설화의 붕괴로 어덕서니라는 이름이 새삼 언급되지 않을 따름이지 녀석을 봤다는 목격담은 곳곳에서 전해진다. 나 역시 어덕서니를 마주친 적이 있다. 그날은 2010년 11월 30일, 그러니까 '연평도 포격 사건'이 발생하고 만 일주일이 지난 오후였다. 부대는 진작부터 비상 대기 태세에 돌입해 있었고, 나를 비롯한 간부들은 행정반에 모여 뉴스 속보를 모니터링하고 있었다. 마침 TV 화면은 연평도 포격 현장을 방문한 정치인들을 비추고 있었다. 표면이 시커멓게 그을린 원통형의, 철제로 추정되는 어떤 물체를 주워들고 뭐라 구시렁거리는 듯한 장면이었다. 나는 리모컨을 들어 볼륨을 높였다.

A: "이게 포탄입니다, 포탄!"
B: "이게 76밀리 같고, 요거는 아마 122밀리 방사포."
C: "곡사포 맞네요. 곡사포네, 곡사포."

B는 당시 집권 여당의 국회의원이었다. 국회의원이 되기 이전에는 3성 장군의 지위에 오르기까지 한 성공한 직업군인이었는데, 나 같은 말단 장교도 그의 이름을 몇 번 들어봤을 정도로 인지도가 있는 인물이었다. 나는 야전교범의 자료사진으로나 보던 북한군의 76밀리미터, 122밀리

미터 포탄을 한눈에 식별해내는 B의 순발력에 감탄했다. '포탄치곤 좀 작지 않나' 하는 위화감이 들기도 했지만, 곧 다시 고개를 끄덕였다. 저 그을린 원통에 대한 나의 의심을 밀고 나가기에는 포격 현장에 쌓인 진실의 파편들―북한군이 내리꽂은 백수십 발의 포탄, 포격의 희생자들, 파괴된 민가―이 너무나도 압도적이었기 때문이다. 그래서 좀 구린 감은 있더라도 B의 말을 전적으로 신뢰했다. 뒤따라온 어떤 기자가 이 말을 내뱉기 전까지는.

"이거 포탄 아니에요. 보온병!"

그 순간 나는 거대한 폐허의 틈을 비집고 들어와 있는 어덕서니의 왜소한 그림자를 목격했다. A와 B와 C의 입속에 기생하던 어덕서니들. 그들이 마치 사건 현장에서 끔찍한 범행도구를 발견하기라도 한 어린아이처럼 소란을 떨어대고 있었던 것이다. 그들은 먼저 "이게 포탄!" 하고 소리 질러 우리를 놀라게 했고, 몸집을 부풀리기 위해 76밀리니 122밀리니 하는 괴물 같은 용어들을 툭툭 쏘아붙였다. 솜씨 좋은 변사辯士의 억양을 따라 하며 변죽을 울리는 마무리도 빼먹지 않았다. "곡사포네, 곡사포."

"보온병!" 소리에 행정반에 모인 우리는 피식 웃었다. 그러나 그 웃음은 얼마 지나지 않아 '쯧', '에혀' 하는 추임새로 바뀌었다. 나 역시 등 부위가 후줄근해져 있는 것을 느꼈다. (부끄러움은 누구의 몫인가?) 만약 어덕서니들의 술수가 성공했더라면 어땠을까? 그 즉시 보온병은 더 이상 보온병이 아니게 된다. 이제 그것은 누가 뭐래도 포탄인 것이다. 어덕서니들의 '기운'이 마침내 '실체'를 얻게 되는 순간이라고나 할까.

총화銃火에 기생하는 존재들

물론 이 사건은 단순한 해프닝에 불과하다. 설령 보온병이 실제 포탄으로 인정받았다 치더라도 그 부작용이 그리 치명적이진 않았을 거라는 의미다. 기껏해야 몇몇 언론이 "이게 포탄!"이라는 제목의 기사나 쓰지 않았을까. 아, 어쩌면 투명한 쇼케이스에 담겨 전시된 보온병을 볼 수 있었을지도 모르겠다. '안보 불감증'에 빠진 젊은이들의 경각심을 일깨우기 위해서 말이다(별 인기는 끌지 못하겠지만).

반면에 이 같은 어덕서니의 행패가 꽤 심각하게 비화된 적도 있었다. 1997년의 '총풍사건'이 꼭 그렇다. 이 사건의 범인들은 자신이 원하는 후보를 대통령에 당선시키기 위한 목적으로 북한에 접근해 '총 한번 쏴달라'는 식의 무력시위를 요청했다. 전쟁에 대한 공포를 자극해 안보 위기 국면을 조성하려던 자작극 모의였다. 총풍銃風, 즉 '총의 바람'이라는 뜻부터가 허깨비의 존재를 암시하지 않았던가. (참고로 총풍사건은 2018년 개봉한 영화《공작》의 소재로 활용되기도 했다.)

    2024년 10월에는 윤석열과 그를 추종하는 파시스트 군부 일당이 북한으로 무인기(드론)를 수차에 걸쳐 날려 보냈다. 그리고 2025년 7월 현재, '12·3 쿠데타'의 전모를 수사하는 특별검찰은 이 사건에 대한 외환죄外患罪 성립 여부를 검토하고 있다(이미 그 자체로 심각한 정전협정 위반이기도 하다). 앞서 총풍사건과 마찬가지로 의도적으로 북한의 공격을 유도해 쿠데타를 일으킬 명분을 만들어내려 했다는 거다. 실제로 이 무인기는 지상에서 카메라에 찍힐 만큼 낮은 고도로 평양 상공을 비행했고, 큰 소음을 내며 삐라묶음통을 덜렁거리고 다니다가 결국엔 추락했다. 그러나 놀랍게도 윤석열 일당은 이러한 결과를 마치 기다리고 있었다는 듯 환호작약한다. 한 현역 장교는 당시의 분위기를 이렇게 설명했다. "VIP(윤석열)랑 장관(김용현)이 그 북한 발표하고 박수치며 좋아했다. 너무 좋아해서 사령관이 또 하라고 그랬다."[2]

    실로 이 어덕서니들은 온 나라를 공포로 몰아넣고도 남을 '괴물 같은 기운'을 뿜어내고 있었다. 보온병을 포탄으로 둔갑시키는 장난과는 비교할 수조차 없다. 총풍이 총상銃傷이 될 수 있었다. 만약 그랬더라면 그 총상은, 말할 것도 없이, 우리 가슴에 꽃피워지고 말았을 것이다. 그리하여 지금까지도 상처를 움켜잡고 눈물을 쏟고 있었을 것이다. 어덕서니들은? 물론 어덕서니들도 눈물은 흘린다. 하지만 눈물의 본질이 우리의 그것과 같지 않다. 그들의 눈물은 지난날 우리가 목격했던 "환호작약", "이게 포탄!" 하고 외치는 어리석은 비분강개함, '진짜'가 된 '가짜'의 희열로부터 샘솟아 나온다.

이렇게 인간의 탈을 쓰고 있음에도 어덕서니처럼 타인의 공포를 탐닉하며 이득을 얻는 '인간-어덕서니'는 점차 늘어나고 있다. 이는 인간과 어덕서니의 관계가 단순한 기생-숙주의 수준을 넘어 공생관계로 진화해가고 있다는 사실을 암시해준다. 이러한 '인간-어덕서니'들은, 사람들이 외면한다고 해서 힘을 잃고 사라지는 민담 속 도깨비 어덕서니와 다르다. 이들은 사람들의 관심을 끌기 위해서라면 기꺼이 위협을 끌어들이고 갖은 소란행위도 마다하지 않는다. 그리고 무엇보다 '거짓'을 말한다.

거짓과 허깨비는 다르다. 허깨비는 착시의 결과로, 사라져버리면 후유증이 남지 않는 데 비해, 거짓은 한번 발화되면 끝까지 남아 '총풍'을 '총상'으로 만드는 데 기여한다. 우리는 '인간-어덕서니'를 퇴치해낼 수 있을까? 안타깝지만 방법은 하나뿐이다. "보온병!" 하고 외치는 수밖에.

"진실의 빛을 쬐면 어덕서니는 꺼져버린다."(리영희)

프로파간다 중독증

프로파간다의 프라임타임

한자어 선전宣傳에 해당하는 영어 단어는 프로파간다 propaganda이다. 그러나 우리가 체감하는 두 단어의 느낌이나 이미지는 약간 다르다. 단적으로 말하자면 프로파간다의 이미지가 압도적으로 나쁜 편이다. 한국인의 언어습관에서 선전은 흔히 광고advertising와 혼용되어 쓰이는 측면이 있어서 부정적 이미지가 다소나마 중화된다.[1] 이에 반해 프로파간다는 편향된 주의·주장 따위를 비판하거나 조롱할 때 주로 사용된다. 두 단어의 사전적인 정의는 같거나 비슷할지 모르겠으나, 대중이 받아들이는 인식에는 적잖은 간극이 존재한다는 의미다. 이 간극을 줄이는 가장 간단한 방법은 선전이라는 말 앞에 '정치, 이념, 전쟁' 같은 다소 논쟁적인 명사를 붙이는 것이다. 물론 내가 보기에 가장 잘 어울리는 조합은 '전쟁-선전'이다.

무턱대고 전쟁을 갖다 붙이려는 의도는 없다. 프로파간다도 원래는 중립적인 단어였다. 어원 역시 1622년 로마 교황청이 해외 선교활동을 감독하기 위해 신설한 부서 '포교성성'布敎聖省의 라틴어 표기, 'Sacra Congregatio de Propaganda Fide'에서 찾아볼 수 있다. 즉 무언가를 널리 알리는 활동을 단적으로 명기하고자 만들어진 말이다. 프로파간다라는 말이 오늘날처럼 과격한 뉘앙스를 띠게 된 계기는 제1차 세계대전이었다. 당시 참전국들은 보다 효율적인 총력전을 수행하기 위해 국민의 자발적인 희생과 적극적인 전쟁 참여를 이끌어내고자 노력했다. 프로파간다의 용례도 이때 전쟁의 영역으로 확장되었다.

1917년 미국은, 자국 역사상 최초의 전쟁 선전기관인 '연방공보위원회'CPI를 발족했다. 이 위원회는 수많은 프로파간디스트propagandist, 다시 말해 선전가들을 고용해 양지로 이끌어냈고,[2] 미국의 적을 '악마화'하도록 임무를 부여했다. 그리하여 마침내 '저 독일 야만인들을 응징하지 않고서는 도저히 밤잠을 이룰 수 없을 정도'의 증오를 미국 국민에게 주입하는 데 성공했다. 위원회의 이 같은 성공이 전 세계의 '권력형' 호전주의자들에게 깊은 인상을 남긴 건 분명해 보인다. 아돌프 히틀러도 그중 한 사람이었다고 한다.[3]

히틀러에 비해 잘 알려지진 않았지만, 현대 홍보PR 이론의 구루로 평가받는 에드워드 버네이스라는 인물도 바로 이 연방공보위원회 출신이다. 그는 1925년, 자신의 노하우를 집대성한 책을 펴내는데 공교롭게도 이 책의 제목 또한 『프로파간다』이다.[4] 버네이스는 프로파간다의 놀라운 발전과 대중화의 이면에 전쟁이 결정적인 역할을 했음을 인정했다. 애국심이나 적개심 같은 집단의식마저도 프로파간다를 통해 양산해낼 수 있다는 사실을 전쟁이라는 거대한 실험을 통해 알게 되었기 때문이다.

이런 점에서 전쟁은 프로파간다의 실질적인 유모乳母라고 해도 과언이 아니다. 무엇보다 전쟁은 인간의 '욕망'에 부역할 수 있는 다양한 아이디어를 선전가들에게 제공해주었다. 예컨대 버네이스는 『프로파간다』에서 독자에게 다음과 같이 묻는다. 이제부터 당신은 피아노 판매업자다. 어떻게 해야 피아노를 많이 팔 수 있겠는가? 상식적인 사람들은 피아노의 가격과 품질, 성능을 홍보의 우선순위로 꼽을 것이다. 그러나 선전가는 다르다. 그들은 소비자의 '욕망'이 피아노의 품질 따위에 구속되지 않는다는 점을 잘 알고 있다.

실제로 버네이스도 피아노의 성능에는 관심이 없었다. 대신 그는 (피아노가 있는) '가정 음악실'이라는 새로운 유행을 만들어보고자 고심했다. 용도가 애매모호한 집 내부

자투리 공간을 음악이 가미된 예술 공간, 다시 말해 '가정 음악실'로 개조해보면 어떨까 하는 유혹을 소비자들의 귓전에 먼저 속삭이려 했다. 버네이스는 이 품위 있어 보이면서도 허영적인 유행이 일단 시장에 받아들여지기만 하면 피아노를 소유하려는 욕망도 저절로 자극될 것이라고 내다봤다. 그는 이 유행을 선도하기 위해 유명 건축가가 설계한 '가정 음악실' 모델하우스를 거리에 전시하고 그곳에서 다양한 행사를 열어 권위 있는 인사들과 예술가를 초청했다.[5] '가정 음악실'이라는 단어를 신문 지면에 박아줄 기자들도 물론 끌어들였겠지만 말이다. 어쨌든 피아노는 아주 잘 팔렸다고 한다.

버네이스의 사례는 선전가가 도달해야 할 궁극적 이상에 대해 말해준다. 요컨대 "피아노 사세요!"는 진정한 의미의 프로파간다가 아니다. 진정한 프로파간다는 오히려 소비자가 먼저 가게로 달려와서 "피아노 파세요!"라며 문을 두드리는 순간 완성된다.

전쟁-프로파간다도 마찬가지다. 다시 버네이스의 사례에 빗대보자면 피아노는 적敵, 소비자는 국민이다. 여기서도 선전가는 소비자인 국민이 자발적으로 군복을 맞춰 입고 위병소로 달려가 "전쟁 좀 합시다!"라고 소리치는 순간을 연출해내고자 노력해야 한다. 그렇다면 전쟁을 향한 욕망(혹은 증오)의 소용돌이는 어떻게 만들 수 있을까? 여러 고전적인 방법이 있다. 참을 수 없을 만큼의 공포를 조장한다거나, 적을 악마화한다거나, 대의명분을 과장해 국민을 '위대한 십자군'으로 무장시킬 수도 있다. 물론 전쟁으로 얻을 수 있는 특별하면서도 세속적인 이익을 부풀려 강조해야 한다는 점도 잊으면 안 된다.

세뇌와 중독

대학원에서 『사진주보』라는 잡지를 연구한 적이 있다.[6] 잡지라고는 하지만 태평양전쟁 당시 일본 정부가 자국 국민을 대상으로 발행했던 국책 선전물이다. 실제로 『사진주보』는 다음과 같은 비전을 내세웠다. "영화가 선전전의 기관총이라면 사진은 단도로 사람의 마음을 직접 파고 들어가며, 수십만 수백만 장이 인쇄·배포되는 독가스毒瓦斯다." 놀랍지 않은가? 이제부터 당신들을 세뇌하겠다는 말을 이토록 뻔뻔하면서도 당당하게 했다. 프로파간다의 이면에 숨겨진, 저질적이면서도 폭력적인 의도를 감추거나 미화하려고 하지 않았다. 오히려 이들은 대중에게 '중독'을 권했다. 자신들이 만들어낸 '독가스'를 한껏 들이마셔 보라면서 말이다.

당연하지만 독가스의 독毒이 신체에 해악을 끼치는 화학성분을 뜻하지는 않는다. 나는 이것을 정신적 의존증으로서의 중독addiction과 비슷한 의미로 받아들여 해석한다. 중독된 인간은 당장의 긴장과 불안을 해소해줄 약물이나 물질을 병적으로 욕망하게 되는 법이다. 전쟁-프로파간다에 중독된 국민도 마찬가지다. 국민은 전쟁이 초래하는 긴장과 불안, 죄의식에서 벗어나기 위해 선전가들이 만들어낸 중독물질─'우리의 전쟁은 아름답고 숭고하며, 강하고 압도적이며, 정의롭고 평화로우며, 많은 이익을 가져다준다'─을 좀비처럼 찾아다닌다. 반면에 선전가는 더 많은 국민이, 더 깊이 자신의 말과 글에 중독될 수 있도록 불안과 환희를 동시에 자극한다.

『사진주보』 역시 그랬다. 이 매체는 '아시아의 지도자, 모체母體, 광명, 해방자, 형님'인 일본제국이 서양의 착취와 폭압에 맞서 평화를 쟁취하기 위한 전쟁을 벌이고 있다는 점을 선명하게, 반복적으로 강조했다. 약소민족을 억압한다는 국민적 죄의식을 해소하고 그 자리에 민족적이고 인종적인 우월감을 심어주기 위함이었다.[7] 그리고 이렇게 만들어진 우월감 위에, 전쟁을 하면 할수록 부富를 "가진 나라"持てる國의 국민이 될 수 있다는 허황된 희망을 얹어주었다.

실제로 『사진주보』 지면의 상당 부분은 '전쟁 특수'에 관한 기사와 사진들로 구성돼 있었다. 이를테면 일본군 점령지에서 채굴된 석유가 하늘로 힘차게 뿜어져 나오는 장면이라거나, 원주민들의 (강제) 노동으로 공장이 활발히 돌아가는 모습이라거나, 각종 노획품을 싣고 금의환향하는 수송 선단의 위용 등을 조명한 사진들이 집중적으로 게재됐다. 경우에 따라서는 인기 작가와 예술가들을 동원해 군정軍政을 찬양하는 글과 작품을 실었다.

당연하게도 불편한 진실을 알리는 기사는 한 건도 싣지 않았다. 대신 '아름다운 거짓'을 만들어내는 데 골몰했다. 그리하여 도시의 야간폭격을 '도시의 폭죽놀이'처럼 묘사해낸 삽화가 실렸고, 군인들이 낙하산을 타고 적국에 침투하는 광경은 "신국神國 병사 팔렘방에 내리다"라는 제목의 서정적 전쟁화로 대체되었다. 싱가포르에서 일본군이 자행한 화교 학살, 10만 명에 가까운 사람이 사망한 미얀마 철도 공사 추진, 인도네시아에서의 가혹한 노무 동원 등의 전쟁범죄는 대부분 감추거나 적이 저지른 범죄라는 식으로 진실을 왜곡했다.

따라서 역설적이지만, 프로파간다지誌로서 『사진주보』의 활약은 그다지 나쁘지 않았다고 판단된다. 말하자면 '피아노'를 꽤나 잘 팔았다는 의미다. 다만 오해를 막기 위해 약간 첨언하자면, 나는 『사진주보』의 프로파간다가 다른 국가들에 비해 유독 악랄했다고는 생각하지 않는다. 이보다 훨씬 교묘했던, 또 살상무기 이상으로 파괴적이었던 프로파간다가 셀 수 없이 많지 않을까? 나는 단지 직접 연구했다는 이유에서 『사진주보』를 거론했을 따름이다. 오히려 순진해 보이기까지 한다. 자기 혀와 손가락을 '독가스'에 비견하며 허세를 부리던 80년 전의 선전가들이 말이다.

오늘날 선전가들은 사실상 권력의 정점에 올라 있지 않은가 하는 생각이다. 제1차 세계대전 이래로 전쟁, 폭력 등에 관한 온갖 불편한 진실을 은폐해준 선전가들의 기여가 이미 적잖이 누적되어버렸고, 국가로서는 그 기여를 인정하지 않을 수 없을 테니 말이다. 아마도 선전가들은 그렇게 얻어낸 '자리'—전쟁이라는 블랙홀의 강력한 중력에 묶여 있으면서도 전투라는 사건의 지평선 안쪽으로는 결코 빨려들어가지 않는, 동시에 전쟁 피해자들의 비릿한 피와 살점이 튀지 않는—에 지금쯤 앉아 있으리라 본다. 우리가 전방의 군인들보다 훨씬 더 거칠고 호전적인 말투로 적을 비난해대는 권력자를 종종 목격하게 되는 이유다.

반전反戰 사상가 후지타 쇼조는 선전가들이 지배하는 사회의 위험성에 대해 경고한 바 있다. 전쟁으로 인한 고통은 외면하면서도 전쟁에 대한 의욕만은 충만한, 몸은 총뒤(銃後, 즉 전선의 후방)에 있지만 정신만은 전쟁 상태에 돌입해 있는 그런 사회 말이다.[8] 그런 사회에서는 국민 모두가 선전가이거나 비슷한 아류로 전락해 있다. 지금 우리 각자의 '자리'는 어디쯤일까? 어쨌든 최후방은 당신의 몫이 아닐 것이다.

파멸 세대의 초상

전쟁-게임의 플레이어

『서부전선 이상 없다』, 에리히 레마르크, 독일, 1929. 전쟁에 대한 동경과 환상을 이 소설만큼 사정없이 깨부수는 작품이 또 있을까 싶지만, 오히려 그랬기 때문에 나치의 탄압을 피하지 못했다. 판매가 금지된 것은 말할 것도 없고 선전장관 괴벨스의 주도 아래 공개적으로 불태워지기도 했다(1933년 베를린 분서 사건). 결국 독일 시민권까지 박탈당한 레마르크는 쫓겨나듯 미국 망명길에 올랐다.

그 이유는 앞서 2장에서 언급한 조리돌림의 논리―전쟁을 '지나치게 사실적으로' 묘사했다는―와 크게 다르지 않았다고 보면 될 듯하다. 그런데 작은 의문이 하나 든다. 전쟁터의 실상에 관한 사실적이고 숨김없는 고발, 과연 그것만이 탄압의 이유였을까? 그렇진 않았을 것이다. 예컨대 레마르크와 동시대 작가인 에른스트 윙거의 전쟁소설인 『강철폭풍 속에서』는 표현의 리얼리티에 있어 『서부전선 이상 없다』에 결코 뒤지지 않는다. 그러나 이 작품은 독일 조야에서 보편적인 사랑을 받았고, 윙거 역시 나치로부터 레마르크만큼의 탄압―윙거 본인은 나치에 반대했다지만―은 받지 않았던 것으로 알려져 있다. 그렇다면 과연 『서부전선 이상 없다』의 어느 부분이 나치의 '역린'을 건드렸던 것일까?

그걸 알기 위해선 우선 나치, 좀 더 일반적으로 말하자면 전쟁을 이끌어가는 '국가'의 시야를 이해해볼 필요가 있을 것 같다. 이럴 때 나는 전쟁을 하나의 게임으로 상정해보라고 사람들에게 종종 제안한다. 자신이 그 게임의 플레이어로 마우스를 쥐고 있다고 상상해보라는 것이다.

군인 시절 워게임war game 게이머로 가끔 차출되곤 했다. 워게임이란 말 그대로 전쟁-게임이다. 다만 게임이라고 해서 액션·슈팅 장르를 떠올려선 곤란하다. 여러 명의 유저가 실시간으로 참가하는 전략 시뮬레이션 정도로 이해하면 될 듯싶다. 참가하는 게이머의 수는 워게임을 주관하는 부대의 규모에 따라 달라진다. 당연히 규모가 클수록 많고 작을수록 적다. 마찬가지로 게이머 한 명이 '컨트롤'하는 병력도 규모가 작을 경우 수십 명 단위, 클 경우에는 수백 명에서 천 명 단위에 이르기도 한다. 실제로 1년에 한두 번씩 실시되는 국가 규모의 워게임에서는 수만 명의 병력을 고작 수십 명의 게이머가 나눠서 컨트롤하는 진풍경이 벌어지기도 한다.

하지만 게이머에게 컨트롤하는 병력의 많고 적음은 큰 문제가 되지 않는다. 주어진 병력이 많다고 해봐야 클릭해야 할 유닛 몇 개가 늘어날 뿐이다. 설령 몇백 명 규모의 부대라 할지라도 단 하나의 군대 부호, 즉 한 개의 유닛으로만 표시되는 경우가 적지 않다. 아니, 애초에 게임이므로 아무리 컨트롤할 병력이 많아도 손가락 이외에 무리가 가는 신체 부위는 없다고 보면 된다.

물론 게이머들 사이에서도 지휘관계는 있다. 흥미롭게도 이 또한 플레이어-유닛의 관계와 같다. 게임 화면 앞에 죽치고 앉아 자잘한 '클릭질'을 해대는 건 주로 병사 게이머들이다. 나 같은 하급 장교는 그 병사들을 옆에서 컨트롤한다. 또 그런 하급 장교들을 컨트롤하는 사람이 중급(영관급)장교, 그러니까 20평 남짓한 게임실의 보스이자 최고위 플레이어다. 이들은 게임실 중간에 빔 프로젝트 화면을 띄워놓고 레이저 포인터를 깨작거리며 소리친다. "더 빠르게! 야 거기, 손가락 놀지 말란 말이야!"

게임실의 풍경은 동네 PC방과도 유사했다. 게이머들 역시 '놀이'로서의 게임 원칙—마우스를 움직이고 클릭하는 속도가 빨라야 한다는—을 충실히 따른다. 게이머들 각자의 플레이 성적은 영수증 비슷한 재질의 종이에 출력되어 나오는 전투력 현황표를 통해 알 수 있다. 게임을 잘 했다면 현황이 좋을 것이고(유닛들을 죽도록 움직여대며 거의 실시간으로 포탄을 피했을 테니까), 못했다면 나쁠 것이었다. 결과가 좋으면 게임실의 보스는 웃었고, 나쁘면 화를 냈다. 보스가 화를 내면 게이머들은, 전투력 현황을 '이상 없음' 또는 '양호' 상태로 되돌리기 위해 온 힘을 다 해야 한다.

장황하게 떠들었지만 나는 이것이 나치의, 안전한 곳에서 전쟁을 시청하는 플레이어들의 시야라고 생각한다. 플레이어(게이머)는 유닛을 생산·유지·소모시키고 유닛의 행동을 강제할 수도 있는 마스터 오브 퍼펫츠master of puppets다. 당연하게도 그들은 유닛의 세계를 이해할 수 없고 굳이 이해해야 할 이유도 없다. 유닛은 유닛. 클릭질 몇 번에도 하루에만 수십 번의 진지 이동과 전투를 실행하는 꼭두각시일 뿐이다(물론 현실에서라면 그런 식의 전투 행동은 초인적인 신체능력을 가졌다고 해도 불가능하다).

하지만 그런 플레이어에게도 유일한 고뇌가 있다면 그건 게임의 종료game over, 다시 말해 패배다. 그저 플레이어의 손가락만 자극할 뿐인 유닛의 죽음과 달리 패배는 플레이어의 '본체'를 위협하는 엄청난 사건이다. 플레이에 대한 책임은 플레이어의 지위가 높건 낮건 피해갈 수 없다. 왜냐하면 그들 모두가 이 전쟁-게임이 시작되는 데 크고 작게 기여한 존재이기 때문이다. 그래서 대개의 플레이어는 아무리 불리한 상황에서도 게임을 이어나가려고(어떻게든 질질 끌어보려고) 발버둥치게 된다.

어쨌든 화면에 '게임 오버'가 나오지 않으면 되는 것이다. 생각해보라. 마지막까지, 최후의 한 사람까지 싸우자는 사수死守의 궐기는 패배를 앞둔 나라들에서 주로 터져 나오지 않던가. 게다가 그러한 구호는, 침략을 당한 나라에서는 말할 것도 없고, 깡패처럼 전쟁을 일으킨 나라에서도 놀랍도록 잘 받아들여진다. 물론 그런 선동이 여전히 먹혀들어간다는 사실은 플레이어 입장에서는 천만다행한 일이다. 다른 건 몰라도 유닛의 '생산·공급 시스템'만은 멀쩡하다는 증거이기 때문이다. 이 코어core만 유지되고 있다면 플레이어에게 달라질 건 없다. 지금까지 그래왔듯이 '클릭질'로 유닛들을 혹사시키고 새 유닛을 생산해 피(血)가 모자라는 지역으로 공급하면 된다. 그리고 게임이 계속되는 한 플레이어들이 출력하는 전투력 현황표에는 언제나 이런 보고만이 찍혀 나올 것이다. "양호." "서부전선 이상 없음."

젊은이들을 파멸시키고 살아남은 세대

레마르크는 『서부전선 이상 없다』가 "전쟁으로 파멸한 세대에 대한 보고"라고 밝혔다. 그러나 이는 반대로 말하면, "젊은이들을 파멸시키고 살아남은 세대에 대한 고발"이 될 수도 있다. 실제로도 『서부전선 이상 없다』는 전쟁 지도부라는 '고위' 플레이어의 위선을 비판하는 데만 그치지 않고, 전쟁을 지지하고 무력에 맹종했던 다수의 국민들에게도 플레이어로서의 책임을 강하게 추궁해나간다.

소설의 등장인물인 칸토레크는 이런 플레이어들의 위선을 상징하는 대표적 인물이다. 『서부전선 이상 없다』의 모든 비극이 칸토레크로부터 초래되었다고 해도 과언이 아닐 정도다. 지역의 교육자이자 주인공 '파울'의 담임교사였던 그는 전쟁이 터지자마자 교실의 선동가로 변신한다. 자기 학생이라면 한 명도 빠짐없이 학도병으로 '자원입대'해야 한다면서 파울과 그의 친구들을 전쟁터로 내몬다. 제자들이 칸토레크에게 속았음을 깨닫기까지는 그리 오랜 시간이 걸리지 않았다. 칸토레크 같은 '플레이어'가 이야기해준 전쟁과, '유닛'인 자신들이 경험한 전쟁이 판이하게 달랐기 때문이다.

유닛의 최후. 어떤 학생은 눈에 총을 맞아 죽었다. 어떤 학생은 병상에서 말라비틀어져 죽었다. 또 어떤 학생은 조명탄 화약이 입속으로 들어가는 바람에 내장이 타버려서 죽었다. 결국엔 파울도 그가 전쟁터에서 만난 전우들도, 하나같이 비참하게 죽는다. 그러나 재차 강조하지만 유닛의 고통은 유닛에게만 유의미할 뿐, 플레이어에게는 아니다. 이를 증명이라도 하듯 칸토레크는 제자들이 갖가지 이유로 죽어가는 와중에도 한가로이 위문편지만 써 보낸다. "강철 같은 청춘"을 응원한다면서.

"젊은이들을 파멸시키고 살아남은 세대"의 또 다른 민낯은 파울이 자라난 고향의 이웃들을 통해서 드러난다. 전쟁 중 어렵게 휴가를 받아 집으로 돌아온 파울은 우울한 마음을 달래고자 마을 이곳저곳을 돌며 이웃들을 만난다. 그러나 여기서도 파울은 곧 후회한다. 파울은 이웃들이 거의 '평론가' 수준의 관심과 지식을 가지고 전쟁을 떠들어대면서도 정작 '유닛'인 병사들의 고통에는 관심이 없다는 사실을 뼈아프게 깨닫는다. 급기야 파울은 이런 훈계까지 듣는다. "자네들은 언제까지나 진지전만 할 것이 아니라 이젠 좀 앞으로 치고 나가야 해. 녀석들을 쳐부수란 말이야. 그래야 평화도 오는 거야."

파울은 이 훈계를 들어주는 대가로 몇 잔의 맥주와 몇 개비의 담배를 건네받는다. 아마도 그 정도가 이 플레이어들이 생각하는 유닛의 가치였을 거다. 파울은 담배와 맥주 가격만큼이나 저렴한 플레이어들의 무책임과 위선에 분노

한다.

    1929년에 출간된 『서부전선 이상 없다』가 1933년에 집권한 나치의 역린을 건드린 이유도 레마르크의 이런 문제의식에 있지 않았을까. 미래의 '국가총력전쟁'[1]을 구상하고 있었을 나치로서는 유닛들의 '생산·공급 시스템'을 가동시키는 일이 무엇보다 중요했을 테니 말이다. 사실 나치 독일이냐 현대 민주국가냐를 따질 것도 없이, 모든 전쟁의 플레이어들은 유닛이 언제까지나 무지한 상태이길 소망한다. 자신이 유닛에 불과하다는 진실을 유닛 스스로가 자각해선 곤란하다. 플레이어들이 꿈꾸는 가장 이상적인 장면은 이른바 '애국 전사'들이 적개심 가득한 눈을 치뜨고 자발적으로 전쟁터로 뛰어드는 광경이다.

    이런 점에서 전쟁의 유닛들은 죽음의 신 하데스에게 목줄이 잡혀 있는 지옥의 문지기 케르베로스Kerberos[2]나 별반 다를 것이 없는 처지다. 케르베로스는 지옥의 입구에 서서 죽은 자들을 끌어들이고 산 자들을 향해서는 날카로운 이빨을 드러낸다. 『서부전선 이상 없다』의 표현대로라면 "아무 생각도 없지만 미친 듯이 사납게 격분해서" 짖는다. 물론 케르베로스에게는 죄가 없다. 그가 짖는 것은 목줄이 여전히 단단하고, 그 주인들이 끊임없이 화(클릭)를 내고 있는 탓이다. 하지만 그렇게 짖다 지친 케르베로스,

다시 말해 전쟁에 지친 젊은이들은 끝내 "영혼의 구멍이 숭숭 뚫린 자동인형"으로 마지막 운명을 맞이한다.

> 학도여 성전에 나서라. (…) 제군이 생을 받은 이 반도를 위하여 희생됨으로써 이 반도는 황국으로서의 자격을 완수하게 되는 것이니 반도의 미래는 오직 제군의 거취에 달렸다고 할 수 있다.[3]

플레이어의 심정을 놀랍도록 잘 대변하고 있는 이 문장은, 태평양전쟁 당시 보성전문학교 교장이던 김성수가 조선 학생들의 일본군 자원입대를 권하며 『매일신보』에 기고한 글의 일부다. 이처럼 플레이어들은 앞장서서 참전을 선동하고 나서지만 정작 그 자신은 총을 쥐지 않는, 정확히는 총을 들 능력조차 없는 존재다. 극우집회 따위에 낡은 군복을 입고 나타나 당장이라도 싸우러 나갈 것처럼 악을 써대지만, 사실 그들이야말로 잘 알고 있다. 자신이 전쟁터로 동원될 일은 없다는 걸. 그래서 누구보다도 쉽게 전쟁을 입에 올릴 수 있다.

안타깝지만 일단 전쟁이 일어나면 플레이어-유닛의 압제적 구조를 바꾸기란 불가능에 가깝다. 전쟁이 일어나기 전에 유닛들 스스로가 각성해야 한다. 단단하게 매인 목줄을 거슬러 하데스를 향해 달려들어야 한다는 말이다.

운이 좋으면 케르베로스가 이길 수도 있을지 모른다. 하데스에게는 케르베로스가 가진 '이빨'이 없기에.

악의 과거와 마주하기

6장

"너희들은 고칠 수 있어. 진심으로 마음을 고쳐먹어야 돼! 장차 사람을 잡아먹는 놈들은 용납되지 않는다는 것을 알아야 해. 너희들이 마음을 고치지 않으면 자신도 다 잡아먹히고 말 거야."

— 루쉰, 「광인일기」[1]

삐라 줍던 아이

내면화된 레드콤플렉스

어린 시절 삐라를 줍고 다녔던 기억이 있다. 시점을 계산해 보니 1993년, 그러니까 아홉 살 때의 일이었던 듯하다. 당시 삐라를 주워 경찰서에 신고하면 상으로 푸짐한 학용품을 주고 학교로 연락해 표창장까지 받게 해준다는 소문이 있었다. 물론 이렇다 할 근거가 없는, 그야말로 '지라시'에 불과했지만 내 주변 또래들에게는 꽤 폭넓게 공유된 '정보'였다. 나중에는 옆 학교의 누구누구가 삐라를 주워 상을 받았다더라 하는 제법 구체적인 정황이 나돌기도 했다.

호기심이 동한 나는 그즈음 종종 우리 형제와 어울리던 사촌형에게 소문의 진실을 캐물었다. 의외로 사촌형은 나보다 훨씬 더 많은 지라시를 알고 있었다. '네가 원한다면 지금 당장이라도 삐라를 찾아내서 상을 받게 해주겠다'

고 호언까지 할 정도였다. 결국 나는 사촌형의 우쭐거리는 태도에 넘어가고 말았다. 그리고 그렇게 '삐라 추적반'이 작당되었다. 이후로 사촌형과 나는 며칠 동안 서울 노원구 일대의 후미진 곳을 돌아다녔다. 사촌형이 알려준 삐라의 기준은 '김일성', '어버이 수령' 따위의 단어가 들어간 전단이었다. 잘 모르겠으면 온통 울긋불긋하면서 특히 '데모' 사진이 들어간 종이를 찾으면 된다고 했다.

그런데 정말이지 놀랍게도, 우리는 무언가를 찾아냈다. 그것은 사촌형이 말해준 대로 디자인이 울긋불긋하고 배경 사진에는 데모를 하는 사람들의 모습이 나와 있는 수십여 장의 전단 뭉치였다. 콘서트 티켓처럼 가로가 긴 형태였던 걸로 기억한다. 거기엔 '어버이 수령' 같은 말은 없었지만 '통일'이라거나 '민족', '투쟁' 같은 단어가 선명하게 새겨져 있었다. 그것도 자그마치 '북한식 글씨체'로 말이다! (물론 '북한식 글씨체'라는 판단은 북한 관련 TV영상을 통해 각인된 이미지를 근거로 지레짐작한 것일 뿐, 당시 우리가 '청봉체'라 불리는 북한 폰트를 정확히 알고 있었던 건 아니다.)

이 전단이 삐라임을 확신한 우리는 들뜬 마음으로 상계6동 파출소로 달려갔다. 각자 신고 포상으로 받게 될 상품까지 미리 정해놓고서 말이다. 참고로 나는 축구 게임판이 내장된 철제 이단 필통을 상품으로 요구할 심산이었다.

그런데 웬걸. 경찰들의 반응은 시큰둥했다. 게다가 우리는 꽤 기다린 끝에야 한 젊은 경찰관의 마지못해하는 응대를 받을 수 있었다. 우리 같은 어린이들의 신고가 적지 않았던 탓인지 그는 이런 상황이 제법 익숙해 보였다. 돌이켜보면 이때 내 손에 들려 있던 '삐라'의 정체를 알아차리고 집으로 갔어야 했다. 하지만 우리는 마지막까지 '삐라'를 주웠다고 주장했고, 결국엔 경찰관 수첩에 어디에 사는 누구이고 어떤 학교에 다니는지에 대한 정보까지 적은 뒤에야 겨우 파출소를 나왔다. 당연히 상품도, 표창장에 대한 약속도 없었다. 그나마 우리를 응대했던 젊은 경찰관만이 위로 섞인 끝인사를 건네주었다.

"여~ 아주 바람직한 학생들이네."

아마도 그것은 삐라가 아닌, 학생운동이나 노동자 대회 같은 걸 홍보하는 전단이 아니었을까 싶다. 하지만 아홉 살의 나에게 그것은 분명 삐라였고, 아니 '삐라여야만' 했다. 나는 어쩐지 분한 마음에 이튿날 학교에 나가 '김일성'의 얼굴이 그려져 있는 삐라를 주웠다며 친구들에게 거짓말을 했다. 그러면서 젊은 경찰관이 우리에게 해주었던 마지막 인사—"아주 바람직한 학생들이네"—를 대단한 칭찬이라도 받은 양 떠들었다. '진짜' 삐라는 이날 내 마음속에서 만들어지고 있었던 거다.

6장. 악의 과거와 마주하기

공교롭게도 내 마음속 삐라의 주인공 김일성은 바로 이듬해(1994)에 죽었다. "김일성 죽었대!" 방과 후 귀갓길에서 만난 친구가 제일 먼저 내게 소식을 전했다. 나는 파출소에 삐라를 신고하던 작년의 기억을 떠올리면서 묘한 흥분에 젖어들었다. '어쨌든 좋은 일인 거지?'

집으로 돌아와보니 어머니가 심각한 얼굴로 소파에 앉아 뉴스를 보고 있었다. 이날 어머니는 하루 종일 피난 갈 일을 걱정했다. 마침 일요일이던 다음날 오후, 어머니는 나와 동생을 데리고 동네 상가로 향했다. 하지만 상가는 피난용품을 사재기하려는 사람들로 입구부터 긴 줄이 늘어서 있었다. 결국 한참을 기다리고 들어가서는 고작 라면 한 상자와 잡다한 일회용품만 사올 수 있었다. 그나마 라면이라도 샀으니 다행이라고 해야 할까. 나는 우리 식구가 우울한 표정으로 둘러앉아 코펠에 라면을 끓여 먹는 피난길을 상상했다. '김일성보다 더한 놈'이라고 일컬어지던 '김정일'을 새로운 삐라의 주인공으로 옹립시켜놓으면서 말이다.

이렇듯 삐라로 촉발되고 라면으로 현실화된 내 안의 적敵들은 1996년 '강릉 무장공비 침투사건'을 계기로 한층 구체적인 '얼굴'을 갖게 됐다. 이 사건은 내 의식 속 김일성-김정일 부자와 그 추종자들의 이미지를 더 이상 우화寓話—종종 공산주의자를 도깨비나 돼지, 늑대 따위로 묘사하곤 했던—할 수 없을 만큼 엄중하면서도 섬뜩한 범죄자의 얼굴로 재조합해주었다. 실제로 당시 일부 언론은 사살당한 북한 공비들의 시체 사진을 여과 없이 대중에게 공개했다. 의도된 프로파간다였는지는 알 수 없다. 뭐가 됐든 '죽일 놈들'이라는 적대감을 전 국민에게 주입하려 했던 게 아니었을까 싶다. 반면 사태가 이 지경에 이를 때까지 안보 긴장을 고조시킨 정부에 대해 책임을 묻는 목소리는 거의 없었다. 그저 호전적인 어조로 북한의 만행을 비난하는 데만 열을 올리면 '애국 언론' 취급을 받던 시절이었다.

물론 언론만의 문제는 아니었다. 공포와 증오는 이 시기 국가권력이 한국 국민에게 요구하던 당위적 도덕 감정이자 감정적 방어기제였다. 왜, 그리스 신화의 전쟁 신 아레스에게도 포보스Phobos(공포)와 데이모스Deimos(두려움)라는 아들들이 있었다고 하지 않던가. 이즈음의 나 역시 국가가 던져준 선악과善惡果를 의심 없이 베어 물었다. 그리하여 마침내 적이라는 악을 거의 완벽하게 분별해낼 수 있는 '눈'을 갖출 수 있었다. 그러나 동시에 '원죄'도 찾아왔다. 그때는 죄를 인식조차 하지 못했지만 말이다.

원죄란 일종의 강박이었다. 어느 순간부터 나는 따뜻한 평화의 바람 속에서도 '악마'의 허상을 쫓기 시작했다. 1998년 정주영 현대 회장이 소 떼를 몰고 북한을 방문했을 때도, 곧이어 금강산 관광이 시작되었을 때에도, 김대

중 대통령과 김정일 국방위원장이 만나 6·15남북공동선언 (2000)을 발표할 때도 나는 내 마음속 삐라의 주인공들을 떠올려야 했다. 떠올려서 저주하고 조롱하고 욕을 퍼부어야 했다.

예컨대 나는 최초의 금강산 유람선이 찬란한 불빛을 내뿜으며 출항하던 저녁, 1996년 강릉 해안가에 좌초되어 묵직하게 일렁거리던 북한 잠수함을 떠올리며 분개했다. 2002년 미국이 북한을 "악의 축"으로 규정했을 때에는 그 원어인 "axis of evil"을 예문으로 인용하며 'of'에 대한 문법을 공부했다. 대학생 시절에는 학생회 출신 선배들을 무시하거나 손절했고, 교정에 민중가요가 울려 퍼지면 침을 뱉었다. 비슷한 시기 광화문에서 종종 열리던 '미선이 효순이 추모집회'를 '빨갱이 집회'라고 매도하다가 친구와 말다툼을 벌인 일도 있었다. 그랬음에도 마음에 걸리는 것 따윈 일절 없었다. 왜냐하면 나는 (누가 뭐래도) '아주 바람직한 학생'이었기 때문이다.

증오에 물들고 전쟁에 휘감기어

가끔 삐라를 줍던 그날의 기억으로 돌아가 자문해보곤 한다. 아홉 살의 나에게 삐라를 찾으라고 부추긴 그 불가사의한 욕망의 정체는 대체 무엇이었나 하고 말이다. 정말로 필통을 갖고 싶다는 욕망뿐이었을까? 글쎄, '삐라 추적반'을 작당할 정도의 열정을 그렇게만 해석하기엔 너무 성의 없어 보인다. 어떤 다른 원초적 동력이 있었을 거라 생각한다. 약간의 힌트가 있긴 하다. 어머니가 지금껏 소중히 보관해준, 내 초등학교 시절의 일기장이 바로 그것이다. 삐라 그리고 라면으로 상징되던 그즈음의 일기를 읽어보았다.

> 제목: 6·25
> 1994년 6월 25일 토요일 날씨 비 옴.
> 저번 토요일에 여자아이가 발표한 내용의 제목이 "빨간 요술쟁이 김일성"이라나? 오늘은 6·25이다. 텔레비전에서도 6·25에 대한 프로를 수없이 보내준다. 옛날 북한군을 대항해 싸운 이름 없는 국군 용사, 북한에 의해 포로로 끌려가는 남한 백성, 눈물을 흘려도 하루 종일 흘리고도 남을 슬픈 전쟁 6·25···. 그 6·25를 생각하니 공산당이 쏜 총알이 내 가슴에 박히는 것 같다.

'빨간 요술쟁이 김일성'에 대한 여자아이의 발표는 전혀 기억나지 않는다. 다만 굳이 일기에 써두었을 정도이니 뭔가 공산당을 비판하는 발표를 하지 않았을까 짐작해볼 뿐이다. 그보다는 "공산당이 쏜 총알이 내 가슴에 박히는 것 같다", 이 문장이 핵심일 듯하다. 문장을 곱씹을수록 나의 어린 시절 '전쟁망상'이 뚜렷해진다. 이 어린이는 아무도 쏜 적이 없는 총알을 홀로 맞고 있고, 또 누군가를 무턱대고 저주하고 있다. 어쩌면 이 무서운 피해망상과 증오야말로 삐라를 찾아 헤매게 만든 동력이 아니었을까.

한편으론 아찔한 생각도 든다. '빨간 요술쟁이 김일성'을 증오하던 아이가 '아주 바람직한 학생' 시절을 거쳐, '아주 바람직한 군인'으로까지 성장했다면…? 결과적으로 그렇게까진 완성되지 않아서 다행이라 생각한다. 역설적이게도 나는 군인이 된 이후부터 어릴 적 베어 물었던 '선악과'를 조금씩 토해내기 시작했다. 그리고 전역 시점에 이르러 거의 다 게워낼 수 있었다. 비록 그 구토 과정은 꽤나 고통스러웠지만 말이다(그 자세한 사연은 이 책 전반에 걸쳐 소개했다고 본다).

"85년의 생애를 전쟁의 소문 속에 살았다." 일본의 고명한 사상가로 특히 반전反戰 활동에 열정을 바쳤던 쓰루미 슌스케鶴見俊輔의 일생 회고는 이렇게 시작된다.[1] 그 말대로 1922년생인 쓰루미 슌스케는 불과 한두 살 때부터 러일전쟁 영웅들을 찬미하는 노래와 놀이에 빠져들어 있었다. 그리고 열아홉 살이 되었을 때인 1941년, 어릴 적부터

들어왔던 '전쟁의 소문'들이 진짜 전쟁으로 불어 닥쳐오는 광경을 목격했다.

한두 살 때부터 전쟁을 들었다고 한탄한 쓰루미 슌스케에서 한발 더 나아가 미국의 시인 랜달 자렐Randall Jarrell은 자신이 '태어나자마자' 전쟁에 떨어져 있었다고 토로했다. 제2차 세계대전 당시 미 공군으로 3년간 복무했던 자렐은 폭격기의 기관총 사수들이 웅크리고 앉아 있는 좁은 '원형포탑'ball turret을 어머니의 '자궁'에 빗댔다. 그러나 자렐에게 이 자궁은 흔히 설명되는 것처럼 태아를 보호하는 안전한 공간이 아니었다. 오히려 자렐은 원형포탑 안에 갇힌 채로 죽어 돌아온 군인들의 모습에서 '낙태아'의 이미지를 떠올렸다. 자기도 모르는 사이 전쟁에 휘감기어, 또 자기도 모르는 사이 시체가 되어버린 젊은이의 비극을 낙태라는 죽음과 동일시했던 것이다. 자렐의 시는 이렇게 마무리된다. "내가 죽었을 때 그들은 호스로 나를 포탑에서 씻어냈다."[2]

쓰루미 슌스케와 랜달 자렐, 두 사람의 비탄을 지금의 나는 아주 약간 이해할 수 있을 것 같다. 쓰루미 슌스케의 나이 딱 절반 정도에 지나지 않는 40대 남성이지만, 또 전쟁을 겪어본 적도 없지만, 전쟁의 소문만은 무성한 시대를 살아왔고 현재 살고 있으니 그렇다. 랜달 자렐의 우울에도 공감이 간다. 삐라를 줍던 시절의 나도 딱 저 원형포탑만

한 세계 속에서 아장거리고 있었다. 물론 지금이라고 해서 상황이 딱히 달라진 건 아니다. 원형포탑은 여전히 회전하고 있다. 다만 그때와 달리 열렬하게 탈출을 시도하고 있을 뿐이다. 나는 전쟁에 의해 '낙태'당하고 싶지 않다. '낙태'당할 누군가를 지켜보고 싶지도 않다.

앞으로도 얼마나 많은 전쟁의 소문이 나돌게 될까. 또 그때마다 얼마나 많은 '삐라', '선악과'들이 거리에 유포될까. 지금의 나라고 해서 그것들을 줍거나 베어 먹지 않을 수 있을까. 자신은 없다. 쓰루미 슌스케마냥 생애 전체를 소문과 싸우며 버틸 자신은. 랜달 자렐처럼 날카롭게 저항할 자신은. 그래서 글을 쓴다. 길고 거추장스러운 글을.

평화를 몰랐다

NO WAR! 평화운동의 오래된 미래

고등학교 졸업을 한 달여 앞둔 시점, 나는 마지막 겨울방학의 대부분을 친구들과 보내고 있었다. 별다른 일정이 없는 한 우리는 일대 최대의 번화가였던 4호선 노원역 2번 출구 앞에서 매일같이 만났다. 지금도 그렇지만 노원역 2번 출구는 젊은이들의 약속 장소로 유명했는데, 특히 당시에는 주변에 온갖 유흥시설들이 들어서 있다보니 종종 감때사나운 사건사고가 일어나는 문제의 공간이기도 했다. 물론 수능을 마치고 이제 막 성인의 반열에 오른 우리들 눈에는 그런 불온한 풍경마저도 마냥 멋지게만 보였겠지만 말이다.

그랬던 2번 출구 앞에 하루는, 낯선 시설물 하나가 덩그러니 들어서 있었다. 그 형태와 규모의 조악함으로 미루어 광고용 시설이라기보다는, 어느 가난한 시민단체의 캠페인 활동용 부스인 듯했다. 아니나 다를까 주위를 둘러보니 하얀 조끼를 걸친 한 무리의 활동가들이 출구 주변을 서성이고 있었다. 자욱한 담배 연기와 음악 소리, 깔깔거리는 웃음과 허세에 찬 욕설이 난무하는 유흥가에서의 사회운동이라니. 어딘가 초현실적인 광경이라고 생각했다. 게다가 그들의 캠페인은 척 보기에도 엉망이었다. 애써 마련했을 스티커 설문용 패널은 언제부터인가 뒤로 넘어가 있었고 홍보 전단은 어지럽게 짓밟히고 있었다. 현수막 한 장만 덜렁 붙은 부스는 사실상 무용지물이었고, 활동가들은 클립보드를 옆구리에 낀 채로 인파들 사이를 전전긍긍했다. 어쩌다 말을 들어주는 사람이 있어도 얼마 못 가 외면당하기 일쑤였다.

우리 쪽으로도 한 중년 여성 활동가가 다가왔다. 그러나 우리 역시, 이 거리의 대다수가 그러했던 것처럼, 무시하기로 입을 맞춘 상태였다. 그런데 이런 우리의 냉담함을 그 활동가도 느꼈던 걸까? 그는 우리에게 캠페인과 관련한 어떤 '액션'(청원서 서명 등)을 요구하는 대신, 어떤 작은 물건 하나를 받아달라고 내밀었다. 그것은 'NO WAR'라는 문구가 큼지막하게 인쇄된 원형 핀배지였다. "전쟁 반대! 이거 하나씩 받아가세요!"

친구들은 얼굴에 긴장을 풀고 핀배지를 받아 챙겼다.

반면 나는 입술을 달싹달싹거리며 뚱한 표정을 짓고 있었다. '무슨 WAR?' 그해 겨울은 미국의 군사적 폭주가 아프가니스탄에서 이라크로 이어지던 시점이었다. 미군 장갑차에 의한 '효순이 미선이 압사 사망 사건'(2002년 6월 13일)과 '제2연평해전'(2002년 6월 29일)이 발생한 지 불과 반년밖에 지나지 않은 시점이었고 말이다.

앞에서도 설명했듯이 그즈음 나라는 '녀석'은 직업군인을 꿈꾸던—전쟁의 낭만을 병적으로 추종하던—중2병 말기 환자에 지나지 않았다. 즉 이 어린 호전주의자에게 'NO WAR'란 일종의 도발이나 진배없는 헛소리였던 것이다. 실제로 나는 노골적으로 얼굴을 찌푸리며 활동가의 손을 뿌리쳐버렸다. 그 바람에 활동가가 손에 들고 있던 핀배지도 함께 날아가 아스팔트 바닥에 '팅' 하는 소리를 내며 굴렀다. 이어진 아주 잠시의 침묵. 이 어색한 순간을 견디다 못한 친구 L이 히죽거리며 활동가에게 말했다. "죄송~. 애는 원래 태생부터가 WAR예요. WAR!"

활동가는 핀배지를 주워들고 부스로 돌아갔다. 그 뒷모습을 보고 인간적으로 미안한 마음이 들지 않았다면 거짓말일 게다. 그래도 당시의 나는 남자다운 허세를 좀 더 부려보고 싶었다. 그래서 평소보다 더 어깨를 세우고 가슴을 부풀리며—일종의 '우쭐과시' 행동을 하며[1]—들뜬 목소리로 L에게 말했다. "보통 저런 인간들은 전쟁을 ×도

몰라. ××같은 인간들." 이때는 미처 알지 못했다. 내가 했던 이 말을 20년 후 정반대의 입장에서 듣게 될 줄은.

"×도 모르는 것들." 사실 이 말은 내가 시민단체에서 일했던 3년여 동안 가장 많이 들었던 비하 발언 가운데 하나였다. 호전적 성향의 사람만이 이런 극언을 면전에서 퍼부었던 건 아니다. 군 생활을 함께한 전우들도, 20년 지기 친구도, 심지어는 친인척도 비슷한 뉘앙스의 비난을 내게 쏟아냈다. 물론 하나같이 이런 단서를 달기는 했다. "너야 예외지만 말이야. 군 생활을 그만큼 해봤으니까."

요컨대 저들과의 대화를 통해 확인할 수 있었던 '×도 모름'의 논리적 구조란 대략 이랬다. 첫째, 추정컨대 대부분의 평화 활동가들은 병역의무를 마치지 않은 자임이 분명하다. 즉 그들은 안보에 '무임승차'하고 있다. 둘째, 그런 무임승차자들이 이야기하는 평화란, 설령 그 방향이 옳다고 할지라도, 믿을 수 없다. 그들은 평화를 말할 자격이 없다. 셋째, 평화 활동가들은 군의 존재 자체를 죄악시한다. 그것은 우리 '피-징병자'들이 나라에 바친 청춘의 의미를 부정하는 행위다.

굳이 설명을 덧붙일 필요 없는 악질적인 선입견이다 (그런 식으로 따져들자면 탄핵당한 전직 대통령 윤석열이 '미필'이고, '미필'인 그가 군대를 동원해 쿠데타까지 일으켰다는 사실이 훨씬 더 아이러니하다).

다만 애석하게도 평화 활동에 대한 일반 대중, 특히 군복무 경험이 있는 남성의 인식이 이와 상당히 유사하리라고 나는 추정한다. 예컨대 양심적 병역거부나 대체복무 등에 관한 사회운동을 하는 활동가들에게는 그들이 '병역 기피자'일 거라는 근거 없는 지라시가 족쇄처럼 따라붙는다. 그리고 그런 지라시가 이들의 활동을 공격하는 빌미가 되고, 심한 경우에는 '위선'이라는 낙인을 찍어버리기도 한다. 그런가 하면 평화주의자를 '이상주의자'와 등치하는 도식도 즐겨 사용된다. 내가 여기서 이야기하는 이상주의자라 함은 올바른 도덕적·사회적 가치를 추구해나가는 인격체로서의 의미가 아닌, "현실적 가능성을 무시하는 공상적이거나 광신적인 태도"를 추종하는 군집에 대한 멸칭으로서의 '이상주의자'를 의미한다. 어쩌면 이런 식의 이미지가 오랜 시간 지속적으로 덧씌워진 결과, 오늘날의 활동가들이 혐오적인 발언—젖비린내 나는, 온실 속의 화초와 같은, 애송이 등—에 유독 자주 노출되는 게 아닐까.

실제로 집회나 시위 현장에 나가보면 활동가들을 을러대는 꽤 다양한 혐오의 언어들을 들을 수 있다. 대표적으로 좌파, 종북세력, 빨갱이, 간첩 같은 말이 있다. 물론 제법 참신한(?) 표현도 없진 않다. 2023년 아덱스ADEX(서울국제항공우주 및 방위산업 전시회)에서 반전시위를 펼친 활동가들은 "사람 같지 않은 것들"이라는 비난을 들었다고

한다.[2] "엉덩이를 하얗게 물들인 영양 떼." 이건 1990년 걸 프전쟁 직전 조지 H. W. 부시 미국 대통령이 전쟁에 반대하는 평화주의자들을 비난할 때 사용했다는 말이다.[3] 그리고 들어본 적도 없고 생경하지만 "최면성 테디베어리즘에 빠져 있다"[4](순진하고 게으른 지적 태도로 유토피아적 평화만을 추구한다는 의미)는 관용어도 비난조로 가끔씩 쓰이는 모양이다. 왠지 '냉혹한 국제관계'라는 수사를 입버릇처럼 달고 다니는 외교안보 전문가의 입에서 튀어나올 것 같은 말이다.

아마 이 책에 대해서도 유사한 비난이 쏟아지지 않을까? 그래도 어쩔 수 없다. 따지고 보면 20년 전 그날 나의 행동도 이러한 혐오들과 맥락이 조금도 다르지 않다. '녀석'이라면 지금의 나를 초현실적인 헛소리(NO WAR!?)나 해대는, 전쟁을 '×도 모르는' 인간이라고 욕지거리를 해 댈 게 분명하다. 그리고 끝내 내 손을 뿌리친 후에 가슴을 부풀리고 '우쭐과시'에 착수했을 것이다. 그러니까 설령 비난을 받더라도 내 업보다.

전쟁을 안다는 착각

앞에서도 잠깐 언급했듯이 내 주변 사람들은 지금의 나를 '×도 모름'의 '×' 정도는 아는 사람으로 인정해주고 있는 듯하다. 과연 그럴까? 그들이 말하는 ×가 군인이라는 특수 직업인만이 독점할 수 있는 지식과 노하우를 뜻하는 것이라면 그럴 수도 있다. 그러나 전쟁에 있어서의 ×가 그런 말랑한 지식 따위일 리는 없다.

2020년 9월, 민족문제연구소 선배 활동가인 K가 어려운 일을 부탁하고 싶다며 나를 불렀다. 그는 외장하드 하나를 내게 다짜고짜 들이밀었다. "이거, 유족들 인터뷰한 동영상이거든. 그 전북 임실 알지? 거기 한국전쟁… 민간인 학살…."

그렇게만 말하곤 K는 잠시 침묵했다. 당시 K는 '한국전쟁기 전북 임실지역 민간인 희생사건' 관계자들과의 인터뷰를 정리한 증언록 제작을 고민하고 있었다. 아마도 그 일을 내게 맡기려는 모양이었는데 아무래도 나의 '출신'이 마음에 쓰이는 것 같았다. 그러거나 말거나, 정작 나는 별다른 고민 없이 K의 제안을 수용했다. 오히려 내가 군인 출신이라서 누구보다 이 일을 잘 해낼 수 있을 거란 자신감마저 들었다.

그날부터 나는 150여 명에 달하는 학살 희생자 유족들과 사건 관계자들의 사연을 증언록 형태로 정리하기 시작했다. 어느 정도 예상은 했지만 쉽지는 않았다. 어쩔 수 없이 동료 활동가들의 지원에 기대야 하는 상황도 많았다. 그러나 어쨌든 책임을 맡아버린 이상, 희생자 유족 한 명한 명의 사연을 빠짐없이 그리고 반복하여 살피고 검토해야 할 의무가 내겐 있었다. 나는 꼬박 반년을 투자한 끝에 A4용지로 1천 쪽이 넘는 분량의 증언록 2권을 완성해낼 수 있었다. 그리고 2021년 2월, 그 결과물을 유족회에 전달함으로써 과업을 최종적으로 마무리 지었다.

그러나 장기간의 프로젝트를 완수했음에도 한동안 내 기분은 이상하리만치 우울하기만 했다. 지금 생각해보면 이 일에 대한 약간의 후유증에 시달리고 있지 않았나 싶다. 돌이켜보니 증언록 제작이 한창이던 때 K에게 이런 말을 한 적이 있었다. "생각보다 쉽지가 않네요. 차라리 내가 '사이코패스'였다면 일이 좀 더 빨랐을 텐데요." K는 내가 겪을 혼란을 진작부터 예상하고 이 일을 맡겼던 걸까?

한국전쟁기 군경에 의한 민간인 학살. 해당 증언록 관련 일을 맡기 전에도 "국민의 군대"(군인복무기본법)가 저지른 부끄러운 죄악과 그 역사를 아예 모르고 있진 않았다. 그러나 거기에 얽힌 죽음의 심연을 현미경 들여다보듯 자세하게 확인한 건 이때가 처음이었다. 그중에서도 임실군 청웅면 남산리 '폐광'에서 일어났던 집단학살은 군인 출신인 내가 순순히 받아들이기 버거운, 그야말로 압도적 진실이 아닐 수 없었다. 그런 이야기들을 나는 듣고 또 들었다.

진실화해위원회 보고서에 따르면,[5] 국군 제11사단 제

13연대와 임실 경찰은 1951년 3월 14일에서 16일 사이 400명에 달하는 민간인을 남산리 폐광에서 학살했다. 희생자 대부분은 인근 마을 주민, 특히 '9·28 서울 수복' 이후 극심하게 전개되던 이념몰이를 피해 숨어든 사람이었다.[6] 그러나 당시 군경은 폐광 안으로 숨은 사람들 다수가 무장 빨치산 혹은 극렬 좌익 부역자라고 결론 내리고 토벌을 감행했다.

놀랍게도 국군과 경찰은 그 많은 사람을 죽이는 과정에서도 '총알'을 얼마 소비하지 않았다. 그들은 폐광 내부로 돌격해 들어가는 대신, 32개의 광산 출입구를 봉쇄하고 그중 28개 출입구 앞에다 불을 놓았다. 속칭 '오소리 작전'이라고 불렸던 이 학살 계획은, 마른 고춧대나 솔잎 따위를 태울 때 발생하는 매운 연기를 폐광에 유입시켜 그 안의 사람들을 질식시켜 죽이려는 의도를 담고 있었다. 게다가 무참하게도, 땔감을 모으거나 연기를 피우는 등의 노역은 마을 이웃이나 희생자의 친지·가족들에게 강제했다. 사람을 죽이면서도 자기네들의 '손'만은 더럽히지 않으려는 학살자 특유의 결벽증이었다.

3일 밤낮으로 이어진 오소리 작전의 결과 수백 명을 수용할 수 있을 정도로 깊고 거대했던 폐광은 지옥으로 변했다. 연기는 가장 먼저 젖먹이들을 죽였다. 그다음으로 아이들, 그다음으로 호흡기가 약한 노인, 그다음으로 여성을 쓰러뜨렸다. 그나마 젊고 건강했던 50~70여 명만이 살아남았지만 이들조차도 10여 일 뒤에 강진면 멧골로 끌려가 총살됐다. 참고로 이때 총살된 사람들의 유골은 1980년대 말, 축사를 짓던 한 농부에 의해 우연히 발견된다.

군경은 이 토벌을 대단한 승리인 양 포장해 자신들의 약사略史에 기록했다. 수백 명의 '빨치산을 사살'했음에도 부상자가 한 명도 나오지 않았기 때문이다. 그러나 정말 자랑스러웠을까? 이 승리의 보고는 역설적으로, 폐광 안에 "무장 빨치산이 없었거나 있었더라도 무장 수준이 미미했음"을 시사하는 부끄러운 증거다. 청웅면 향토방위대원으로 오소리 작전에 참가했던 H씨는 훗날 이렇게 고백했다. "작전이 끝나고 폐광에 들어갔을 때 보초가 갖고 있던 총 한 자루밖에 보지 못했어요." 이날 군경은 젖먹이, 소년·소녀, 여성, 노인들과의 전투에서 '승리'했던 것이다.

'폐광 안에서 사람들은 어떤 모습으로 죽어갔을까?' 이 사건 관련 증언들을 정리하는 과정에서 나를 가장 집요하게 괴롭혔던 질문이다. 나는 끝없이 그들의 죽음을 상상해가며 후유증의 세계로 자진해서 걸어 들어갔다. 한번은 제2차 세계대전 당시 나치 강제수용소의 '가스실'이 떠올랐던 적이 있다. 물론 저 폐광에 주입된 건 연기였다. 그러나 나치도 특별히 치명적인 독가스만으로 유대인들을 죽였던 건 아니다.[7] 나치는 차량이나 전차의 엔진을 가동할 때 발생하는 배기가스, 즉 일산화탄소를 주입해 유대인을 죽이기도 했다. 보통 화재가 발생했을 때 사람을 질식에 이르게 하는 원인 물질이 바로 이 일산화탄소다.

당연히 저 폐광에도 일산화탄소가 가득하지 않았을까? 나는 또, 또 상상해봤다. 그 거대하고 '자연적인' 가스실 안에서의 죽음을. 『한겨레』 김봉규 기자는 가스실의 유대인들이 죽음에 이르는 과정을 다음과 같이 설명했다.

> 가스가 투입되기 시작하면 사람들은 한꺼번에 비명을 지르며 숨을 헐떡였고, 서로 높이 솟아오르려고 뛰어올랐다. 약한 이들은 바닥에 깔릴 수밖에 없었고, 아이들은 두개골이 으깨어지기도 했다. 힘센 이들은 그 위에 섰지만, 20분만 지나면 아무도 움직이지 않았다. 푸른색 주검들은 서로 뭉쳐진 채 돌덩이처럼 굳어갔다.[8]

1951년 3월 14일, 남산리 폐광 안에서도 이와 똑같은 일이 일어나고 있었을지 모를 일이었다. '에이 설마 저 정도까지는 아니었겠지…'라는 위안은, 유족들의 맥없는 흐느낌 앞에 무력했다. 들이마신 숨이 목 끝에서만 맴돌아 명치가 말할 수 없이 답답해지는 그런 '질식감'만이 내게 진실을 가르쳐주었을 뿐이다.

어쩌면 K는 군인으로서의 내가 알지 못했던, 그러나 평화 활동가로서는 알길 바랐던 전쟁의 'x'를 조금 과한 방식으로 깨우쳐주려 했던 게 아닐까. 그렇다면 성공이었다. K는 전쟁의 어둠에 대한 나의 무지를 정확하게 꼬집어주었다. '군인 출신'이라는 나의 원초적 오만과 '나는 그 시절 군인이 아니라서 죄가 없다'는 몰염치함도 덕분에 조금이나마 비워낼 수 있었다. 그리고 그 비워낸 자리에 '질식감'을 채울 수 있었다.

전쟁의 어두운 면을 보지 않으려는 '테디베어'는 진정 누구인가? Glory, Glory, Glory!라는 리듬만이 끝없이 울려 퍼지는 승리의 전적지에서 그 '어둠'을 발견할 수 있을까. 더 많은 한국 군인들과 이 '질식감'을 공유하고 싶다. 어쩌면 전쟁을 ×도 몰랐던 건 우리 군인들이었을지도 모른다. 이제 어설픈 '우쭐과시'는 그만하도록 하자.

1948 제주 4·3 – 2024 서울 12·3

'군의 지배'라는 역사적 고질병

1949년 5월 26일, 제주 다끄네포구, 깊은 밤. 아버지와 아들이 이별을 준비하고 있었다. 습기 가득한 그러나 온화한 바람이 부는 날이었다. 아버지는 손에 쥔 꾸러미 뭉치를 아들에게 건넸다. 한 꾸러미에는 어머니가 준비한 콩자반 도시락이, 다른 꾸러미에는 일본 지폐와 옷가지 따위가 고이 싸여 있었다. 인사는 짧았다. "마지막 부탁이다. 비록 죽더라도 내 눈이 닿는 곳에서는 죽지 마라. 어머니도 같은 생각이다."

아들은 '관탈'이라는 이름의 무인도로 숨어들었다. 거기서 이틀 정도 숨죽이며 기다리다보면 일본 가는 밀항선이 올 것이라고 했다. 배는 분명히, 아니 반드시 와야만 했다. 아버지가 가산을 탈탈 털어 수배한 밀항선이었다. 다행히 나흘째 되던 날, 관탈의 바위틈으로 희미한 빛이 닿았다. 아들은 어둠에서 나와 빛을 향해 기어갔고, 여윈 몸을 배의 짐칸에 구겨 넣을 수 있었다.

그 후로 아들은 일본에서 살아갔다. 하지만 그 후로 부모는 제주에서 죽어갔다. 그렇게 49년의 세월이 지났다. 1998년 10월, 제주 땅을 밟은 아들은 아버지의 봉분 앞에서 무너졌다.[1]

제주 4·3 당시 군경에 쫓겨 일본으로 피신해야 했던 시인 김시종의 사연이다. 1929년생인 시인이 일본으로 망명할 당시 나이는 스물이었다. 그리고 2025년 현재 시인의 나이는 아흔여섯이다. 하지만 그의 재일在日은 여전히 현재진행형이다. 단란했던 가족을 영원히 찢어놓은 가해의 역사는 회복되지 않았다. 누구일까? 누가 이 생이별을 만들었을까. 늙은 시인의 매서운 눈은 지금도 역사의 법정을 향해 있다. 그리고 그 눈동자에는 수많은 피고의 얼굴들이 스쳐간다.

2024년 12월 3일 밤 10시 27분부터 다음날 새벽 4시 30분까지 약 6시간 동안, 한국은 놀랍게도 '군의 지배'martial law(우리는 이를 '계엄'이라는 단어로 순화한다) 아래 있었다. '놀랍다'는 건 물론 내 개인적인 감상에 불과하지만, 6시간이라는 우스꽝스러우리만큼 짧았던 지속 시간 자체가 놀라움의 본질은 아니다. 가공할 만한 폭력이 내 턱 밑까지 도달해 있었다는 사실을, 그럼에도 불구하고 감각하지 못했다는 사실을 깨달은 데서 오는 사후적 아찔함이라고나 할까. 폭력이 내게 도달하지 않았을 뿐 부재했던 것은 아니다. 선량한 국민 이외의 반국가세력을 "처단"한다는 포고령은 발효되어 있었고, 그들이 원하는 '선량한' 국민에 해당하는 사람은 명백히 소수에 지나지 않았다.

대다수가 그러했겠지만 나 역시 대통령의 비상계엄 발표 순간—쿠데타의 공식적인 시작—을 거의 실시간으로 확인하고 있었다. 반사적으로 국회로 가야겠다는 생각이 들어 신발장에서 등산화를 꺼냈다. 무언가 거친 일이 있을 것 같다는 예감에 운동화를 신기가 꺼려졌기 때문이다. 그러나 현관을 나섰음에도 차에 시동을 걸진 못했다. 주차장 보도블록에 걸터앉아 애꿎은 담배만 태울 뿐이었다. 사실 그때 나는 김시종 시인의 얼굴을 떠올리고 있었다. 49년 만에 제주로 돌아온 시인이 부모의 무덤 앞에서 목 놓아 우는 장면이 상상됐다. 결국 나는 시인의 얼굴을 안고 다시 집으로 돌아왔다. 그러고는 조용히 발을 털어 등산화를 벗었다. 시인에게는 미안했다. 이런 식으로 집 안에 틀어박힐 요량이었다면, 적어도 그의 사연을 볼모로 삼아선 안 됐었는데.

아마도 나는 어떤 확신에 지배당하고 있었던 것 같다. 당장은 아니더라도 빠른 시일 내에, 어떤 식으로든 '유혈 사태'가 일어나리라는 확신. 이는 꽤 긴 시간 한국의 군인으로 살아온 나 나름의 육감, 촉 혹은 계시 비슷한 무엇이라고도 할 수 있었다. 그래서였는지는 모르겠으나 이날 나는 국회로 투입된 몇몇 군인들의 이른바 소극적 행동―국회 본청 진입을 가로막는 시민들과 느슨하게 대치한 사실―을 보면서도 전혀 위안을 받지 못하고 있었다. 소극적 행동 정도로는 막아낼 수 없는, 거대한 폭력의 파도가 끊임없이 들이닥쳐 저 젊은 군인들의 '양심'을 전복시키리라 예상했던 것이다. 그런데 이런 생각을 한 사람이 비단 나 혼자만은 아니었던 모양이다. 나중에 알게 된 사실이지만 이번 쿠데타의 키맨key-man이라 불렸던 홍장원 국정원 제1차장도 이런 말을 했다.

> 제가 나름대로 이 부분의 의견을 몇몇 분한테 내니까 '야, 못 봤어, 국회에서? 시민들이 미니까 군인들이 밀려나잖아' (말씀하시는데) 저는 그렇(게 생각하)지 않습니다. 제가 군 출신이라서 그런데 군사의 무력이라고 하는 것은, 더구나 군중이라고 하는 것은 상황에 따라서 크게 변합니다. 더구나 첫 번째 국회에 들어가서 그렇게 실패했는데 만약에 두 번째 군사개입을 한다면 (…) 아마 제가 보기에는 군인들이 거부할 수 없는 상황을 만드는, 계엄으로 갈 수밖에 없는 그런

상황을 만들려고 했겠지요. 저는 그렇게 추정했습니다.[2]

나는 홍장원 차장의 의견에 동의한다. 전쟁사의 수많은 비극, 그중에서도 전쟁범죄는 "군인들이 거부할 수 없는 상황"이 조성되었을 때 대부분 발생했다. 군인의 양심, 선성善性, 민주의식이 폭력 앞에서 마냥 무력하기만 하다는 의미는 아니다. 그저 군인 개개인의 '양심'에만 의지해, 그 뒤에 남아 있는 군사적 모험주의의 실체를 간과하고 넘어간다면 그 후과는 대단히 비극적일 수 있다고 말하고 싶은 거다. 높은 수준의 전시戰時 국제법을 교육받은 민주주의 선진국 군인들이 아연할 만큼 끔찍한 전쟁범죄에 노출되는 이유가 무엇이겠는가.

악마의 군대는 어떻게 만들어지는가

제주 4·3 당시에도 그랬다. 12·3 쿠데타에 동원된 다수의 군인이 소극적 행동을 보였던 것과 마찬가지로 1948년 제주의 군인들도 처음에는 폭력을 망설였다. 해방 직후 제주에서 창설된 사실상의 국군 부대, 국방경비대 제9연대의 이야기다. 제9연대는 제주 4·3 초기 약 한 달여 동안 항쟁에 참여한 도민과 무장대[3]를 '강경 진압'하라는 미군정의 요구에 끈질기게 저항했다. 얼마나 끈질겼던지, 몸이 달아오른 군정경찰이 '폭도가 민가를 방화'했다는 '자작극'까지 벌여가며 군의 개입을 유도했을 정도다. 반면 제주 사람들은 그런 제9연대를 서서히 신뢰하기 시작했다. 나중에는 "친근감마저 갖고 있었다"라고 김시종 시인은 회고한다.

제9연대의 지휘관인 김익렬 중령에게 가해진 압력이야 말할 것도 없었다. 미군정[4]은 매일같이 그를 불러들여 무력 사용을 지시했고, 말을 듣지 않자 끝에 가서는 금전을 미끼로 회유하려 들었다.[5] 김익렬은 "한마디로 노No라고 대답했다." 그는 마지막까지 평화협상을 주장했다. 제주 4·3 사건의 본질이 단순 공산주의 폭동이 아니라는 사실을, 오히려 반대로 "관官의 극도의 압정에 견디다 못한 민民이 들고 일어난" 항쟁이었다는 사실을 꿰뚫어보고 있었던 거다. 무장대 측을 향해서는 자제를 호소하면서도, 평화협상의 진정성을 담보하기 위해 자신의 어머니와 아내, 생후 6개월 된 아들을 인질로 내놓았다. 그 결과 1948년 4월 28일, 군과 무장대는 마침내 평화에 합의했다. 제주 4·3이 "무참하기 그지없는 참극으로 빠지지 않을 실마리"를 미군정도 경찰도 아닌 우리 군인들이 잡았던 순간이다.

나의 전 가족을 인질로 제공할 용의가 있다고 했더

니 여기저기서 감격의 함성이 터져 나왔다. "이제는 제주도에 평화가 오는구나", "우리도 집으로 갈 수 있다" 하며 여자들 중에는 엉엉 우는 사람도 있었다. 퉁퉁 부은 젖가슴을 나에게 보이면서 속히 집으로 돌아가서 아기에게 젖을 먹이게 해달라고 애원하는 여인도 있었다. 많은 사람들이 나에게 몰려와서 감사와 애원의 말을 쏟아놓았다. (…) 그리고 귀순 후 경찰의 보복 박해로부터 연대장이 보호해달라는 등 여러 가지 호소를 하였다.[6]

그러나 애석하게도 제주 4·3의 결말은 우리가 아는 대로다. 말인즉슨 이 같은 평화의 실마리를, 김익렬 중령과 제9연대가 붙잡고 풀어가는 일은 일어나지 않았다는 의미다. 이들의 '양심'을 무력화하려는 어떤 시도가 있었다는 뜻도 된다. 실제로 꽤 치밀한 작당과 방해공작이 있었다. 서북청년단을 비롯한 우익청년단체는 평화협상 이후에도 제주도민에 대한 테러를 이어갔고 경찰은 이를 방조·후원했다. 급기야는 경찰이 군을 믿고 귀순하는 민간인들을 향해 총격을 가하는 사건까지 벌어졌다(그러고는 또다시 '공산주의 폭도'의 소행이라 주장했다[7]). 미군정은 김익렬을 연대장 직위에서 해임했다. 그리고 그 자리에 박진경이라는 군인을 새로 불러들여 앉힌다. 연대장에 취임한 박진경은 다음과 같이 선언한다. "폭동사건을 진압하기 위해서는 제주도민 30만을 희생시키더라도 무방하다."

이후 토벌작전에서 박진경과 그의 후임 연대장들은 김익렬을 따르던 군인들과 '제주 출신' 병사들을 작전에서 철저히 배제했다. 기존의 제9연대는 경기도 수원에서 건너온 제11연대와 합쳐지면서 인적 구성에 변화가 일어났다. 이는 곧 상호 우호적이던 제9연대와 제주도민 사이의 관계성이 무너졌음을 의미하는 사건이기도 했다.[8] 제주와 제주 사람들을 인간적으로 애정하거나 적어도 같은 민족으로서 포용하려 한 군인들의 입지는 자연히 좁아질 수밖에 없었다. 폭력을 "거부할 수 없는 상황"이 조금씩 완성되어가고 있었다.

'양심' 있는 군인들에게 남겨진 최후의 저항 수단은 탈영이나 반란뿐. 실제로 1948년 5월 20일, 군 수뇌부의 강경진압 방침에 반발한 41명의 군인이 집단 탈영하는 사건이 벌어졌다. 이어 6월 18일에는 문상길 중위 등이 연대장 박진경을 암살했다. 이 군인들은 군사재판에 나와서도 학살의 광풍을 멈춰야 한다고 최후까지 호소했다. 그러나 이 같은 저항은 아이러니하게도 제주도민에 대한 탄압의 강도를 더욱 강화하는 결과로 이어지게 된다. 그리고 미군정과 군 수뇌부는 이러한 '양심'이 적출된 자리에 '광기'를 채워 넣기로 결심한다.

초토화 작전이 본격화되던 1948년 11월, 군은 그 악명 높던 서북청년단원들을 대거 입대시키고 특별중대까지 편성한다. 이들 중에는 무고한 제주 사람을 고문·살해하고도 입대를 명분으로 처벌을 면한 범죄자들도 포함돼 있었다. "상대방에 대하여 동족이라는 의식은 물론 인간이라는 의식도 거의 갖고 있지 않았던"[9] 악마의 부대는 바로 이렇게 만들어졌다.

군이 주도한 초토화 작전과 빨갱이 사냥으로 제주 중산간 마을의 95퍼센트, 가옥 3만 9,285동이 파괴됐다. 희생자는 1만 4,442명, 이조차도 신고가 완료된 수치에 불과하다. 연고가 없거나 단서를 찾을 수 없어 신고되지 못한 희생자는 3만 명에 이를 것으로 추정된다(희생자의 83.6퍼센트가 군·경, 우익단체에 의해 살해당했다). 물론 이런 '숫자'만으로는 그들의 악마성을 한 치도 설명할 수 없다. 군인들은 이렇게 사람을 죽였다.

> 난 집으로 들어와 불을 붙이는 군인들에게 무조건 "살려줍서, 살려줍서" 하며 손으로 막 빌었어요. 그러나 군인들은 나를 탁 밀면서 총을 쏘았습니다. 세 살 난 딸을 업은 채로 픽 쓰러지자 아홉 살 난 아들이 "어머니!" 하며 내게 달려들었어요. 그러자 군인들은 아들을 향해 또 한 발을 쏘았습니다. "이 새끼는 아직

안 죽었네!" 하며 아들을 쏘던 군인들의 목소리가 지금도 귓가에 쟁쟁합니다. 아들은 가슴을 정통으로 맞아 심장이 다 나왔어요. 그들은 인간이 아니었습니다.[10]

군인 세 명이 집으로 들어와 잠자던 남편을 끌어냈다. 군인들은 사람들을 모아놓고 기관총으로 쏘았다. 총알이 몸 여기저기에 박혔는데 빨리 안 죽으니까 그랬는지 칼로 목을 잘라버려 피가 낭자했다. 난 그들을 군인이 아니라 인간 백정으로 본다.[11]

군경 토벌대와 민보단원들이 굴 안으로 들어오자 급히 숨었지요. 그러나 토벌대가 "살려줄 것이니 걱정하지 말라"고 유혹하는 바람에 모두들 나왔습니다. 굴속의 인원을 파악한 토벌대는 붙잡은 사람을 통해 알아낸 내 이름을 부르며 나오라고 하더군요. 그러나 난 숨죽이고 있었지요. 토벌대는 사람들을 끌고 나가자마자 굴 입구에서 바로 학살했습니다. 강규남의 아들이나 송시영의 아들은 불과 서너 살 난 아이들이었는데 동네에서 소문날 정도로 예쁘고 잘난 아까운 아이들이었지요. 토벌대는 그 아이들의 다리를 잡아 바위에 메쳐 죽였습니다. 인간으로서 차마 그럴 수는

없는 일입니다.[12]

"비명자"非命者. 김시종 시인이 제주 4·3 당시 살해당한 사람들을 일컬을 때 사용하는 말이다. 남녀노소 할 것 없이 목숨을 제때에 마치지 못하고 죽었기 때문에 그렇게 부른다고 한다.[13]

한때 군인이었던 내가 이러한 '비명자'들을 앞에 두고 할 수 있는 말은 많지 않다. "도대체 어떻게 이런 짓을…"이라는 하나 마나 한 감상도 접어두고 싶다. "도대체 어떻게 이런 짓을…"이 아니라 이보다 더한 일도 저질렀던 과거사의 원죄, 그 원죄의 천형天刑 앞에서 고통스러워해야 할 당위가 내게 있을 뿐이다.

계승된 광기의 역사

나는 의심한다. 1948년 제주 4·3으로부터 발화한 악惡의 유산이, 그 광기가, 2024년 서울의 12·3으로까지 이어져온 게 아닐까 하고. 이 의심은 대단히 진부하지만 단 한 번도 제대로 해명된 적이 없다. 주위에서는 뭘 그렇게 꼬아서 볼 것까지 있겠느냐고, 이런 말을 많이 한다.

하지만 글쎄. 이번 쿠데타의 비선으로 지목되며 유명해진(?) 전 정보사령관 노상원 같은 인물은 어떻게 설명해야 할까? 2025년 현재 그는 쿠데타 당시 선거관리위원회 장악을 주동한 혐의로 재판을 받고 있다. 그가 전역 후 운영하던 사무실(점집)에서는 선거관리위원회 직원들을 "다 잡아 족치"기 위해 준비했다는 고문 도구들이 발견되기도 했다.

이른바 '노상원 수첩'이라 불리는 손바닥만 한 크기의 메모장은 또 어떤가. 이 수첩의 첫 장은 다음과 같이 시작한다. "실행 후 싹을 제거해 근원을 없앤다." 실행의 목적어가 쿠데타(계엄)를 가리키고 있음은 의심할 여지가 없을 듯하다. '싹'은 아무래도 '사람'일 것이다. 실제로 그는 500여 명에 달하는 싹들의 명단을 70여 쪽에 달하는 수첩 곳곳에 적어 넣었다. 카테고리별로는 '좌파 판사', '좌파 언론', '좌파 종교단체', '좌파 장애인 단체', '좌파 연예인', '간첩 재판자', '좌파 정권 때 출세한 놈들·일당·일가' 등으로 나뉜다. 그리고 이러한 싹들을 "수거"할 것이라고 노상원은 쓰고 있다.

'수거'(그리고 '수집')는 제거·살해한다는 의미를 담은, 노상원만의 은어隱語로 추정된다. 공식적인 군사용어가 아님은 물론, 특수부대 내에서만 사용되는 관용적인 표현조차도 아니라는 의미다. 수거, 다시 말해 '쓰레기 따위를 거두어간다'는 뜻의 이 용어는 수집소, 수거 명부, 수거 작전, 수거 조처 등으로 수첩에서 재차 언급된다. 단순히 사람의 목숨을 사물화한 것 이상의, 상대에 대한 증오와 멸시를 반영한 "악마적으로 비아냥대는 은어"[14]에 가깝다.

수거 후 처리 방안도 구체적으로 적어두었다. 주요 내용은 아래와 같다(수첩 전문을 공개한 『한겨레』와 MBC의 보도를 참고했다. 주제별로 내용을 추렸으나 대략적인 얼개를 파악하는 데는 문제가 없으리라 생각한다).

- ◦ 수거 및 수집 기한
  - · D+10일까지 10차에 걸쳐 수거·수집(1, 2차는 기무사, 3~10차는 경찰)
  - · 수거 명부 작성 및 행사 인원 지정(여인형 방첩사령관), 수집 장소 및 전투조직 지원(박안수 계엄사령관)
  - · 수거 작전은 D+50일까지 실시

- ◦ 처리 방안: A급 수거 대상
  - · 실미도 등 무인도와 GOP, 민통선 이북에 수용한 뒤 자체 사고 처리
  - ↳ 민간 선박이나 폐군함에 실어 제주도, 연평도로 이송(이송 중 사고)
  - ↳ 실미도 하차 후 이동 간 적정한 곳에서 폭파
  - ↳ GOP상 수용시설에 화재·폭파, 막사 내 잠자리 폭발물 사용: 확인사살 필요

↳ 교도소 한 곳에 통째로 수감: 음식물, 급수, 화학약품

- 사후 처리
  · 북한과 접촉(비공식 방법): 무엇을 내어줄 것이고 접촉 시 보안대책은?
    ↳ NLL 인근에서 북의 공격을 유도하거나 아예 북에서 나포 직전 격침시키는 방안
    ↳ 외부 용역업체를 통한 어뢰 공격
  · 군사재판: 특별수사와 재판소로 사형·무기형 선고
  · 김두한 시대처럼 주먹들을 이용하여 좌파 놈들을 분쇄

솔직히 말하자면 나는 수첩에 적힌 이런 내용이 그다지 놀랍지 않다. 놀랍기는커녕 묘한 기시감마저 든다. 군인들을 '피의 축제'에 초대하기 위한 사전 정지작업 아닌가. 그것도 아주 '클래식한' 형태의….

이를테면 이런 질문들을 해볼 수 있을 것이다. 왜 그런 식으로—폭파, 화재, 격침, 화학약품 등—죽이려 했을까. 왜 하필 그곳—실미도, 연평도, 제주도, 민통선 이북—이어야만 했을까. 군사재판의 형량이 사형과 무기형으로 고정된 배경은? 깡패 주먹들의 용도는? 그리고 무엇보다 왜 북한을 끌어들이려 했을까.

이 질문들에 대한 답은 각기, 한국전쟁 직후 보도연맹 학살(1950), 실미도 제684부대 자폭 및 불법처형(1971), 선감학원 인권 유린(1946~1982), 총풍사건(1997)과 같은 과거사의 폭력들과 긴밀하게 연결되어 있으리라 본다. 특히 "김두한 시대처럼 주먹들을 이용하여 좌파 놈들을 분쇄"한다는 기획에서는 제주 4·3 당시의 서북청년단이 연상되기도 한다.

검찰 공소장 등에 따르면, 쿠데타 당일 국방부 장관의 호출을 받은 제2기갑여단 여단장 구삼회 준장이 경기도 판교의 정보사령부 거점에서 임무를 대기하고 있었다.[15] 참고로 제2기갑여단은 서울에서 가장 가까운 탱크부대다. "탱크로 국회를 밀어버리겠다"는 국방부 장관 김용현의 악다구니가 단순히 허언이 아니었다는 말이다. 이런 극언들은 시민들로 하여금 박정희 군부독재 시대의 레거시, 이른바 '차지철 류'의 공갈을 떠올리게 한다.[16] 쿠데타가 실패하지 않았다면 이러한 광기의 기획들도 결국 실행 단계까지 나아갔을 것이고, 젊은 군인들의 군복도 피로 물들고 말았을 것이다. "폭압의 총화銃火는 광기로 부추겨진다."(김시종)

비단 '높으신 분들'만의 문제는 아니었다. 쿠데타 당시 국회에서 특수부대(제707특수임무단)를 지휘했던 김현태 대령은 군인들을 막아선 야당 보좌관들을 외려 '폭도'로 몰아붙였다. 누군가 못된 의도로 군인들을 자극해 '폭동'을 일으키려 했다는 취지의 주장이었다.[17] 나는 김현태의 주장이, "폭동사건을 진압하기 위해서는 제주도민 30만을 희생시키더라도 무방하다"는 박진경의 폭언과 다를 게 없다고 생각한다. 박진경 이래, 광기에 물들어버린 제주 4·3의 군인들도 '폭도'를 죽였을 뿐이라며 스스로를 변호하지 않았겠는가?

2025년 4월 4일 헌법재판소는 '군인들이 일반 시민들과 대치하도록 만든' 행위 자체가 불법, 즉 '국군통수의무 위반'이라고 선고했다(대통령 윤석열 탄핵 사건 선고 결정문). 어떤 경우에든 군인의 총구가 시민을 향해서는 안 된다는 의미다. 그러나 나는 여전히 불안하다. 내가 알기로 한국군은 김익렬 같은 군인보다 박진경 같은 군인을 훨씬 더 사랑해왔기 때문이다. 그리고 이런 한국군의 풍토에서 성장한 자들은 "군인들이 거부할 수 없는 상황"을 만들어내는 데 유능하다.

'국군'의 원죄 앞에서

2023년, 김시종 시인은 친척들이 맡아 관리해오던 부모님의 묘소를 이장했다. 새로 세워진 묘비에는 시인이 쓴 짧은 비문이 새겨졌다. 그것은 아버지가 마지막으로 아들에게 건넨 말, "비록 죽더라도 내 눈앞에서는 죽지 말라"던 뼈저린 당부에 대한 답장이라고도 할 수 있다.

> 다시는 아버지 어머니 곁을 떠나지 않겠습니다. 같이 있을 수 있는 날을 기다려 언제나 기원하고 왔습니다. 저에게는 역시 저세상이 가까이 만나 뵙는 영원한 곳입니다.[18]

1948년 이래, 청년 김시종에게 가해졌던 '군의 지배'는 '저세상'에 가서야 회복될 수 있는 걸까. 아무래도 2024년의 나는 운이 좋았던 것 같다. 고작 6시간 만에 '군의 지배'에서 벗어날 수 있었으니 말이다. 물론 나는 적잖은 부끄러움을 느낀다. 특히 이날 몸을 던져 '시민 불복종'을 실천했던 사람들에게는 자유를 빚졌다고 생각한다.

군은 사과하고 반성해야 한다. 1948년 제주 4·3의 김시종과 도민들에게, 2024년 서울 12·3의 시민들과 대한민국 국민에게. 안다. 군만 잘못한 건 아니라고 말하고 싶을 것이다. 대통령이, 정부가, 군 수뇌부 혹은 일부 정신 나간 군인들이, 미군정이, 서북청년단이, 경찰들이, '폭도'들이 더 잘못했을 수 있는데, 왜 군인들에게만 뭐라 하느냐 항변하고 싶을 수 있다. 그러나 나는 되묻고 싶다. 그럼 잘못하지 않았느냐고. 창군 이래 자행된 그 무수한 폭력들에 대해 사과 한번 제대로 한 적이 있었느냐고. 억울한 마음이 올라올 때마다 이 말을 참고해줬으면 한다. "모두가 유죄인 곳에서는, 아무도 유죄가 아니다." 한나 아렌트의 말이다.[19]

안타깝지만 쿠데타를 '부화附和수행'했던 군인들—그 관여의 정도가 크든 작든—은 처벌받게 될 것이다. 혹시 처벌을 면하더라도 군인으로서의 명예에 상처 입을 군인이 적지 않을 것이다. 그래도 그들이 혹여나 억울하다고 느끼진 않았으면 좋겠다. '군의 지배'를 심판하는 일이므로 군인들이 피고의 멍에를 짊어지는 일은 필연이다. 시민에게 총구를 겨눈 대가란 그런 것이니까. 아니 오히려 어떤 점에서는 군인들도 운이 좋았다고 볼 수 있다. 만약 쿠데타가 성공했다면, 혹은 시민들이 쿠데타를 일찌감치 진압하지 못했다면 이날 군인들의 '소극적 행동'이 지금처럼 온정적으로 이해되고 환호받을 일도 없었을 것이기 때문이다.

나는 군인들이 차라리 분노했으면 좋겠다. 12·3 쿠데타에 동원된 군인들 (특히 병사와 초급간부의 경우) 다수가 자신이 '북한' 관련 임무를 수행한다고 알고 있지 않았던가?[20] 그러나 마치 눈가리개가 씌워진 경주마처럼 골 지점 이외의 시야는 완전히 차단당한 채로 폭력의 한복판에 떨어지지 않았던가.

"우리 전부 다 등신이었어."[21] 당시 국회에서 시민들과 대치했던 어느 특공대원의 분노 섞인 토로를 나는 기억한다. 그 말대로다. 누가 군인들을 '등신'으로 전락시켰나. 누가 군인의 양심과 명예를 농락했나.

탄핵심판 과정에서 쿠데타의 수괴 (전 대통령) 윤석열은 "군인들이 불법적인 지시를 따르지 않으리라는 것을 알고 비상계엄 조치를 했다"고 주장했다. 그뿐만이 아니다. 자신의 명령에 따른 군인들을 일컬어 "얌전하고 착한 군인, 평화적 계엄의 모습이 드러난다"는 제목의 입장문을 발표하기도 했다. 완벽한 '개소리' 아닌가? 윤석열(전 대통령)에게는 그 정도로 군인들이 '등신'처럼 보였던 모양이다.

차라리 1948년 4월의 김익렬과 그를 따랐던 제9연대 군인들을 떠올려보며 위로받기 바란다. 나 역시 믿어보고 싶다. 그들이 남긴 선善한 유산이 기적처럼 아주 조금이나마 남아 흘러 2024년에 계승되고 있었다고.

덧말
: 나는 무지한 군인이었다. '남로당'이라는 말만 들어도 종종 이성을 잃어버리곤 하는 극우주의자와 별로 다를 게 없었다. '공산주의 폭동'이라는 한마디 말로 제주 4·3의 원혼들을 순치해보려는 그런 왜곡된 역사

관에 빠져 있었다.

배웠어야 했다. 제주라는 섬이 1945년 이전부터 일제의 '최후결전 기지'로 활용되었다는 사실을. 그리하여 6만여 명에 달하는 일본군이 진주해 도민들을 강제로 동원하고 착취했다는 사실을. 해방 직후의 유례없는 대기근과 역병(콜레라)으로 수백 명의 제주 사람이 죽었다는 사실을. 그 와중에도 미군정이 미곡 공출을 강제했다는 사실을. 더구나 도민들은 석유 섞인 쌀을 배급받았다는 사실을. 1947년 3·1절 기념대회 당시 6명의 도민이 군정경찰에 살해당한 사실을(부검 결과 그중 5명이 '등'에 총을 맞은 것으로 알려졌다). 그리고 이에 대한 반발로 제주도민의 10퍼센트가 들고 일어난 3·10 민관 총파업의 기치를. 그럼에도 멈출 줄 몰랐던 서북청년단의 테러와 경찰의 '빨갱이' 색출·검거·고문을. 1948년 초 20대 제주 청년 3명이 경찰의 고문으로 사망했고, 그래서 제주가 이렇게 외치고 있었다는 사실을. "탄압이면 항쟁이다."

나의 적, 적의 적

위안받기 위한 위로

여기, 이상한 묘지가 하나 있다. 이 묘지에는 전사한 군인들의 유해가 묻혀 있다. 그렇다면 현충 시설인가? 아니다. 여기에는 영웅이 없다. 물론 신神도 없다. 군인의 무덤에서 흔히 볼 수 있는 비장한 서사시도, 전방을 향해 무언의 포효를 내지르는 동상도 여기에선 찾아볼 수 없다. 이 묘지는 찾아오는 이의 애도를 애써 권하지 않는다. 있는 것이라곤 가로 세로 50센티미터 남짓의 묘비석과 바로 옆 자동차 전용도로의 소음, 을씨년스럽게 펼쳐진 들판뿐이다. 햇빛을 가릴 차양 하나 없는데도 분위기는 묘하게 어둡고 축축하다. 발밑에는 얼마나 지났을지 모를 썩은 낙엽과 날카롭게 솟아오른 잔디가 뒤엉겨 있고, 묘역 한구석으로부터는 아무렇게나 자란 풀이 필사적으로 손을 뻗어온다. 그렇다. 여기는 경기도 파주시 적성면 답곡리 산 56-1번지. 흔히 '적군 묘지'라 불리는 이곳의 공식 명칭은 '북한군 묘지'다.

만약 당신이 이곳을 찾을 계획이라면 필경 그럴듯한 이유가 있을 것이다. 가령 (거창하지만) 평화라든가 반전反戰이라든가 조금 더 나아가면 화해 같은 주제일 가능성이 높다. 왜냐하면 이곳은 한국에서 가장 정치적이면서 동시에 역설적으로 가장 '반反정치적인' 죽음의 공간이기 때문이다. 아마도 남한 사람일 당신은, 이곳에서 국가를 위한 살신성인의 숭고함이나 호국영령에 대한 존경을 이야기할 수 없을 것이다. 그렇다고 반대로 '빨갱이'라는 욕설을 퍼붓거나 무덤에 침을 뱉는 행위도 웬만해선 하지 못할 것이다. 구상 시인의 말처럼 죽음은 "미움보다, 사랑보다도 더 너그러운 것"이라서 그렇다.

그들의 무덤 앞에서 중얼거릴, 적당히 쉽고 좋은 평화의 잠언들을 준비해가길 권한다. 특정 종교의 기도문이나 불가의 만트라도 나쁘진 않으리라. 이 음침한 구역에 발을 딛는 것만으로도 스트레스를 받을 사람이 있을 듯하여 조심스레 당부해본다. 조금 부산스럽게 (혹은 경쾌하게) 위령을 시도해보는 것도 좋은 방법이다. 그들의 묘비를 어루만진다거나 지저분한 주변 환경을 정리한다거나, 조상들에게 그랬듯 묫자리를 두루 돌며 '소주 정도는' 뿌려도 괜찮을 것이다. 꽃다발은 조금 그럴지도 모르겠다. 아니, 방식은 중요하지 않다. 평화든 화해든 여타 자질구레한 목적의식을 소거하고 그저 명복을 빌어주는 것만으로도 이미 '그들'은 당신을 매우 특별한 남한 사람으로 여길 테니까.

…아니다. 그냥 가지 않는 게 좋겠다. 지금까지의 내 우쭐거림은 모두 잊어달라. 사실을 고백하자면 나는 위의 모든 작업을 충실히 이행했음에도 불구하고 만족할 만한 화해의 정신적 공간을 마련해내지 못했다. 묘비를 쓸고 닦고 기도도 해보았으나 외려 신경이 날카롭게 벼려질 뿐 아무런 효과가 없었다. 시종일관 전전긍긍했다. 안강지구전투에서 전사한 북한군-268, 횡성지구전투에서 전사한 중국군-249, 김신조 사건 무장공비 북한군-28, 남해안침투 반잠수정 간첩 북한군-103 등으로 기술되는 묘지 주인들의 최후를 확인하면서도, 그들에게 살해당했을지도 모를 '국군'의 존재를 강박적으로 떠올리고 있었던 것이다.

나중에는 어떤 미신적 공포에도 시달렸다. 날이 저물어 땅거미가 지자, 적군의 무덤에서 어떤 '악마적인 힘'이 불쑥 솟아오를지도 모른다는 망상이 고개를 들었다. 나는 서서히 뒷걸음질쳤고, 끝내는 도망치듯 뛰어서 묘지를 빠져나오고 말았다. 화해? 이 묘지에 묻힌 자들도 나 같은 사람의 방문은 그리 달갑지 않을 것이 분명하다.

단절 너머의 연결

애시당초 무리한 시도였을까? 군인 출신인 나에게 화해란 전쟁만큼이나 어려운 일이었는지도 모른다. 나는 영국의 전쟁 시인 시그프리드 서순Siegfried Sassoon과 독일의 작가 베르톨트 브레히트Bertolt Brecht를 떠올렸다. 전쟁으로 갈라선 인간 존재들의 화해가 얼마나 어려운지를 말해주었던 두 사람이다. 먼저, 서순이 말하는 화해의 조건은 이랬다. '전쟁으로 자식을 잃은 양 국가의 어머니들이 골고다 언덕에서 만나는 것. 그러나 증오를 퍼붓지 않고 서로의 아들들을 가여워하는 것.'[1](?!)

브레히트가 제시하는 화해의 조건은 서순의 그것보다 한 세대를 더 나아간다. '내가 죽인 적군의 아이들과 (마찬가지로 적군에게 살해당했을지도 모를) '나'의 사랑스러운 자녀들이 만나 평화에 대해 이야기를 나누는 것.'[2](?!) 얼핏 두 사람의 제안은 '화해 따위는 불가능하다'는 시니컬한 비관론처럼 들린다. "네 아들을 죽인 자들의 어미들"이 광장에서 만나 서로의 아픔을 보듬는 일이나, '내가 죽인 적군' 그리고 '나를 죽인 적군'의 자녀들이 만나 대화를 나누는 일이 어떻게 가능할 수 있단 말일까?

그러나 이들은 단순한 비관론자도, 순진한 이상주의자도 아니었다. 이들은 누구보다 전쟁을 잘 알고 있었다. 서순은 영국의 군인, 브레히트는 독일의 군인으로 제1차 세계대전에 나갔고 둘 다 어렵게 살아 돌아왔다. 그리고 공교롭게도 영국과 독일은 제1, 2차 세계대전에서 서로 적으로 싸웠고 너나없이 참사에 가까운 피해를 입은 국가다. 그래서 서순의 '골고다 언덕의 어머니들'도 설정상으로는 영국군과 독일군 병사의 어머니로 추정된다.

브레히트의 '적군의 아이'는 영국인도 독일인도 아니다. 다만 그 모델이 실존 인물이다. 태평양전쟁의 어느 전장에서 미군 병사에게 구조된 까까머리의 일본인 꼬마가 바로 그 주인공인데, 실물을 확인하고 싶다면 브레히트의 사진시집 『전쟁교본』 46번째 작품을 펼쳐보면 된다. 참고로 꼬마의 사진 하단에는 시 못지않게 의미심장한 글이 달려 있다. "꼬마야, 우리가 하는 놀이는 거친 놀이란다. 난 이 놀이가 네 마음엔 들지 않기를 바란단다."

이런 맥락으로 미루어보면 두 작가가 화해의 포기를 종용하거나 빈정거릴 목적으로 시를 썼다고 보긴 어려울 듯하다. 오히려 나는 그들이 화해의 필요성을 목 놓아 부르짖고자 일부러 극단적인 상황을 상정했다고 생각한다. 전쟁 중인 인간의 폭주를 멈춰 세우는 데 '어머니'와 '아이'만큼 강렬하고 효과적인 진정제가 있었던가.

그래서인지는 모르겠으나 두 작가가 화해를 이야기함에 있어 '어머니'와 '아이'가 담당하는 역할은 크게 다르지 않아 보인다. 서순은 '군인에게도 어머니가 있다'를 전제로, 브레히트는 '군인에게도 아이가 있다'를 전제로 화해를 시도한다는 점에서 그렇다. 특히 자식을 잃은 양국의 어머니들을 마주하게 하는 '극약처방' 같은 서순의 실험은, 전쟁의 선전·선동에 부화뇌동하며 증오를 부추겨왔던 '그들'의 입을 부끄럽게 만들기에 충분하다. 세상 누구보다 격렬한 증오를 표출해야 마땅할 존재(어머니)들이 앞장서 화해를 논한다는 반전反轉 덕분이다. 서순에 비해선 부드럽지만 브레히트의 실험도 유사한 결과를 도출해낸다. 두 작가가 꿈꿨던 화해의 광경들을 한데 뭉쳐놓아도 전혀 어색하지 않다는 점이 그 증거다. 어색하기는커녕, 생각지도 못한 놀라운 광경이 만들어진다.

'골고다의 어머니들'이 '아버지를 잃은 아이들'을 돌보는 장면을 상상해보라. 그 광경으로부터 도출되는 화해의 빛은 결코 전쟁의 어둠에 지지 않는다. 생의 원천인 어머니와, 생의 의지인 아이들이 나란히 손을 잡고 '죽음의 현상'인 전쟁에 맞설 테니까. 서순과 브레히트는 아마도 이렇게 말하고 싶지 않았을까? 화해는 전쟁만큼 어렵지만, 전쟁만큼 강하기도 하다고.

적군 묘지를 다시 돌아본다. 이 거대한 무덤에서도 서순과 브레히트의 외침이 유효할 수 있을지? 앞서 서순은 군인들의 묘지를 무대로 어머니들의 동정과 유대를 이끌어냈다. 물론 그것이 아직 불가능했던 나는 묘지에서 도망치듯 빠져나오고 말았지만 말이다. 아무래도 지금의 내게 적군 묘지는 '골고다 언덕'이라기보다 여전히 확장되고 있는 '죽은 군대의 병영'에 차라리 더 가까운 것 같다. 이 적대감이 어느 한순간에 드라마틱하게 눈 녹듯 사라지지는 않으리라.

다만 포기하지는 않을 생각이다. 한때 저 지하의 적들을 누구보다 증오했던 군인으로서 내게는 화해의 당위가 남아 있기 때문이다. 또 이 해소되지 못한 적대감이 미래의 언젠가, 끝끝내 전쟁이라는 산고를 겪으며 적敵으로 실체화되어선 안 되기 때문이다. 그리고 누가 뭐래도 화해는 산 자들의 몫이기 때문이다. 그러니 앞으로도 한동안은 이 거대한 무덤을 헤맬 것이다. 이곳의 수많은 '무명인'들을 화해의 골고다 언덕에서 만날 때까지.

에필로그
나는 전쟁에 불복종한다

장면 하나. 어느 키 작고 뚱뚱한 늙은 장교가 헌병들에게 심문당하고 있다. 그는 '부대 이탈죄'라는 죄목으로 붙잡혀왔다. 전투에서 지고 후퇴하던 중 그만 소속 부대를 잃고 낙오해버렸기 때문이다. 헌병장교는 그에게 경멸적 언사를 퍼붓기 시작한다. 당신같이 한심한 낙오 군인들 때문에 '우리의 신성한 조국'이 적에게 짓밟히고 있다고, 그러니까 당신은 반역 행위를 저지른 것이나 마찬가지라고. 그러자 늙은 장교가 반문한다. "자네, 후퇴해본 적 있나?" 헌병장교는 대답한다. "이탈리아는 절대 후퇴하지 않아."

어니스트 헤밍웨이의 소설 『무기여 잘 있거라』의 한 에피소드를 재구성해봤다. 작중 비중이 그리 높은 에피소드는 아니지만 이 책의 주제를 잘 반영하고 있다 싶어 가져왔다. 짐작하겠지만 위의 헌병장교와 이 책의 비판 대상인 그들은 동일한 존재다. 소설 속 표현에 따르자면 "남에게 총질만 했지 정작 자신은 당해본 적 없는" 자들. 그래서 그들은 전쟁을 얼마나 아느냐고 되묻는 '늙은 장교'의 질문에 당황할 수밖에 없다. 이 무슨 엉뚱한 대답인가. "○○○○은/는 절대 후퇴하지 않아!"라니. 이런 상황에서 그들이 택할 수 있는 방법은 하나다. 그네들을 부끄럽게 만든 누군가의 입을 다물게 하는 것. 저 헌병장교 역시 그렇게 했다. 늙은 장교는 결국 총살당한다.

장면 둘. 연일 치열한 전투가 벌어지고 있는 전선 한구석에서 두 젊은이가 우울한 대화를 나누고 있다. 한쪽은 부상을 치료하고 이제 막 전장으로 복귀한 장교이며, 다른 한쪽은 군종 신부(사제)다. 잇따른 패배로 아군의 전황은 몹시 좋지 않다. 그래도 희망을 말하고 싶었던 신부는 곧 전쟁이 끝날 것이라며 위로한다. 우리처럼 그들(적)도 힘들 것이 분명하니까. 장교의 생각은 다르다. 그는 적들이 결코 전쟁을 그만두지 않을 것이라고 말한다. 이기고 있는 싸움을 그만두는 사람은 없을 테니까. 그러자 신부가 묻는다. "그러면 전쟁이 계속될 거라고 생각합니까?" 장교는 대답한다. "패배하면 우리는 크리스천이 됩니다. (…) 우리는 패배했기 때문에 유순해진 거예요."

마찬가지로 『무기여 잘 있거라』의 재구성이다. 군종 신부와 대화를 나누며 전쟁에 대한 환멸을 표하고 있는 장교, 이 소설의 주인공인 프레데릭 헨리다. 헨리는 앞서 늙은 장교가 내세운 기준, 그러니까 "후퇴해본 적이 있는"을 훌륭히 충족하는 군인이다. 대화에서도 알 수 있듯이 헨리는 다른 무엇도 아닌 전쟁의 광기로부터 모두(적을 포함하여)를 후퇴시키고 싶어 한다. 신앙인으로서의 크리스천이 아닌, 죽음을 두려워할 줄 아는 유순한 인간들과 마주할 수 있길 원하는 것이다. 이후 헨리는 또 한 번의 후퇴 과정에서 '늙은 장교'와 조우한다. 하지만 곧 그가 헌병에게 총살당하는 광경을 목격하고 충격과 실의에 빠져 부대를 이탈한다(결국 헌병은 자존심을 지키기 위해 조국에게 해악이 되는 짓만 한 셈이다). 가까스로 탈영에 성공한 헨리는 안전한 곳에 자리를 잡고 다시는 전쟁에 나가지 않겠다고 다짐한다. 헨리는 그 다짐을 "혼자서 맺은 평화조약"이라고 명명한다.

후퇴, 패배, 탈영. 헤밍웨이가 이 소설에서 제시하는 평화의 키워드는 다소 난감하다. 얼핏 '평화를 위해서는 패배가 필요하다'는 식의 괴팍한 패배주의로 곡해될 소지가 다분하다. 물론 그가 패배, 그러니까 비극을 경험함으로써 깨닫게 되는 평화도 있음을 설파했던 건 사실이다. 하지만 그리 단순하게만 해석할 일은 아니라고 생각한다. 헤밍웨이는 자신의 진의를 헨리의 입을 빌려 말해두었다. 실제로 헨리의 대사 중에 이런 대목이 있다. '어쩌면 패배가 승리보다 더 나을지도 모르지만 결국엔 둘 다 믿을 수 없다.'

맞다. 전쟁은 도저히 '믿을 수 없는' 것들을 앞세워 우리를 압박해온다. 상상해보라. 전쟁의 시작…, 마른하늘에 포성이 울려 퍼졌을 때 우리가 가장 먼저 내뱉게 될 말을. (믿을 수 없다) 수천수만의 인간이 서로 죽여야 하는 비극의 나선에서 피해자들이 울부짖게 될 말을. (믿을 수 없다) 몸과 마음을 불가역적으로 상실당한 나와 당신이 절망에 차서 울부짖게 될 말을. (믿을 수 없다) 그토록 수많은 피를 흘렸음에도 어느 날 아무 일도 없었다는 듯 전쟁이 끝날 때 허탈해하며 읊조리게 될 말을. (믿을 수 없다)….

인간은 믿을 수 없는 것에 맞설 수조차 없다. 유일한 선택지는 후퇴뿐이다. 전쟁이 그 자체로 인간성의 패배를 상징하게 된 이유도 바로 여기에 있는 것이다. 하지만 우리, 좌절하진 말자. 이러한 후퇴 내지 패배가 전쟁에 대한 인간의 굴종을 의미하진 않는다. 헤밍웨이 역시 헨리가 '혼자서 맺은 평화조약'을 그 단서로 제공한다. 그 정도는 우리도 얼마든지 할 수 있지 않을까.

함께 전쟁에 '불복종'하자는 거다. 전쟁에 대한 불복종을 실천하는 인간만이 전쟁에 반대하는 특권도 가질 수 있다. 한국전쟁 참전군인으로 나중에는 미국 하원의원을 지냈던 피트 매클로스키는 이렇게 말했다.

> "만약 당신이 전쟁의 포화 속에 죽어가는 두려움을 느껴보는 특권을 누렸다면, 만약 당신이 폭탄이 떨어져 사람들을 찢어놓고 그들이 불에 타 죽고 엄청난 부상을 입는 광경을 목격했다면, 당신은 평생 전쟁을 반대하는 특권, 아니 사명감을 가진 것입니다. 왜냐하면 당신은 그것을 보았고, 전쟁을 원하는 이 사람들은 결코 그것을 목격하지 못했기 때문이죠."[1]

이 말은 우리 모두에게도 해당한다. 물론 전쟁의 포화 속에 죽어가는 두려움을 직접 느껴본 사람은 극소수에 불과하겠지만 '사람들이 찢어지고 불에 타 죽고 부상을 입는 광경'은 마음만 먹는다면—직접적으로든 간접적으로든—얼마든지 볼 수 있기 때문이다. 보지 않으려 하기에 보지 못할 뿐이다.

매클로스키 역시 베트남, 이라크 등에서 전쟁을 벌이려는 미국 정부를 성토하고 젊은이들의 반전운동을 지지함으로써 전쟁에 불복종했다. 나는 그가 젊은 날 자신의 삶을 할퀴고 지나갔던 전쟁들로부터 조금씩 '후퇴'해오지 않았을까 하고 짐작해본다. 그리고 그가 전쟁에 반대하는 특권과 사명감을 '가졌다'고 표현했던 만큼, 그 후퇴가 비극적이지만은 않았던 것 같다. 이런 후퇴는 한번쯤 경험해보는 것도 괜찮지 않을까? 그 과정이 어떨지는 모르겠으나 평화에 대한 이해만큼은 단번에 깊어질 것이 분명하다.

물론 저 헌병장교처럼 우리의 불복종을 방해하는 존재들을 간과해서도 안 된다. 그러나 우리가 전쟁에 불복종할 수만 있다면 '그들'에 대한 불복종은 저절로 달성된다. 이 책에서 여러 번 언급했듯이 '그들'은 너무나도 왜소한 존재이기 때문이다. 나는 '그들'을 이렇게 호명했다. 따뜻한 후방에 앉아서 힘에 의한 평화만을 외치는, 군인들의 산화를 강요하는, 젊은이들을 살인자의 세계로 끌어들이는, 죽음과 고통을 미화하는, 억지공포를 조장하는, 죽은 자들의 영혼을 이용하고 화해를 저주하는, 그리고 무엇보다 전쟁을 사랑하는 그런 존재들이라고. '그들'은 우리와 달리 전쟁에 철저히 복종하고 나아가 부역한다. 약자를 협박해 전쟁의 아가리로 전진시키고, 말을 듣지 않으면 붙잡아다 희생양으로 바침으로써 전쟁에 아부해왔던 것이 '그들'의 서사다.

그래서 '그들'은 전쟁에 '불복종'하려는 사람들을 (늙은 장교에게 그러했듯이) 낙오자라 욕하고 공격한다. "한국군은 절대 후퇴하지 않아"라고 악다구니를 쓴다. 그러나 아무리 비루한 낙오자 할지라도 머릿속에 전쟁 판타지만 그득한 '그들'보다야 못났을까? 나는 나의 예민함으로 전쟁에 불복종한다. 전쟁이 터지면 신경증 환자들과 함께 병상에 누워 비명을 지를 것이다. 누군가 나를 겁쟁이라 욕하더라도 기꺼이 감수할 것이다. 총 뒤에 숨어 "전쟁판에서 가장 평화롭게 전쟁을 누릴"[2] 저 괴물들보다는 전쟁 신경증 환자들의 얼굴이 훨씬 더 아름답고 숭고할 테니까.

미주

프롤로그

1   레이첼 매도, 『전쟁 국가의 탄생』, 박중서 옮김, 갈라파고스, 2019, 182쪽.
2   "삼간초가가 다 타도 빈대 죽어 좋다"는 한국 속담의 변용이다.
3   이른바 '12·3 내란'으로 명명된 사건이다. 이 책에서는 군사적 의미를 강조하기 위해—이날 그가 선포한 비상계엄이 곧 '군의 지배'martial law를 뜻하는 것이기에— '12·3 쿠데타'라는 용어를 사용하고자 한다.
4   제임스 힐먼, 『전쟁에 대한 끔찍한 사랑』, 주민아 옮김, 도솔, 2008, 37쪽.

1장. 탄환은 뇌를 파고들고

1   데이브 그로스먼, 『살인의 심리학』, 이동춘 옮김, 열린책들, 2023, 378~379쪽.

폭력의 셈법

1   다음 기사를 참고하여 작성했다. "'My son is not a doll': The story of Gaza's baby Muhammad as his family grieves amid misinformation", *ABC News*, 2024. 2. 21.
2   「649쪽 사망자 명부, 첫 14쪽은 '0세' 희생자였다」, 『경향신문』, 2024. 10. 6; 「유엔 "가자지구 사망자 70퍼센트가 여성·어린이… 5~9세 사망자 가장 많아"」, 『경향신문』, 2024. 11. 10.
3   OHCHR, "Six-month update report on the human rights situation in Gaza: 1 November 2023 to 30 April 2024", https://

www.ohchr.org/en/documents/reports/six-month-update-report-human-rights-situation-gaza-1-november-2023-30-april-2024

4 다음 기사들을 참고하여 작성했다. "He got out of Gaza, but Gaza did not get out of him': Israeli soldiers returning from war struggle with trauma and suicide", *CNN*, 2024. 10. 21; "What are Israel's D9R bulldozers? £1m armoured 'Teddy Bear' tanks set to lead soldiers into booby-trapped Gaza", *Independent*, 2023. 10. 26;「이스라엘, 이번엔 '민간인 생매장 의혹'… 잔혹해지는 전쟁」,『한국일보』, 2023. 12. 18.

5 이 별칭은 장갑기계공학장비를 뜻하는 히브리어 약어에서 유래했으며, 이 약어는 발음상 '두비'Doobi처럼 들린다. '두비'는 히브리어로 '테디베어'를 뜻한다. 동시에 강력한 장갑으로 무장된 D-9의 곰처럼 육중한 외모를 상징하기도 한다. 참고로 이스라엘은 2023년 가자 전쟁에 약 100대의 '테디베어'를 투입했다.

6 실제로도 D-9에는 기관총과 유탄 발사기 등 공격용 무기가 장착되어 있었다.

7 프리모 레비,『가라앉은 자와 구조된 자』, 이소영 옮김, 돌베개, 2021, 63쪽.

8 몇 달간의 '특수임무' 수행 이후 '까마귀들'은 비밀 유지를 위해 전원 살해당했다. 그리고 나치는 새로운 '까마귀들'을 다시 선발했다.

9 김양순 외,『현대 영미 전쟁시의 이해: 아이버 거니—평범한 시인의 비범한 전쟁시』, L.I.E., 2013, 79~81쪽. 영국의 시인 아이버 거니Ivor Gurney는 1915년 자원입대하여 제1차 세계대전에 참전, 2년여에 걸쳐 복무했다. 그는 정신분열증 등 심각한 전쟁 후유증으로 정신병원에서 여생을 보냈다.

10 "Al Jazeera posts blurred doll, claims it to be a dead Palestinian baby", *The Jerusalem Post*, 2023. 12. 1.

11 자하르의 어머니는 ABC News와의 인터뷰에서 이렇게 말했다. "저는 아이(자하르)에게 젖을 먹였어요. 아이가 어떻게 인형이 될 수 있을까요? 어떻게 인형이라고 말할 수 있을까요? 아이는 인형이 아닙니다. 제 아들입니다."

12 로버트 그린,『전쟁의 기술』, 안진환·이수경 옮김, 웅진지식하우스, 2007, 473쪽.

13 일레인 스캐리,『고통받는 몸』, 메이 옮김, 오월의봄, 2018, 110쪽.

스캐리는 무기를 집합적으로 일컫는 단어로서의 'arms'와 인간의 팔을 뜻하는 단어로서의 'arms'의 용례를 들어 무기가 인간 몸의 연장이라고 주장했다.

14 "IDF declares famine-hit Gaza City a combat zone, ending 'tactical pauses' that allowed limited food delivery-as it happened", *The Guardian*, 2025. 8. 29.

15 "Revealed: Israeli military's own data indicates civilian death rate of 83% in Gaza war", *The Guardian*, 2025. 8. 21.

16 "Children make up nearly half of Gaza's population. Here's what it means for the war", *npr*, 2023. 10. 19.

17 일란 파페, 『이스라엘에 대한 열 가지 신화』, 백선 옮김, 틈새책방, 2024, 97쪽, 201쪽.

18 미국의 저명한 만화저널리스트 조 사코가 『팔레스타인 가자지구 비망록』*Footnotes in Gaza*(정수란 옮김, 씨앗을뿌리는사람, 2012)에서 1956년 칸유니스, 라파 학살 사건을 다룬 바 있다.

19 일란 파페, 『이스라엘에 대한 열 가지 신화』, 21쪽.

20 「미국 대학가 가자지구 전쟁 반대 시위 확산…'인티파다'란?」, 『BBC NEWS 코리아』, 2024. 4. 26.

21 btselem, "Fatalities in the first Intifada", https://www.btselem.org/statistics/first_intifada_tables

22 btselem, "Six years of Intifada", https://www.btselem.org/press_releases/20060928

23 btselem, "Fatalities during operation cast lead", https://statistics.btselem.org/en/stats/during-cast-lead/by-date-of-incident?section=overall&tab=overview

24 btselem, "Fatalities during operation pillar of defense", https://statistics.btselem.org/en/all-fatalities/by-date-of-incident?operationSensor=%5B%22pillar-of-defense%22%5D&section=overall&tab=overview

25 OCHA, "Occupied Palestinian Territory: Gaza Emergency Situation Report (as of 4 September 2014, 08:00 hrs)", https://www.ochaopt.org/content/occupied-palestinian-territory-gaza-emergency-situation-report-4-september-2014-0800-hrs

26 OCHA, "Response to the escalation in the oPt | Situation

	Report No. 1 (21-27 May 2021)", https://www.ochaopt.org/content/response-escalation-opt-situation-report-no-1-21-27-may-2021
27	이스라엘 인권단체 베첼렘 홈페이지btselem.org '사망자 데이터'Fatalities Database 카테고리에서 관련 통계를 확인할 수 있다.
28	btselem, "Unwilling and Unable: Israel's Whitewashed Investigations of the Great March of Return Protests", https://www.btselem.org/publications/202112_unwilling_and_unable
29	Save the Children, "2023 marks deadliest year on record for children in the occupied West Bank", 2023. 9. 18. 그리고 롭 퍼거슨, 「이스라엘의 팔레스타인 대학살 계획」, 『이스라엘의 인종청소 실패와 팔레스타인 해방의 전망』, 책갈피, 2024, 92쪽을 함께 참고했다.
30	「가자에 대한 이스라엘 군사 점령의 역사」, 『참세상』, 2025. 8. 12.
31	일란 파페, 『이스라엘에 대한 열 가지 신화』, 20쪽.
32	군사적 의미에서의 '회랑'은 고도로 한정된 지정학적 통로, 혹은 바다나 타국 영토로 연결되는 폭이 좁은 통로(선) 형태의 지대를 뜻한다.
33	"Report: Israel Kills Anyone Who Crosses Line Splitting North and South Gaza", *truthout*, 2024. 12. 9.
34	ghetto. 게토는 원래 과거 유럽에서 유대인들을 강제로 격리시켜 살게 하던 구역을 말한다.
35	일란 파페, 『이스라엘에 대한 열 가지 신화』, 204~205쪽.
36	btselem, "Welcome to Hell: The Israeli Prison System as a Network of Torture Camps", https://www.btselem.org/publications/202408_welcome_to_hell
37	「제2의 아부 그라이브? 이스라엘군 팔 수감자 성학대 영상 파장」, 『경향신문』, 2024. 8. 8.
38	「가자지구 어린이 96% "죽음이 임박" 느껴」, 『한겨레』, 2024. 12. 12.
39	주디스 버틀러, 『지상에서 함께 산다는 것』, 양효실 옮김, 시대의창, 2016, 375쪽.
40	팔레스타인평화연대, 「홀로코스트로 가족을 잃은 생존자 '가보 마테' 박사의 증언」(2021년 11월 25일 홈페이지 게시), https://

www.youtube.com/watch?v=WdPdslOTwJU; https://www.youtube.com/watch?v=fNHhV6_tz-A&t=2s; https://pal.or.kr/wp/%ec%9a%b0%eb%a6%ac-%ec%9c%a0%eb%8c%80%ec%9d%b8%ec%9d%b4-2%ec%b2%9c-%eb%85%84%ec%9d%b4-%ec%a7%80%eb%82%9c-%eb%92%a4%ec%97%90-%ed%95%b4%eb%b0%a9%ea%b3%bc-%ec%9e%90%ec%9c%a0%eb%a5%bc-%ec%b6%94%ea%b5%ac/

41 장폴 사르트르가 프란츠 파농의 책 『대지의 저주받은 사람들』에 남긴 서문(1961)이다. 프란츠 파농, 『대지의 저주받은 사람들』, 남경태 옮김, 그린비, 2019, 17쪽 참조.

광전사, 불사신, 유령

1 볼프 슈나이더, 『군인』, 박종대 옮김, 열린책들, 2015, 334쪽.
2 데이브 그로스먼, 『살인의 심리학』, 378쪽.
3 크리스 헤지스, 『당신도 전쟁을 알아야 한다』, 황현덕 옮김, 수린재, 2013, 98~101쪽, 125쪽.
4 에른스트 윙거, 『강철폭풍 속에서』, 노선정 옮김, 뿌리와이파리, 2014, 119쪽.
5 한나 아렌트, 『폭력의 세기』, 김정한 옮김, 이후, 1999, 97~101쪽.
6 「베트남전 참전 출신자 김영만 씨 인터뷰」, 『노동자연대』, 2003. 10. 4.

눈물 흘리는 군인들

1 노먼 메일러, 『벌거벗은 자와 죽은 자』, 이운경 옮김, 민음사, 2016, 604쪽.
2 볼프 슈나이더, 『군인』, 410쪽.
3 제임스 힐먼, 『전쟁에 대한 끔찍한 사랑』, 107쪽.
4 吉田裕, 『日本軍兵士』, 中公新書, 2017, 111쪽.
5 '사망자 명부'를 의미한다.
6 吉田裕, 『日本軍兵士』, 36쪽.
7 野田正彰, 『戦争と罪責』, 岩波文庫, 2022, 76~80쪽.
8 조수철 외, 「한국 군진 정신의학의 역사」, 『대한군진의학학술지』 제47권 제1호, 2016.

9	전우용, 『현대인의 탄생』, 이순, 2012, 208쪽.
10	「秋夕날 東萊서 생긴 慘劇 傷軍集團自殺未遂」, 『경향신문』, 1952. 10. 5.
11	「歲暮에 버림받은 사람들」, 『동아일보』, 1954. 12. 19.
12	吉田裕, 『日本軍兵士』, 116~117쪽. 당시 일본 사회에서 히로뽕은 마약으로 분류되지 않았다. 오히려 피로회복과 졸음방지에 효과가 있는 약물로 인정받아 1941년부터 상업적인 판매가 이루어지기도 했다. 히로뽕의 제조는 패전 후인 1950년에 이르러서야 중지됐다.
13	어니스트 베커, 『죽음의 부정』, 노승영 옮김, 한빛비즈, 2019, 286쪽.
14	로이 리처드 그린커, 『정상은 없다』, 정해영 옮김, 메멘토, 2022, 190쪽.
15	「全部가 戰爭神經症」, 『조선일보』, 1952. 10. 24.

학살훈련법

1	당시 언론 보도에 따르면 350만 마리 이상의 가축이 살처분됐다. 살처분 피해액은 3조 원, 곳곳에 만들어진 가축 무덤은 4,800여 개에 달한다. 연인원 200만 명이 방역에 동원되었으며, 가축 매몰에 따른 환경오염 등 2차 피해도 잇따랐다. 특히 살처분에 관여했던 사람들 일부는 심각한 정신적 외상(PTSD)과 후유증에 시달렸다.
2	「이인재 "살처분 군인 동원 마땅…전쟁 훈련으로 봐야"」, 『노컷뉴스』, 2011. 1. 28; 「방역은 제2의 국방」, 『국민일보』, 2011. 1. 23 등 참고.
3	레이첼 매도, 『전쟁 국가의 탄생』, 69쪽.
4	제임스 힐먼, 『전쟁에 대한 끔찍한 사랑』, 139쪽.

방아쇠에 걸리는 저항

1	데이브 그로스먼, 『살인의 심리학』, 36쪽.
2	「백마 28연대 5중대·이용웅」, 월남참전기념관(월남파병용사만남의 장) 패널, 2023. 6. 9 방문.
3	대한민국 6·25참전 유공자회, 『6·25전쟁 참전 수기 Ⅲ』, 2011, 261쪽.
4	조지 오웰, 「스페인 내전을 돌이켜본다」, 『나는 왜 쓰는가』, 이한중 옮김, 한겨레출판, 141쪽.

5 데이브 그로스먼, 『살인의 심리학』, 80쪽.
6 데이브 그로스먼, 『살인의 심리학』, 38쪽.
7 에마뉘엘 레비나스, 『전체성과 무한』, 김도형 옮김, 그린비, 2018, 7쪽.
8 에리히 레마르크, 『서부전선 이상 없다』, 홍성광 옮김, 열린책들, 2009, 179쪽.
9 에리히 레마르크, 『서부전선 이상 없다』, 179쪽.
10 에마뉘엘 레비나스, 『전체성과 무한』, 332~333쪽.
11 에리히 레마르크, 『서부전선 이상 없다』, 76쪽.

2장. 야만의 대장간

1 조규택, 『근대 영미 전쟁시 읽기와 감상』, L.I.E., 148~149쪽.

찢어발겨짐에 대하여

1 단지 영화 제목만이 아닌, 다연장로켓포의 낙탄 광경을 묘사하는 표현이다.
2 조지 모스, 『전사자 숭배』, 오윤성 옮김, 문학동네, 2015, 188~193쪽.
3 여기서 '시녀'는 반어적 표현임을 일러둔다. 군에서 공식·비공식적으로 통용되는 격언이나 비유들은 대체로 남성성을 기준으로 만들어지며, 또 과시적으로 소비되는 경향이 있다. 이런 점에서 '시녀'라는 단어—성차별적 요소를 내포하고 있음에도 불구하고—는 군 특유의 남성성을 붕괴시키는 데 역설적으로 기여할 수 있다고 판단했다. 아마도 상당수의 군인은 이 표현을 무척이나 굴욕적으로 여길 것이다.
4 「신원식 중대장 시절 '부대원 사망' 조작 결론」, 『오마이뉴스』, 2023. 8. 27.
5 에른스트 윙거, 『강철폭풍 속에서』, 291쪽.
6 에리히 레마르크, 『서부전선 이상 없다』, 63쪽.
7 대한민국 6·25참전 유공자회, 『6·25전쟁 참전 수기 III』, 316쪽.
8 클라우제비츠, 『전쟁론』, 류제승 옮김, 책세상, 1998, 34쪽.
9 다음 기사를 참고하여 작성했다. 「'무기 부족' 러시아 군대, 우크라이나군 공격하려 '삽'까지 들었다」, 『한국일보』, 2023. 3. 6; 「김정은

이 탱크 위 무릎 꿇고 강조한 '장갑무력혁명' 성공할까」, 『한겨레』, 2025. 5. 11.
10 「우크라이나의 비밀 무기, 최전방 야전병원 의료진」, 『BBC NEWS 코리아』, 2022. 11. 17.
11 Isaac Rosenberg, "Marching," *Poetry*, December 1916.

무기의 정언명령

1 이 절의 에피소드는 하야시 에이다이林えいだい의 르포 『実録証言 大刀洗さくら弾機事件』(新評論, 2016)을 기반으로 작성했음을 밝혀둔다.
2 이 사건을 추적한 하야시 에이다이는 '야마모토 다쓰오'의 창씨개명 전 이름을 각종 명부에서도 찾을 수 없었다고 아쉬워했다.
3 하야시 에이다이가 2005년 출간한 르포의 제목은 『특공중폭격기 사쿠라탄기』였다.

군인의 몸은 기념될 수 있는가

1 다음 기사를 참고했다. 「잘린 발이 '평화의 발'이라고?」, 『중앙일보』, 2015. 12. 29; 「볼수록 괴상한 조형물」, 『주간경향』, 2016. 5. 25.
2 The Henry Moore Foundation(https://catalogue.henry-moore.org/objects/15202/warrior-with-shield).
3 볼프 슈나이더, 『군인』, 423~424쪽.

고통의 발견과 번역

1 일레인 스캐리, 『고통받는 몸』, 6~11쪽.
2 일레인 스캐리, 『고통받는 몸』, 99~117쪽.
3 《ドキュメント 太平洋戦争 第2集 敵も知らず己も知らず》, *NHK*, 1992.
4 「총맞고 백골이 된 참전용사, 72년 만이어도 군화는 원형 그대로」, 『1분뉴스』, 2022. 10. 5.
5 크리스 헤지스, 『당신도 전쟁을 알아야 한다』, 황현덕 옮김, 수린재,

	2013, 94쪽.
6	L. N. 톨스토이, 『전쟁과 평화』(제4권), 연진희 옮김, 민음사, 2018, 678~679쪽.
7	L. N. 톨스토이, 『세바스토폴리 이야기』, 박형규 옮김, 인디북, 2004, 188쪽.
8	커트 보니것, 『제5도살장』, 정영목 옮김, 문학동네, 2016, 264쪽.
9	ICRC, *WAR SURGERY* Vol.1, 2010, p.59.
10	유발 하라리는 이러한 관점을 고통의 '유물론'이라 설명한다. 『극한의 경험』, 김희주 옮김, 옥당, 2017, 50쪽.

3장. 폭력적 망상의 그늘

1	제임스 힐먼, 『전쟁에 대한 끔찍한 사랑』, 215쪽.
2	공군2325부대, 「오소리공작원 입교식 거행결과 신고서」, 1968. 5.

가학적 장렬함과 미의식

1	리처드 도킨스, 『만들어진 신』, 이한음 옮김, 김영사, 2007, 470쪽.
2	조지 모스, 『전사자 숭배』, 94쪽. 조지 모스는 전쟁신학을 애국적 죽음과 종교적 구원관의 결합으로 설명한다. 전쟁신학은 조국에 충실했던 사람이 죽어서도 신의 구원을 받아 영생하고 영광된 삶을 이어나갈 수 있다는 테마를 채택한다.
3	야마무로 겐토쿠, 「일본 근대 군신상의 변천」, 『일본학연구』 37, 2012, 32~33쪽.
4	오오누키 에미코, 『사쿠라가 지다 젊음도 지다』, 이향철 옮김, 모멘토, 209쪽.
5	「マレー音頭」, 『寫眞週報』, 第239號, 1942. 9. 23.
6	「우크라 전쟁 틈타…세계 극우세력 준동 발판 다지나」, 『한겨레』, 2022. 3. 9.
7	국가가 아닌 개인이나 단체가 외국에서 벌어지는 전투에 참가하는 행위를 말한다.
8	일례로 한국 육군의 10대 군가 중 하나인 〈전우〉에는 다음과 같은 가사가 나온다. "우리는 젊음을 함께 사르며 깨끗이 피고 질 무궁화

꽃이다."

한국군 '인간폭탄'에 관한 세 가지 질문

1 존 톨랜드, 『6·25전쟁』, 김익희 옮김, 바움, 2010, 32쪽.
2 요시다 유타카, 『아시아태평양전쟁』, 최혜주 옮김, 어문학사, 2012, 174쪽.
3 일본육사연구회, 『한국전쟁』 제1권, 육군본부 군사연구실 옮김, 명성출판사, 1991, 142쪽. 이와 관련하여 일본군 출신의 장교가 병사들을 모아놓고 육탄공격 교리를 교육했다는 증언도 있다.
4 이규철 육필원고, 『시베리아 한의 노래』, 식민지역사박물관 소장.
5 존 톨랜드, 『6·25전쟁』, 32쪽.
6 미 육군협회, 존 G. 웨스트오버, 『한국에서의 전투지원』, 최승평 옮김, 병학사, 1978, 62쪽.
7 백선엽, 『내가 물러서면 나를 쏴라』, 중앙일보, 2010, 165쪽.
8 대한민국 6·25참전유공자회, 『6·25전쟁 참전 수기 III』, 56쪽.
9 대한민국 6·25참전유공자회, 『6·25전쟁 참전 수기 III』, 68쪽.
10 국방부 군사편찬연구소, 『6·25전쟁사 10권』, 2012, 423쪽.
11 이상호·박영실, 『6·25전쟁 소년병 연구』, 국방부 군사편찬연구소, 2011, 106쪽.
12 국방부 군사편찬연구소, 『6·25전쟁사 5권』, 2010, 63쪽.
13 리처드 도킨스, 『만들어진 신』, 269~271쪽.
14 이상호·박영실, 『6·25전쟁 소년병 연구』, 191쪽.
15 백선엽, 『내가 물러서면 나를 쏴라』, 285쪽.
16 참고로 이 회고의 '병사들'은 치열한 격전장이었던 낙동강 전선에서 전사한 신병들(학도병 등을 포함한)을 지칭한다.
17 리처드 도킨스, 『만들어진 신』, 497~498쪽.
18 백선엽, 『군과 나』, 시대정신, 2009, 52쪽.

군인이 된 호전주의자

1 巢鴨遺書編纂会, 『復刻 世紀の遺書』, 講談社, 1984, 632쪽. 추가적으로 다음 사이트들을 참고했다. POW研究會(http://www.powresearch.jp/jp/activities/workshop/chiba.html#n03); 長柄町

/ 長柄町デジタルアーカイブ(https://adeac.jp/nagara-town/text-list/d100010/ht042770).
2 이하 마부치의 재판에 관한 내용은 강경자, 「BC급 전범재판을 통해 바라본 일본인의 전범의식」, 『일본연구』 제48집, 2018, 246~260쪽을 참고했다.
3 巢鴨遺書編纂会, 『復刻 世紀の遺書』, 講談社, 1984, 632쪽.
4 吉田裕, 『日本軍兵士』, 109~110쪽.
5 한나 아렌트, 『폭력의 세기』, 104쪽.
6 특히 〈바다에 가면〉海行かば을 불렀다고 전해지는데, 이 군가는 태평양전쟁 당시 일본 국민의 전의 고양을 목적으로 만들어졌다. 특히 일본군의 전과를 찬양하거나 군인의 장렬한 죽음(옥쇄)을 선전할 필요가 있을 때 대중매체를 통해 대대적으로 방송·전파되었다. 일본이 패전한 후에는 군국주의를 상징하는 대표적인 곡으로 인식되어 비판을 받았다.

4장. 무덤과 연옥

1 조지 모스, 『전사자 숭배』, 134쪽.

영령, 죽음을 노래하다

1 용문산전투전적비 기념 공간: 경기도 양평군 용문면 신점리 산85.
2 국가수호현충시설 '백운의 혼': 경기도 고양시 덕양구 북한동 585. 이하 본문의 큰따옴표(" ") 안의 문장은 기념비의 동판 문구다.
3 호랑이에게 잡아먹힌 사람의 돌무덤. 호랑이가 사람을 잡아먹고 난 뒤에 남긴 유구를 거두어 장사 지냈다.
4 장사상륙작전전승기념관: 경상북도 영덕군 남정면 동해대로 3560. 이하 큰따옴표 안의 문장은 기념관 전시 패널 및 전시관 누리집 문구다. 2022년 1월 29일 방문.
5 육탄십용사 충용탑: 경기도 파주시 파주읍 봉서리 360-1 통일공원. 이하 큰따옴표 안의 문장은 기념비 동판 문구다.
6 경기도 양평군 용문면 신점리 산85 '용문산전투전적비 기념 공간'.

불멸의 귀신부대

1 여기에 해당하는 시의 내용은 다음과 같다. "싸울 곳에 주저 말고 죽을 곳에 죽어서/ 숨지려는 조국의 생명을 불러일으켜라/ 조국을 위해선 이 몸이 숨길 무덤도 내 시체를 담을/ 작은 관도 사양하노라/ 오래지 않아 거친 바람이 내 몸을 쓸어 가고/ 젖은 땅의 벌레들이 내 몸을 즐겨 뜯어 가도/ 나는 유쾌히 이들과 함께 벗이 되어/ 행복해질 조국을 기다리며/ 이 골짜기 내 나라 땅에 한 줌 흙이 되기 소원이노라."

2 이처럼 죽은 자들의 영혼을 부려 불멸의 '귀신부대'를 만들어내는 설정은 군국주의 일본의 전사자 미화 논리와도 상당히 닮아 있다. 당시 일본은 전투에서 죽은 군인들의 영령이 이른바 "혼백전우"魂魄戰友로 소생해 끝까지 조국을 지킨다는 봉공奉公 의식을 고취하려 노력했다. 일례로 1943년 5월, 북태평양 알류샨열도 애투섬에서 전멸한 2천여 명의 군인을 찬미하는 『사진주보』 기사에는 다음과 같은 문구가 실려 있다. "선구의 행을 함께할 수 없었던 병들고 부상당한 병사들은 모두 스스로 생명을 끊는 피의 작별을 하고 혼백전우가 되어 함께 적전에 깊이 돌입했다." 『寫眞週報』 第276號, 1943. 6. 16.

3 도미야마 이치로, 『전장의 기억』, 임성모 옮김, 이산, 2002, 95쪽.
4 베네딕트 앤더슨, 『상상된 공동체』, 서지원 옮김, 길, 2018, 294쪽.
5 앙리 바르뷔스, 『포화』, 정봉구 옮김, 올재, 2015, 338~339쪽.

영원히 끝나지 않을 어머니들의 절규

1 장례식 또는 위령제에서 망자를 기릴 목적으로 허공을 향해 발사하는 예총.
2 연대는 군의 단위 부대 중 하나다. 단위 부대의 지휘체계는 일반적으로 '중대-대대-연대-사단-군단-군사령부'로 이어진다.
3 2014년 국방부 훈령 개정을 통해 자살 군인 중 '일부'가 순직자로 인정받을 수 있는 근거가 마련되었다. 다만 이 글의 배경인 2011년 당시에는 자살한 군인의 순직이 거의 인정되지 않았다.
4 군대 내에서 문제를 일으킬 소지가 있는 병사들을 별도로 선별해 집중 관리하는 제도. 자살·자해 위험, 불우한 가정환경, 위험한 임

무 종사, 전입 100일 미만 신병 등이 '보호 및 관심병사'로 지정됐다. 최근에는 국방부 훈령 제1932호에 근거해 '도움과 배려가 필요한 장병'이라고도 칭해진다.
5   1998년 2월 24일, JSA 지하벙커에서 경비소대장 김훈 중위가 총상을 입고 사망한 채로 발견된 사건. 당시 군은 자살로 결론 내렸으나 부실 수사, 타살 의혹 등이 제기되면서 군의 대표적인 '의문사 사건'으로 알려졌다. 이후 법원의 판결과 의문사진상규명위원회 등의 조사가 이루어지면서, 2017년 9월 김훈 중위 사망 19년 만에 순직이 인정됐다.
6   이처럼 유가족에게 인수를 거부당한 군인의 시신과 유골을 '장기 미인수 영현'이라고 부른다. 나중에 알게 된 사실이지만, 이 영결식이 이루어지던 2011년 당시만 해도 이미 100위가 넘는 '장기 미인수 영현'이 군 병원 등에 보관되어 있었다. 2014년 기준 191위. 그러나 2015년 군 복무 중 사망 장병의 순직 처리 기준이 완화된 이후에는 큰 폭으로 줄었다. 국방부 보도자료, 2015. 1. 13 참고.

5장. 최후방의 기생자

1   조지 오웰, 『카탈로니아 찬가』, 정영목 옮김, 민음사, 2014, 88쪽.

적, 증오의 탄생

1   이 글에서 카를 슈미트의 이론 등에 관한 내용은, 성정엽, 「칼슈미트의 '정치적인 것'의 개념」, *Democratic Legal Studies*(Vol. 72, 2020)를 참고하여 작성했다.
2   야마무로 신이치, 「제국 형성에서 공간인식과 학지」, 『한림일본학』 19, 한림대학교 일본학연구소, 2011, 70~71쪽.
3   임마누엘 칸트, 『영구평화론』, 박환덕·박열 옮김, 범우사, 2012, 79쪽.
4   2025년 현재 '대한민국'을 피고로 제기된 베트남전쟁 당시 민간인 학살 배상 소송(원고는 퐁니·퐁넛 마을 학살 피해자)은 대법원 판결을 기다리고 있다. '대한민국'은 1심과 2심에서 공히 패소했다.
5   「국방부, 교과부에 '역사교과서 개정' 공식요청 파문」, 『오마이뉴스』, 2011. 8. 23.

6	「해방 뒤 10년 육군총장 모두 친일…'육사 뿌리'가 광복군 거부」, 『한겨레』, 2023. 9. 4.
7	「국민이 적인가?…김용현 "중과부적이었다" 파렴치 발언」, 『한겨레』, 2024. 12. 4.
8	2023년 7월, 해병 제1사단 소속의 채수근 일병이 경북 예천 수해 실종자 수색 작업 도중 급류에 휩쓸려 사망한 사건이다. 그때부터 이 글을 쓰는 지금까지, 순직 해병의 죽음을 둘러싼 수많은 의혹은 아직 풀리지 않고 있다.
9	「임성근 전 사단장의 분노? 생존 병사 고소에 "심각한 명예훼손"」, *MBC*, 2023. 12. 12.
10	1·2기 진실화해위원회에 접수된 민간인 학살 건수는 한국 군경에 의한 학살이 1만 7,879건(1기 7,922건, 2기 9,957건), 적대세력(북한 측)에 의한 학살이 5,572건(1기 1,687건, 2기 3,885건)으로 대략 3 대 1의 비율이다. 그러나 이는 어디까지나 위원회에 접수된 학살 사건의 '건수'에 지나지 않는다. '건수'가 아닌 학살당한 민간인 규모(인원)를 기준하여 가해 주체를 따져보면, 한국 군경에 의한 학살이 71퍼센트, 미군 15.2퍼센트, 적대세력 13.8퍼센트로 나타난다. 즉 한국 군경과 미군에 의해 학살당한 민간인 수가 압도적으로 많다. 「당신이 보지 못한 민간인 학살」, 『뉴스타파』 특별 페이지 참조.

총풍이 총상이 될 때

1	「백주의 평안도 도깨비 '어덕서니'」, 『한겨레』, 1988. 6. 2.
2	「'평양 무인기는 V 지시?'…尹신병확보로 외환수사 급물살 전망」, 『연합뉴스』, 2025. 7. 10.

프로파간다 중독증

1	엄밀히 말해 선전과 광고는 약간의 차이가 있다. 광고는 시장 원칙에 따른 재화를 지불하며 제품이나 물건 따위의 명확한 홍보 대상이 존재한다. 반면 선전은 그 주체가 시장의 영역에만 국한되지 않으며, 내용 또한 모호한 경우(주의·주장·종교 등)가 많다.
2	이하 용어의 혼선을 방지하기 위해 '프로파간디스트'를 '선전가'로 지칭한다.

3	에드워드 버네이스, 『프로파간다』, 강미경 옮김, 공존, 2009, 8~9쪽. 버네이스의 활동에 관련한 내용도 이 책을 중점적으로 참고하였다.
4	에드워드 버네이스, 『프로파간다』, 123~127쪽.
5	「마케팅의 역사: 2. 선전의 대가들—버네이스와 괴벨스」, 『슬로우뉴스』, 2016. 10. 26.
6	『사진주보』에 관한 자세한 내용은 졸고 「전시戰時 일본 국책선전지 『사진주보』의 남방南方 인식과 선전」을 참고해주기 바란다.
7	실제로 도조 히데키 일본 총리는 제80회 시정방침연설(1942. 5. 27)에서 "황군의 과감한 진격에 따라 청소된 버마(미얀마)에서는 황군의 정의에 의거한 평화적 지도"가 이루어지고 있다고 언급했다.
8	후지따 쇼오조오, 『전체주의의 시대경험』, 이홍락 옮김, 창비, 2014, 66쪽.

파멸 세대의 초상

1	국가가 보유한 인적·물적·자원적 역량을 가리지 않고 모든 역량을 동원하여 수행하는 전쟁.
2	그리스 신화에서 지옥 문을 지키고 있는 괴물. 머리가 셋 달린 개의 모습으로 묘사된다.
3	「제복이 군장으로 늠름한 자태… 학도여 성전에 나서라」, 『매일신보』, 1943. 11. 7.

6장. 악의 과거와 마주하기

1	루쉰, 「광인일기」, 『루쉰 소설 전집』, 김시준 옮김, 을유문화사, 2008, 33쪽.

삐라 줍던 아이

1	쓰루미 슌스케, 『전쟁의 소문 속에 살았다』, 김성민 옮김, 글항아리, 2024, 203쪽.
2	Randall Jarrell, 「The Death of the Ball Turret Gunner」, 1945.

평화를 몰랐다

1 우쭐과시inflated display는 상대를 제압했음을 자랑하며 몸을 부풀리고 털을 세우는 침팬지의 습성이다.
2 「윤 대통령 단골멘트 탓에 우리는 "사람 같지 않은 것들"이 되었다」, 『오마이뉴스』, 2023. 10. 23.
3 레이첼 매도, 『전쟁 국가의 탄생』, 186쪽.
4 제임스 힐먼, 『전쟁에 대한 끔찍한 사랑』, 60쪽.
5 참고로 이 사건은 제1기 진실화해위원회 조사를 통해 '진실 규명'(피해 인정)되었다. 관련 보고서는 진실화해위원회 제2부 제2소위원회 사건(1) 「순창·임실지역 민간인 희생 사건」(2010) 참조.
6 남산리 폐광 사건의 몇 안 되는 생존자 중 한 사람인 박남순 씨는 당시의 마을 분위기에 대해 이렇게 진술했다. "피난 들어간 거여. 동네 사람들이 들어가니까 겁에 질려 들어가게 된 거지. 그때는 무조건 죄가 있든지 없든지 그냥 쏘아 죽이고 하던 때라 무조건 굴속으로 피한 거야."
7 일례로 나치는 '치클론 비'Zyklon B라는 물질을 활용했다고 전해진다.
8 「가스실 옆에는 화장터가 있었다」, 『한겨레』, 2022. 8. 23.

1948 제주 4·3—2024 서울 12·3

1 김시종, 『조선과 일본에 살다』, 윤여일 옮김, 돌베개, 2016, 218~227쪽.
2 '윤석열 정부의 비상계엄 선포를 통한 내란 혐의 진상규명 국정조사' 1차 청문회(2025. 1. 22) 당시 발언.
3 한라산 중산간에서 주로 활동해 '산山사람' 혹은 '산부대'라고 불렸던 300~500여 명의 유격대를 가리킨다.
4 당시 제주도의 군정장관이었던 맨스필드 대령과 달리, 남한 전역을 관할하던 미군정청 장관 딘 소장은 강경진압을 밀어붙였다고 김익렬은 회고한다. 김익렬 유고록 「4·3의 진실」, 『4·3은 말한다』 2권, 제민일보, 1994, 344쪽.
5 여기에 대해 김익렬은 다음과 같이 회고했다. "처음에는 5만 달러를 주겠다고 했다가 또 10만 달러를 주겠다고 하더니 나중에는 얼마가

필요하냐고 마치 어린아이 달래는 듯하는 것이었다. 요점은 민족반역자 노릇을 하고 10만 달러를 챙기고 미국으로 도망가라는 것이다." 김익렬 유고록 「4·3의 진실」, 『4·3은 말한다』 2권, 313~314쪽.

6   김익렬 유고록 「4·3의 진실」, 『4·3은 말한다』 2권, 330쪽.
7   「제주 4·3사건 진상조사보고서」, 2003, 198~201쪽.
8   이 시기 미군보고서(G-2 Weekly Summary, No. 141, May 28, 1948)는 제9연대 병사들에 대해 다음과 같이 평가하고 있다. "어떤 관측자들은 이 연대 장병들의 많은 숫자가 중산간 지역의 공격자들에 동조하고 있는 것 같아 신뢰할 수 없다고 여긴다."
9   김동춘, 『전쟁과 사회』, 돌베개, 2006, 321쪽.
10 제주 조천면 교래리 학살사건(1948. 11. 13) 당시 아들을 잃은 양복천의 증언. 「제주 4·3사건 진상조사보고서」, 379쪽.
11 제주 애월면 하가리 학살사건(1948. 11. 13) 당시 남편을 잃은 강응무의 증언. 「제주 4·3사건 진상조사보고서」, 387쪽.
12 제주 애월면 어음리 빌레못굴 학살사건(1949. 1. 16) 당시 생존자 양태병의 증언, 「제주 4·3사건 진상조사보고서」, 410쪽.
13 「4·3은 한국전쟁 전후 대량학살 서곡…'위령제'라는 말 마음에 걸려」, 『한겨레』, 2024. 4. 2.
14 프리모 레비, 『가라앉은 자와 구조된 자』, 210쪽.
15 「김용현, 계엄 날 오찬서 '탱크로 국회 밀어버리겠다' 취지 발언」, 『동아일보』, 2024. 12. 20.
16 김재규는 차지철이 부마민주항쟁 진압에 관해 다음과 같은 말을 했다고 진술했다. "차지철 경호실장 같은 사람들은 캄보디아에서는 300만 명을 희생을 시켰는데 우리 대한민국 100만~200만 명을 희생한다고 까짓것 문제 될 게 있겠느냐 이러한 얘기가 나옵니다. 그건 소름이 끼칠 그런 일들입니다." 김재규 군사재판 진술: 제2회 공판, 1979. 12. 8.
17 제422회 국회(임시회) 제2차 국방위원회 현안 질의, 2025. 2. 17.
18 「4·3은 한국전쟁 전후 대량학살 서곡…'위령제'라는 말 마음에 걸려」, 『한겨레』, 2024. 4. 2.
19 한나 아렌트, 『폭력의 세기』, 102쪽.
20 「대북 작전으로 알고 나섰는데… 내려 보니 국회였다」, 『조선일보』, 2024. 12. 6.
21 「'5·18 판박이' 작전 지시…"뭔지도 모르고 출동했더니 계엄"」,

JTBC, 2024. 12. 5.

나의 적, 적의 적

1 Siegfried Sassoon, 「Reconciliation」, 조규택, 『근대 영미 전쟁시 읽기와 감상』, L.I.E., 157쪽에서 재인용.
2 베르톨트 브레히트, 『전쟁교본』, 이승진 옮김, 눈빛, 2011, 46번 시.

에필로그

1 「한국전 참전용사들, 그들은 왜 평화를 외칠까?」, 『U KOREA NEWS』, 2020. 7. 15.
2 앙리 바르뷔스, 『포화』, 360쪽.